Das edle Herz

Die Welt von innen verändern

Der **KARMAPA**
Ogyen Trinley Dorje

DAS EDLE HERZ

Die Welt von innen verändern

Aus dem Englischen von Ursula Richard

edition steinrich

Bibliografische Information der Deutschen Bibliothek:
Die Deutsche Bibliothek verzeichnet diese Publikation in der Deutschen
Nationalbibliografie; detaillierte bibliografische Daten sind im Internet über
http://dnb.ddb.de abrufbar.

www.edition-steinrich.de

Titel der amerikanischen Originalausgabe: *The Heart is Noble. Changing the
World from the Inside Out*
Erschienen bei Shambhala Publications, Inc., Boston, USA
© 2013 by Ogyen Trinley Dorje
By arrangement with Shambhala Publications, Inc., Boston, USA

Alle Rechte vorbehalten
Copyright der deutschen Ausgabe: © 2014, edition steinrich, Berlin
Umschlaggestaltung: Ingeburg Zoschke
Gestaltung und Satz: Traudel Reiß
Umschlagbild: © James Gritz
Druck: Westermann Druck Zwickau
Printed in Germany

ISBN 978-3-942085-39-7

Inhalt

Vorwort des Dalai Lama 7

Vorwort der Herausgeberinnen 9

Einführung der Herausgeberinnen 17

1 Unser gemeinsames Fundament 23

2 Sinnvoll leben
Alles ist möglich 27

3 Gesunde Beziehungen
Sich anderen zuwenden 45

4 Geschlechteridentitäten
Es findet alles im Geist statt 71

5 Konsumgesellschaft und Gier
Zufriedenheit ist der größte Reichtum 89

6 Soziales Handeln
Allen beistehen 113

7 Umweltschutz
Neue Gefühle für die Erde entwickeln 132

8 Ernährungsgerechtigkeit
Den Teufelskreis von Hunger und Elend durchbrechen 153

9 Konfliktbewältigung
Wut ist das Problem 177

10 Spirituelle Wege
Leben und Spiritualität miteinander verbinden 200

11 Nachhaltiges Mitgefühl
Uns selbst in Mut und Freude verankern 222

12 Die Lehren mit Leben erfüllen 241

Danksagung der Herausgeberinnen 254
Biografie Seiner Heiligkeit des Karmapa,
    Ogyen Trinley Dorje 257
Biografien der Herausgeberinnen und
    des Übersetzers 262

THE DALAI LAMA

Vorwort des Dalai Lama

Ich habe die große Freude, das neue Buch des Siebzehnten Karmapa, Ogyen Trinley Dorje, vorzustellen; es ist das Buch eines jungen Mannes, der intensiv studiert und hart gearbeitet hat, um der Verantwortung als Oberhaupt der Kamtsang-Kagyü-Tradition des tibetischen Buddhismus gerecht zu werden.

Ich persönlich unterscheide heutzutage zwischen Menschen, die wie ich sechzig oder siebzig Jahre alt sind und in das 20. Jahrhundert gehören, das nun vorbei ist, und Menschen, die zehn, zwanzig oder dreißig Jahre alt sind; sie werden das 21. Jahrhundert prägen. Die Menschheit hat im 20. Jahrhundert bemerkenswerte Fortschritte erlebt, so zum Beispiel im Bereich der Medizin, der Mobilität und der Kommunikation. Doch dieses Jahrhundert war auch eine Periode von Konflikten und Blutvergießen, wie wir es nie wieder erleben wollen. Wenn die kommenden Jahrzehnte anders aussehen sollen, müssen die jungen Menschen von heute den Frieden in der Welt bewahren, indem sie in sich selbst Frieden schaffen und Probleme im Dialog mit anderen lösen.

Es ermutigt mich, dass das vorliegende Buch aus der Zusammenarbeit des Karmapa Rinpoche mit einer Gruppe junger, intelligenter amerikanischer Studierender entstand. Es ist nicht so sehr eine Darlegung buddhistischer Ansichten, sondern ein gutes Beispiel für den konstruktiven Beitrag, den buddhistische Ideen zu aktuellen Diskussionen liefern können. Rinpoche zeigt wiederholt auf, wie wir unsere wertvollen menschlichen Qualitäten, unser edles Herz, als Quelle positiver Motivation und Aktion nutzen können. Ob es um unsere Gefühle, um die Transformation unseres Geistes oder um den Schutz unserer natürlichen Umwelt geht, immer ist es wichtig, über bloßes Wünschen hinauszugelangen und wirklich etwas zu tun.

Ich bin sicher, dass diejenigen, die dem vorliegenden Buch Beachtung schenken und versuchen, die darin gegebenen Anregungen im eigenen Leben auszuprobieren, nicht nur glücklichere Menschen werden, sondern zu einer glücklicheren und friedlicheren Welt im 21. Jahrhundert beitragen werden.

Tenzin Gyatso, der Vierzehnte Dalai Lama
3. Oktober 2012

Vorwort der Herausgeberinnen

Der spirituelle Lehrer, dessen Worte der Weisheit dieses Buch enthält, ist seinen Schülerinnen und Schülern als »Seine Heiligkeit der Karmapa« bekannt. Im Mai 2011 nahm sich Seine Heiligkeit trotz seines anspruchsvollen Terminkalenders Zeit für eine Reihe von Treffen mit einer Gruppe von sechzehn amerikanischen College-Studierenden, die ihn in seiner Residenz in Indien besuchten. Die Vorträge, die er im Rahmen dieser Treffen hielt, bilden das Fundament des vorliegenden Buches.

Während einer der zweimal wöchentlich stattfindenden öffentlichen Audienzen Seiner Heiligkeit des Karmapa, die in der Versammlungshalle des Gyuto-Klosters in Nordindien stattfanden, konnten die angereisten Studierenden einen ersten, kurzen Eindruck von ihm gewinnen. Der Karmapa ist einer der höchsten Lamas im tibetischen Buddhismus, und viele Menschen waren zu dieser Audienz zusammengekommen. Als sich alle in einer Reihe aufgestellt hatten und dann am Karmapa vorbeischritten, um seinen Segen zu erhalten, fühlten sich die Studierenden von dem gelassenen und zugleich hoheitsvollen Auftreten Seiner Heiligkeit etwas eingeschüchtert. Diese erste Begegnung machte ihnen sehr deutlich, welch außergewöhnliche Gelegenheit sich ihnen bot, Seine Heiligkeit drei Wochen lang in persönlichen Gesprächen und bei Vorträgen zu treffen.

Später am Tag trafen die Studierenden in der Bibliothek

Seiner Heiligkeit mit ihm für ein erstes privates Treffen zusammen. Alle blickten sich verstohlen in der weiträumigen, modernen Bibliothek voller tibetischer Texte und Bücher aus der ganzen Welt um. Einer nach dem anderen wurde dem Karmapa vorgestellt, trat an ihn heran und übergab ihm ein Geschenk. Viele davon, wie zum Beispiel Bilder, eine Skulptur, Schokoladentrüffel oder ein Banjo, waren extra für ihn angefertigt worden. Offensichtlich hatten die Studierenden das Bedürfnis verspürt, mit ihren Geschenken auch einen Teil von sich selbst darzubieten, und Seine Heiligkeit nahm ihre Gaben mit aufrichtiger Neugier und einem offenen Herzen entgegen. Als die Gruppe am nächsten Tag die Bibliothek für ihr zweites Treffen mit Seiner Heiligkeit aufsuchte, waren viele der Geschenke bereits in den Bücherregalen rund um den Sitzbereich ausgestellt. Bis dahin vielleicht noch unsicher, was wohl ihr Platz in dieser ungewohnten Umgebung sein würde, wussten die Studierenden jetzt, dass sie hier am Ort Seiner Heiligkeit willkommen waren.

Das Projekt hatte seinen Anfang bereits ein Jahr zuvor genommen, als der Karmapa eine seiner Schülerinnen, die amerikanische Nonne Damchö, autorisiert hatte, Kontakt zu ihrer langjährigen Freundin Karen Derris (Professorin für *Religious Studies* an der *University of Redlands*, USA) aufzunehmen, mit dem Ziel, eine Gruppe von Studierenden einzuladen, den Karmapa zu treffen. Mit der begeisterten Unterstützung der *University of Redlands*, einer geisteswissenschaftlich ausgerichteten Hochschule in Südkalifornien, begleitete Karen Derris die Gruppe nach Indien. (Damchö und Karen Derris organisierten die Reise und sind die Herausgeberinnen dieses Buches.)

Der Wunsch des Karmapa war es, zum Ausgangspunkt des Projektes nicht etwa die Frage zu machen, was der Buddhismus den amerikanischen Studierenden zu sagen hat, sondern zunächst sie zu fragen, was sie über den Buddhismus erfahren wollten. Damchö und Karen sandten einer großen Anzahl von Karens Studierenden einen informellen Fragebogen zu, um herauszufinden, was diese zuallererst von einem spirituellen Lehrer lernen mochten. Deren Antworten offenbaren ein tiefes Bedürfnis, ihre Anliegen mit einem Lehrer zu erforschen, der neue Perspektiven im Umgang mit der Welt und sich selbst aufzeigen konnte. Die Themen, die daraufhin für die Treffen ausgewählt wurden, entsprachen den Wünschen der Studierenden und bilden die Kapitel des vorliegenden Buches.

Vor der für den Mai geplanten Reise nach Indien verbrachte die Gruppe den Winter damit, ihre Begegnung mit dem Karmapa vorzubereiten. Vom ersten Treffen an versuchte Karen, die Gruppe davor zu warnen, mit zu viel eigenen Erwartungen in dieses Experiment zu gehen. Die Teilnehmenden formulierten gemeinsam das Ziel, anzunehmen, was immer ihnen entgegenkommen würde, denn niemand von ihnen, auch die Professorin nicht, konnte sich wirklich vorstellen, wie die Begegnung mit dem Karmapa in Indien verlaufen würde. Sie verpflichteten sich, offen zu sein für alles, was ihnen angeboten oder was von ihnen gefordert werden würde.

Das Projekt sah auch vor, dass die Studierenden während der Begegnung mit dem Karmapa die passive Rolle des Zuhörens verlassen und aktiv ihre Hoffnungen und Sorgen mit ihm teilen sollten. Zur Gruppe gehörten Aktivistinnen und Aktivisten, die sich mit den Rechten der arbeitenden Bevölkerung, mit dem interreligiösen Dialog bzw. mit dem Thema der Ernährungsgerechtigkeit beschäftigten. In den Begegnungen mit dem Karmapa berichteten sie von ihren Träumen, was sie zum Wohlergehen der Welt beitragen möchten, sowie von ihren persönlichen Erfahrungen. Der Karmapa erkannte ihre Aufrichtigkeit und ihren Wunsch, sich umeinander und um die Welt zu kümmern, an und versicherte ihnen, dass sie nichts anderes als das für eine Begegnung mit ihm bräuchten. Jeder Mensch mit einem offenen Herzen und guten Absichten, so der Karmapa, ist qualifiziert und in der Lage, seine Unterweisungen aufzunehmen und umzusetzen.

Zunächst fühlten sich die Studierenden etwas verunsichert über diese Gelegenheit, doch sie waren auch mutig und abenteuerlustig sowie willens, unterschiedliche Wege des In-der-Welt-Seins auszuprobieren. Sie nahmen Einschränkungen auf sich, um der tibetischen Kultur und den Richtlinien buddhistischer Ethik Respekt zu zollen. Karen hatte bereits während des ersten Treffens verdeutlicht, dass die Teilnahme an der Reise an die Einhaltung der fünf buddhistischen ethischen Richtlinien geknüpft war: nicht zu töten, nicht zu stehlen, nicht zu lügen, kein sexuelles Fehlverhalten auszuüben und keine Drogen zu sich zu nehmen, und das galt für die gesamte Zeit ihres Aufenthalts in Indien. Die Studierenden würden die Bedeutung der ethischen Richtlinien in der konkreten Anwendung auf ihre Erfahrungen verstehen lernen können. Kein Leben zu nehmen würde eine vegetarische Lebensweise beinhalten, wie sie der Karmapa als zentrale ethische Aufgabe propagiert. Nicht zu nehmen, was nicht gegeben ist, würde heißen zu reflektieren, welche und wie viele Ressourcen die Gruppe während ihres Aufenthaltes in dem kleinen Dorf Sidhpur verbrauchen würde. Unwahre Worte zu vermeiden würde zur Richtschnur, achtsam die eigene Kommunikation zu überprüfen; und keinerlei Drogen zu sich zu nehmen würde ihnen helfen, den Geist klar und aufnahmefähig zu halten.

Die Gruppe hielt sich während ihres Aufenthaltes freiwillig an diese Regeln. Später erzählten einige davon, wie ihnen genau dies zu einer vertieften Selbsterfahrung verholfen hatte. Während eines Ausflugs zu einem nahe gelegenen tibetischen Kulturinstitut traf Seine Heiligkeit die Gruppe zum Tee und versicherte den jungen Leuten, ihr Verhalten sei so angemessen, dass man glauben könne, sie seien Mönche und Nonnen.

Inspiriert von den Vorträgen des Karmapa, seiner Großzügigkeit und dem Beistand all jener in seiner Residenz zeigten die Studierenden eine hohe Motivation, an sich zu arbeiten. Oft verbrachten sie zwölf Stunden am Tag in Sitzungen. Sie bereiteten sich auf die Vorträge vor, hörten sie sich an und besprachen danach die geäußerten Ideen und Perspektiven. Obwohl die Tage bereits lang waren, fühlten sie sich oft inspiriert, noch einmal die Argumentationsschritte Seiner Heiligkeit nachzuvollziehen, um die Feinheiten seiner Unterweisungen tiefer zu erforschen. Dies war besonders dann der Fall, wenn der Karmapa radikal andere Paradigmen vorstellte, um die Welt und sich selbst darin zu verstehen. So sprach er davon, dass Gier keine dem Menschen innewohnende Eigenschaft sei oder dass Gewohnheiten eine wichtige Basis für Beziehungen seien.

Am bemerkenswertesten jedoch war nicht das Ausmaß an Zeit, das die Gruppe investierte, sondern der Geist, mit dem sie an ihre Arbeit ging. Als Studierende des *Johnston Center for Integrative Studies* der *University of Redlands* übertrugen sie den Geist der Zusammenarbeit und des Lernens durch gemeinsame Erfahrung auf diese interkulturelle Begegnung. Sie waren nicht nur intellektuell wagemutig, sondern auch geübt in konsens-basiertem Lernen. Wenn ein Gruppenmitglied während eines Treffens mit dem Karmapa sprach, drückte er nicht nur seine eigenen Ideen aus, sondern das, was vorher bereits in der Gruppe diskutiert worden war. Auf diese Weise vollzog sich das Lernen nicht als individueller Akt der Aneignung vorhandenen Wissens, sondern als Akt des Beitragens und des Austauschs mit anderen.

Während des gemeinsam verbrachten Monats begegnete Seine Heiligkeit der Karmapa den Studierenden im Geist der Liebe und Freundschaft. Bei einem Treffen bemerkte ein Student, dass der Karmapa und sie zwar Altersgenossen seien, ansonsten wären sie ihm aber in keinster Weise ebenbürtig. Die Weisheit, die Seine Heiligkeit ausstrahlte, hat einen tiefen Eindruck bei der Gruppe hinterlassen, deren Teilnehmerinnen und Teilnehmer nur wenige Jahre jünger als er waren.

Seine Heiligkeit ist, obwohl noch sehr jung, ein außergewöhnlicher Lehrer. Von tibetischen Buddhisten wird er als jemand gesehen, der sich seit neunhundert Jahren erfolgreich als Karmapa reinkarniert hat. So war er zum Zeitpunkt der Begegnung einerseits erst fünfundzwanzig Jahre, andererseits bereits neunhundert Jahre alt. Mitunter scherzte er darüber gemeinsam mit der Gruppe. In seinen Begegnungen mit den Studierenden verband er diese beiden Identitäten nahtlos. Seine Jugend ermöglichte ihm einen zwanglosen Zugang zu ihnen, seine alterslose Weisheit erlaubte es ihm, sie aus einer unauslotbaren Tiefe zu unterrichten. Seine Erfahrung im Umgang mit der Popkultur, mit dem iPhone und mit Comics überbrückte ihre unterschiedlichen Lebenswelten, die sich in äußerst disparaten Erfahrungen und spirituellen Errungenschaften ausdrückten.

Obwohl Begegnungen mit Seiner Heiligkeit immer ein Maß an respektvollen Umgangsformen erfordern, war ihm stets daran gelegen, dies nicht zu einer Barriere für einen herzlichen und persönlichen Kontakt werden zu lassen. Ngodup Tsering Burkhar erwies sich nicht nur als erfahrener Übersetzer der Worte Seiner Heiligkeit, sondern vermittelte der Gruppe auch den Geist seiner Ideen. Das herzliche und gelöste Zusammenspiel Seiner Heiligkeit mit seinem Übersetzer erleichterte so manche Diskussion um ernste Probleme. Selbst tiefe Erörterungen wurden so immer wieder von Lachen und freundlichen Blicken begleitet. Gleich zu Beginn lud der Karmapa, abweichend vom Protokoll, zu einem Mittagessen ein, bei dem er sich mit der studentischen Gruppe an einen Tisch setzte, während die Lehrer und Übersetzer an einem anderen Tisch Platz nahmen. Auf informelle und herzliche Weise unterhielt er sich privat mit ihnen, erfuhr etwas über ihre Familien und auch darüber, warum ein Student Rastalocken trug.

Am letzten Abend nahmen alle ein weiteres gemeinsames Mahl ein. Die Studierenden drückten ihre tiefe Dankbarkeit aus und überreichten Seiner Heiligkeit Gedichte und Lieder, darunter ein Lied mit dem Titel »Let the Moon be the Holder of My Love«, das von zwei Mitgliedern der Gruppe komponiert und von einem Vortrag des Karmapa über »Gesunde Beziehungen« (siehe Kapitel 3) inspiriert worden war. Der Chant-Meister Seiner Heiligkeit hatte mit fünf Studierenden zuvor ein heiliges Lied des großen tibetischen Yogi Milarepa einstudiert. Vor dem Karmapa sitzend, sangen sie dieses Lied auf Tibetisch, eine Melodie intonierend, die der Karmapa selbst komponiert hatte. Nach wenigen Takten stimmte Seine Heiligkeit mit ein.

Bemerkung: Der Titel »Seine Heiligkeit« ist vielleicht im Zusammenhang mit dem am meisten verehrten buddhistischen Lehrer, Seiner Heiligkeit dem Dalai Lama, bekannter. Als Ausdruck der Hochachtung von vielen Millionen Anhängerinnen und Anhängern weltweit ist dieser Titel jedoch auch für den Karmapa gebräuchlich.

Einführung der Herausgeberinnen

Auf der ganzen Welt sorgen sich Menschen um den Zustand der Erde und wünschen sich Veränderung, doch sie wissen nicht, wie sie Einfluss nehmen könnten und wo sie beginnen sollten. In diesem Buch bringt uns Seine Heiligkeit der Karmapa eine mitfühlendere Welt nahe, die wir durch eigene Bemühungen erreichen können. Sehr wohl anerkennend, dass diese Aufgabe gewaltig ist, hält Seine Heiligkeit daran fest, dass wir mit der grundlegenden Nobilität des menschlichen Herzens bereits über alles Notwendige verfügen, um diese Welt zu schaffen.

Seine Heiligkeit widmet sich im vorliegenden Buch den vorrangigen zwischenmenschlichen, gesellschaftlichen und ökologischen Herausforderungen unserer Zeit und verweist auf die uns allen zur Verfügung stehenden emotionalen Ressourcen, diese Herausforderungen anzugehen. Er ermahnt uns, entschlossen die menschliche Güte zum Fundament unseres Wirkens für eine Veränderung der Welt zu machen. Sehr bewusst, dass Hindernisse unseren Zugang zur inneren Güte blockieren können, beschreibt der Karmapa, wie wir sie beiseite räumen können. Seine Sicht fordert von uns, unser Selbstverständnis zu überdenken, wer wir sind und wozu wir wahrhaft imstande sind. Seine Vision davon, wie wir diese Welt verändern können, ist einfach und tiefgründig zugleich. Sie macht uns Mut, einen Weg zu beschreiten, der überaus herausfordernd und doch realisierbar ist.

Der aus dieser Haltung sprechende Optimismus basiert auf der Realität der wechselseitigen Abhängigkeit aller Individuen, Gemeinschaften, sozialen System und der natürlichen Umwelt. In den vergangenen Jahrzehnten ist ein stärkeres Bewusstsein von den zahllosen, subtilen Verbindungen entstanden, die es auch zwischen entfernt voneinander stattfindenden Phänomenen in der Welt gibt: Globale Erwärmung, internationale Arbeitsmigration und globalisierte Märkte zeigen uns täglich, wie eng verbunden die physischen und sozialen Welten inzwischen sind, in denen wir uns bewegen. Obwohl die Realität der wechselseitigen Abhängigkeit inzwischen in vielen öffentlichen Diskursen gesehen wird, steht die Betrachtung ihrer ethischen und praktischen Aspekte erst am Anfang. Seine Heiligkeit der Karmapa hat hierzu Wichtiges beizutragen und bezieht sich dabei auf eine seit mehr als zweitausend Jahren gepflegte buddhistische Denktradition, die das Prinzip der wechselseitigen Abhängigkeit auf soziale und ethische Fragestellungen anwendet. Im vorliegenden Buch nutzt er dieses Prinzip als ein produktives Paradigma, um die Frage zu erörtern, was es bedeutet, ein Mensch zu sein, und wie wir alle zu der Welt, in der wir leben, beitragen können.

Wechselseitige Abhängigkeit bedeutet, dass die Unterstützung anderer unabdingbar für unser aller Überleben ist. Diese Wahrheit kann überall beobachtet werden: Sie wird erfahren bei jeder Mahlzeit, die wir zu uns nehmen, denn jede Mahlzeit wurde von vielen möglich gemacht – von anderen Menschen, Tieren und von der natürlichen Umwelt. Seine Heiligkeit der Karmapa demonstriert die Realität wechselseitiger Abhängigkeit in verschiedenen Kontexten. Er beschreibt ihr Wirken in den Bereichen Umweltschutz, soziale Gerechtigkeit, bei der

Suche nach Konfliktlösungen, aber auch im Ringen um gesunde Beziehungen und bei der Frage nach Geschlechteridentitäten. So deckt er die emotionalen, ethischen und praktischen Folgen dieses Prinzips in unserem Leben und Handeln in der Welt auf. Ein Bewusstsein unserer wechselseitigen Abhängigkeit kann Gefühle wie Dankbarkeit, empathische Liebe und Mitgefühl vertiefen. Der Karmapa erläutert, dass aus ethischer Sicht die Tatsache, dass wir so viel von anderen erhalten, die Verantwortung mit sich bringt, der Erde und den Lebewesen, die sie mit uns teilen, etwas zurückzugeben. Unsere wechselseitige Abhängigkeit hat weitreichende praktische Konsequenzen. Weil wir von anderen abhängig sind, sollten wir, um unser eigenes Glück sicher zu stellen, uns um das Wohlergehen anderer kümmern.

Diese Perspektive eröffnet einen neuen Blick auf die Welt und schafft eine Ausgangsbasis für ein verändertes Wirken in ihr. Der Karmapa ruft zum Handeln auf, doch ist dies kein Aufruf zu dramatischen Gesten oder vordergründigem Aktivismus. Er zeigt, wie wir unsere wechselseitige Abhängigkeit mit Weisheit nutzen können. Indem wir unser Handeln von einem edlen Herzen leiten lassen, können auch scheinbar kleine Dinge eine große Wirkung entfalten. Unser ganz normales Leben kann außerordentlich wirksam sein, wenn wir uns bei all unserem Tun von mitfühlenden Absichten leiten lassen.

In diesem Sinne verweist Seine Heiligkeit der Karmapa darauf, dass auch im täglichen Leben Platz für Heldenhaftigkeit ist. Wenn wir lernen, gute Absichten in uns zu kultivieren, können wir jegliche Bedingungen, die wir vorfinden, zum Ausgangspunkt unserer heroischen und edlen Bemühungen machen. Dieser Perspektivgewinn erlaubt uns, Erfolg am

Glück zu messen, das wir uns und anderen bereiten. Für ein sinnvolles Leben braucht es nicht mehr, als jetzt bereits vorhanden ist.

Auch wenn der Karmapa uns dazu aufruft, die Welt, in der wir leben wollen, selbst zu gestalten, erinnert er uns immer wieder daran, dass wir mit den »Aufräumarbeiten« zuerst bei uns beginnen müssen. Er führt die realen Probleme der Welt – die ausufernde Konsumwelt, religiöse Intoleranz, Hunger und die Ausbeutung der Umwelt – auf destruktive Emotionen und gewohnheitsmäßiges Verhalten wie Gier, Hass und Egoismus zurück. Auf diese Weise zeigt er auf, dass jegliche soziale Veränderung eine individuelle Veränderung einschließt.

Vielleicht greifen einige von uns zu diesem Buch, weil sie erfahren wollen, wie die Welt verändert werden kann, doch im Verlauf der Lektüre wird deutlich, dass die Veränderung in uns selbst beginnen muss – bei unseren Einstellungen, Erwartungen und emotionalen Reaktionsmustern. Auch wenn der Karmapa unseren Wunsch bekräftigt, für ein Wohlergehen aller zu arbeiten, verweist er doch immer wieder darauf, die Lösung nicht nur in einer Orientierung im Außen zu suchen. Wollen wir positiv in der Welt wirken, müssen wir zunächst willens sein, uns selbst zu betrachten.

Es mag verblüffend für uns sein, uns so zu sehen, wie der Karmapa uns sieht – als nicht von Natur aus gierig und aggressiv, sondern ausgestattet mit einer uns innewohnenden Güte, die unseren Blicken durch das verborgen sein mag, was sie vielleicht verdeckt. Wenn wir zu ahnen beginnen, was uns der Karmapa zeigen möchte, erscheint das Projekt, das er uns nahe legt, zwar immer noch äußerst herausfordernd, doch machbar und jeder Mühe wert. Vielleicht verspüren wir Angst vor den verborgenen Regungen unseres Herzens, doch wenn wir tief genug schauen, werden wir die nötige Zuversicht gewinnen, den Weg zurück zu unserem edlen Herzen zu finden. Und dies wird der Ausgangspunkt unseres Handelns werden.

Diese Betrachtungen der menschlichen Natur, der Realität wechselseitiger Abhängigkeit und der Kraft auf Mitgefühl gründender Intentionen bei der Veränderung der Welt, sind alle durch gemeinsame Erfahrungen entwickelt worden. Seine Heiligkeit der Karmapa hat ausdrücklich erklärt, dass er sich dafür entschieden hat, seine Ausführungen auf Erfahrung gründen zu lassen und nicht auf Philosophie, damit wir uns auf dem Fundament treffen können, das wir alle teilen – das Fundament unserer geteilten menschlichen Erfahrungen und unserer gemeinsamen Sorge um die Welt. Er vermeidet weitestgehend buddhistische Begriffe, denn sein Ziel ist es nicht, buddhistische Lehren zu vermitteln, sondern mit anderen zu teilen, was ihm selbst half, die Welt und sein Leben darin zu verstehen.

Das vorliegende Buch entstand aus einer Reihe von Treffen mit amerikanischen College-Studierenden. Der Karmapa nahm zu ihnen über kulturelle, sprachliche und soziale Grenzen hinweg Kontakt auf, ebenso, wie er es zu den Leserinnen und Lesern dieses Buches tut.

Es ist sein Anliegen, den Geist der Freundschaft in uns zu fördern, damit wir uns dem Ideal einer globalen Gemeinschaft annähern. Freundschaft ist ein Ausdruck realer wechselseitiger Abhängigkeit; sie zeigt, dass unser Beitrag jeweils ein anderer sein mag, doch ein jeder wertvoll ist. Und wie es unter guten Freundinnen und Freunden üblich ist, ermutigt uns der Karmapa zur Veränderung unseres Denkens und Handelns, doch er fordert nicht, dass wir anders sein sollten, als wir sind.

Dieses Buch ist eine Einladung des Karmapa an alle, an einer gemeinsamen Zukunft zu arbeiten. Es bietet Denk- und Handlungsansätze, wie wir zu unserem edlen Herzen zurückfinden und zugleich unsere unterschiedlichen Lebensstile leben können. Jede und jeder ist aufgerufen, diese Ansätze in das eigene Leben zu integrieren. In diesem gemeinsamen Projekt, die Welt von innen heraus zu verändern, ist Platz für jeden. Wir alle sind eingeladen, daran mitzuwirken, so wie wir sind, mit unseren eigenen Hoffnungen für eine bessere Welt.

1 Unser gemeinsames Fundament

In jedem von uns schlägt ein edles Herz. Dieses Herz ist die Ursache unserer besten Bestrebungen, mögen diese uns selbst oder anderen gelten. Es verleiht uns die Kraft und den Mut, unseren Hoffnungen nachzugehen. Mag unser Edelmut auch manchmal verdeckt von kleinlichen Gedanken oder blockiert durch verwirrte und verwirrende Gefühle sein, unser edles Herz schlägt trotzdem weiter in uns, bereit sich zu öffnen und der Welt dargeboten zu werden. Unser Ziel – das Ziel dieses Buches – ist es, dieses edle Herz in uns zu entdecken und uns mit ihm zu verbinden, sodass es zum Ausgangspunkt all unseres Tuns und Fühlens wird. Wenn wir alle Blockierungen überwinden, kann dieses Herz die Welt verändern.

Obwohl ich ein buddhistischer Mönch bin, ist dies kein Buch über buddhistische Theorie und Praxis, sondern über unsere Erfahrungen als menschliche Wesen. Was uns eint, ist unsere Sorge um unser Leben und unsere Erde. Auf diesem gemeinsamen Fundament können wir uns als Freundinnen und Freunde treffen. Ich habe buddhistische Philosophie und Religion studiert; daher werde ich mich mitunter buddhistischer Begriffe bedienen. Ich tue dies nur, weil diese Begriffe hilfreich für mich waren und weil ich hoffe, Sie können auch Ihnen sinnvolle Perspektiven eröffnen. Bitte erachten Sie meine Ausführungen nicht als autoritative Darlegung der buddhistischen Schriften. Ich spreche hier aus meiner eigenen Erfahrung.

Ich bin nun fünfundzwanzig Jahre alt. In sehr jungen Jahren wurde ich als der siebzehnte Karmapa entdeckt, und mir ist sehr bewusst, dass ich die neunhundertjährige Reinkarnationsgeschichte der vorhergehenden sechzehn Karmapas weitertrage. Doch ich betrachte mich selbst nicht als »der Karmapa«, sondern als menschliches Wesen. Ich bin einfach ein Mensch mit besonderer Verantwortung und mit speziellen Möglichkeiten. Ich mag eine besondere Rolle einnehmen, weil ich den Namen »Karmapa« trage und seine Position einnehme, doch wir alle tragen Verantwortung, je nachdem, welche Rolle uns von der Welt zugewiesen wurde.

Obwohl ich ausführliche Unterweisungen erhielt, um meinen Pflichten als Karmapa nachzukommen, erfuhr ich meine erste spirituelle Bildung durch meine Eltern. Dies gilt wohl für uns alle. Meine Mutter kann zwar nicht lesen, doch sie ist eine aufrichtige, herzliche und liebevolle Frau. Mutter und Vater waren meine ersten spirituellen Lehrer. Unsere Eltern bringen uns auf die Welt und erziehen uns. Egal, woher wir kommen, Eltern oder andere Bezugspersonen haben sich um uns gekümmert, als wir klein waren. Diese Erfahrung ist uns allen gemeinsam.

Und wir teilen gemeinsam einen Planeten. Wir leben auf ihm miteinander von Geburt an. Sie und ich, wir wurden bislang einander nicht vorgestellt. Durch dieses Buch können wir einander kennenlernen. Ich verfolge damit ausschließlich das Ziel, Ihnen meine Anliegen darzulegen. Sollten Sie feststellen, dass wir viele Erfahrungen und Bestrebungen miteinander teilen, ist das Ziel des Buches bereits erreicht.

Auf unserem Lebensweg erfahren wir viele Veränderungen. Direkt vor unseren Augen spielt sich ein Prozess unermesslichen materiellen Fortschritts ab. Wir haben, beginnend in der Kindheit, alle die Erfahrung körperlichen Wachstums gemacht, und auch wenn dieser Prozess abgeschlossen ist, entwickeln wir uns kontinuierlich weiter. Diese körperliche Entwicklung sollte mit geistiger Entwicklung einhergehen. Mit äußerem Wachstum sollten auch unsere Weisheit und unsere Fähigkeit wachsen, zu unterscheiden, was gut und was schädlich für uns ist. So, wie wir die Blüte unserer körperlichen Jugend wahrnehmen, können wir auch das innere Erblühen unseres Herzens und unseres Geistes erfahren. Diese jugendliche Kraft können wir der Welt darbieten, so wie wir später unsere zur Reife gelangte Weisheit verkörpern.

Wir können ein Leben lang viel voneinander lernen. Immer wieder bin ich vom aufrechten Streben anderer Menschen tief berührt worden und habe viel von ihnen gelernt.

Ich erhoffe viel für die Welt, aber ich versuche, keine Erwartungen zu hegen. Unabhängig davon, ob ich meine Bestrebungen erfüllen kann oder nicht, wünsche ich mir, dass sie mich und mein Handeln in der Welt formen. Das bloße Fokussieren auf das Erreichen bestimmter Ziele kann uns zu sehr an diesen Zielen anhaften lassen. Unsere Träume müssen sich nicht unbedingt erfüllen, damit wir glücklich sein können. Das Nähren von Hoffnungen als solches ist sinnvoll. Auf eine Erfüllung der Hoffnungen hinzuarbeiten bedeutet einen Wert an sich, unabhängig vom Ergebnis. Wenn wir uns nicht mehr so sehr an Ergebnissen orientieren, wächst der Mut, unserem Streben für die Welt zu folgen. So finden wir unser edles Herz.

Bis heute teilen wir diese Erde miteinander, ohne ein Bewusstsein davon entwickelt zu haben. Doch jetzt können wir unsere Hoffnungen für unser gemeinsames Zuhause teilen.

Wir können gemeinsame Bestrebungen für uns und für einander entwickeln. Das ist alles – mehr braucht es nicht. Uns über unsere Hoffnungen und Bestrebungen, über unsere Erfahrungen auszutauschen kann uns auf einer grundsätzlichen menschlichen Ebene zueinander führen. Das vermag uns Glück zu schenken.

2 Sinnvoll leben

Alles ist möglich

Wenn Sie davon träumen, was das Leben alles für Sie bereithalten könnte, sollten Sie wissen, dass alles möglich ist. Vielleicht sehen und empfinden Sie es nicht immer so, aber die Möglichkeit, den Kurs zu ändern, steht Ihnen in jedem Moment offen. Ihr Leben verändert sich ständig. Veränderung ist die einzige Konstante Ihrer Existenz. Die Person, die Sie heute sind, ist nicht die gleiche wie die, die Sie in zehn, fünf oder auch nur einem Jahr sein werden. Ihre Lebensbedingungen ändern sich ständig, Sie reagieren darauf, und dies formt wiederum Sie. In diesem Prozess verfügen Sie nicht nur über unbeschränkte Freiheit, sich selbst zu formen, Sie verändern auch die Welt.

Die Frage ist, wie Sie mit diesen unbeschränkten Möglichkeiten, die die Grundlage Ihres Lebens bilden, umgehen. Wie können Sie ein sinnvolles Leben inmitten einer sich ständig verändernden Welt führen?

Buddhistisches Denken widmet sich in besonderer Weise genau diesen Fragen. Die Vorstellung, dass das Leben ein Raum unbegrenzter Möglichkeiten ist, wird in den Konzepten von »wechselseitiger Abhängigkeit« und »Leerheit« entfaltet. Der Begriff der Leerheit suggeriert möglicherweise die Vorstellung von Nichts oder Leere, doch tatsächlich soll er uns daran erinnern, dass nichts in einem Vakuum existiert. Alles ist eingebettet in einen Kontext – in ein komplexes Geflecht von Bedingungen. Und diese Bedingungen sowie dieser Kontext ändern sich ständig. Wenn wir davon sprechen, dass die Dinge »leer« sind, meinen wir damit, dass sie keine außerhalb dieser sich verändernden Kontexte unabhängige Existenz haben. Da in diesem Sinne alles leer ist, ist auch alles in der Lage, sich ständig neu anzupassen. Auch wir besitzen diese grundlegende Flexibilität, uns an alles anzupassen bzw. uns zu verändern und alles zu werden.

Leerheit sollte also nicht mit »Nichts« verwechselt werden; im Gegenteil: Leerheit ist voller Potential, voller Wirkkraft. Richtig verstanden, kann das Konzept der Leerheit eher unseren Optimismus als unseren Pessimismus nähren, denn es erinnert uns an unsere grenzenlosen Möglichkeiten und an unsere Gestaltungsspielräume in der Welt.

Wechselseitige Abhängigkeit und Leerheit zeigen uns, dass es keine festgelegten Vorbedingungen für Veränderung gibt. Wir können mit nichts beginnen. Was immer wir haben, wo immer wie sind – das ist genau der richtige Ort, um zu beginnen. Viele Menschen meinen, es fehle ihnen etwas, Macht oder Geld, um ihre Träume zu leben. Doch jeder Zeitpunkt ist der richtige, um an den eigenen Träumen zu arbeiten. Diese Perspektive eröffnet uns die Leerheit. Wir können bei Null anfangen.

Leerheit kann tatsächlich mit dem Konzept und der Funktion von Null verglichen werden. Null mag wie Nichts erscheinen, doch wir wissen, alles fängt bei null an. Ohne die Null würden unsere Computer zusammenbrechen. Ohne die Null könnten wir nicht beginnen zu zählen, es gäbe keine Eins und auch keine Unendlichkeit. In diesem Sinne kann sich alles und jedes aus der Leerheit manifestieren.

Alles kann entstehen, weil nirgendwo festgelegt ist, wie Dinge sein müssen. Jede Manifestation hängt von den Bedingungen ab, die in diesem Moment zusammenkommen. Doch »alles ist möglich« bedeutet nicht, dass das Leben zufällig oder willkürlich wäre. Wir können alles möglich machen, doch nur, indem wir die notwendigen Bedingungen dafür schaffen. An dieser Stelle verbinden sich die Konzepte von Leerheit und wechselseitiger Abhängigkeit.

Jeder Mensch, jeder Ort und jedes Ding ist in seiner Existenz vollständig abhängig von anderen – sowohl von anderen Menschen als auch von anderen Dingen. Zum Beispiel sind wir gerade jetzt lebendig, weil wir uns der notwendigen Bedingungen für unser Überleben erfreuen. Dazu gehören die zahllosen Mahlzeiten, die wir in unserem Leben bereits eingenommen haben, aber auch die Sonne, die auf die Erde scheint, und die Wolken, die den Regen bringen, sodass das Getreide gedeiht. Bestimmte Menschen kümmern sich um das Getreide, ernten es und bringen es zum Markt. Andere bereiten daraus ein Mahl für uns. Dieser Prozess verbindet uns, weil er ständige Wiederholungen erfährt, mit immer mehr Menschen auf der Welt, mit immer mehr Sonnenstrahlen und Regentropfen.

Letztlich sind wir mit nichts und niemandem auf dieser Welt nicht verbunden. Dies beschreibend, prägte der Buddha den Begriff der wechselseitigen Abhängigkeit oder des abhängigen Entstehens. Sie ist die Natur menschlichen Lebens, aller Dinge und Situationen. Wir sind alle miteinander verbunden und zugleich die Bedingung für die Existenz anderer.

Unter all den Bedingungen, die uns beeinflussen, sind die Entscheidungen, die wir treffen, und die Schritte, die wir unternehmen, besonders wichtig: Sie tragen maßgeblich zu den Folgen unseres Handelns bei. Handeln wir konstruktiv, so entsteht etwas Konstruktives. Handeln wir jedoch destruktiv, werden die Ergebnisse destruktiv und leidbringend sei. Alles ist möglich, doch wir müssen bedenken, dass alles, was wir tun, zählt und weit über uns persönlich hinausreicht. In einer Welt der wechselseitigen Abhängigkeit zu leben hat daher ganz bestimmte Konsequenzen für uns. Es bedeutet, unser Handeln hat Auswirkungen auf andere und dies macht uns füreinander verantwortlich.

In dieser Wirklichkeit leben

Wechselseitige Abhängigkeit und Leerheit mögen abstrakt erscheinen, aber sie sind keine abstrakten Prinzipien, sondern sind sehr konkret und haben eine direkte Bedeutung, wenn wir darüber nachdenken, wie es uns gelingen kann, ein sinnvolles Leben zu leben.

Wechselseitige Abhängigkeit ist überall am Werk, wo unser Leben erhalten wird. Geschieht dies etwa nur durch unsere eigene Anstrengung? Stellt jeder seine eigenen Ressourcen selbst her oder kommen sie von anderen? Wenn Sie darüber nachdenken, erkennen Sie sofort, dass Sie Ihre Existenz anderen verdanken. Die Kleidung, die Sie tragen, und die Nahrungsmittel, die Sie verzehren, sie alle werden von anderen Menschen produziert. Die Bücher, die Sie lesen, die Autos, mit denen Sie fahren, die Filme, die Sie sich ansehen, und die Werkzeuge, die Sie benutzen: Nichts von alldem hat jemand allein und nur für sich hergestellt. Wir alle hängen ab von äußeren Bedingungen, und sei es die Luft, die wir atmen. Unsere

Existenz in dieser Welt ist etwas, das vollständig durch andere ermöglicht wurde.

Wechselseitige Abhängigkeit bedeutet, dass wir ständig mit der Welt um uns interagieren. Diese Interaktion findet beiderseitig statt, sie ist ein gegenseitiger Austausch. Wir nehmen und geben. So, wie unsere Präsenz auf diesem Planeten durch viele Faktoren ermöglicht wurde, beeinflussen wir im Gegenzug andere Menschen, Gemeinschaften und den Planeten selbst.

Während der letzten hundert Jahre haben wir Menschen äußerst gefährliche Fertigkeiten entwickelt. Wir haben Maschinen konstruiert, die mit ungeheurer Kraft ausgestattet sind. Mit der heute verfügbaren Technologie könnten wir alle Bäume auf der Erde fällen. Doch täten wir das, würde das Leben nicht wie bisher weitergehen können, es sei denn, ohne Bäume. Aufgrund unserer grundlegenden wechselseitigen Abhängigkeit würden wir alle die Konsequenzen eines solchen Handelns sehr schnell spüren. Ohne Bäume hätte die Atmosphäre nicht mehr genügend Sauerstoff, um das menschliche Leben weiter zu erhalten.

Was hat dies alles mit unserem täglichen Leben und unseren Entscheidungen zu tun, mögen Sie sich vielleicht fragen? Ganz einfach: Wir alle müssen unsere wechselseitige Abhängigkeit bedenken, denn sie beeinflusst unser Leben direkt und grundlegend. Um ein glückliches Leben führen zu können, müssen wir uns um die Quellen dieses Glücks kümmern.

Unsere Umwelt und die Menschen, mit der wir sie teilen, sind die wichtigsten Quellen unserer Nahrung und unseres Wohlergehens. Um unser eigenes Glück zu ermöglichen, müssen wir das Glück anderer respektieren und uns darum kümmern. Diesen Zusammenhang können wir einfach erkennen: Nur wenn wir die Menschen, die unsere Nahrung herstellen, gut behandeln und ihre Bedürfnisse beachten, können wir vernünftigerweise davon ausgehen, dass sie alle Last auf sich nehmen, um uns mit gesunden und schmackhaften Nahrungsmitteln zu versorgen.

Wenn wir andere respektieren und uns für ihr Wachstum, ihr Gedeihen interessieren, werden wir selbst gedeihen. Auch die Wirtschaft weist diesen Zusammenhang auf: Wenn Kunden mehr Geld haben, laufen die Geschäfte besser. Wenn wir sowohl persönliches als auch gesellschaftliches Wachstum anstreben, reicht es nicht aus, das offenkundige Wirken wechselseitiger Abhängigkeit in der Welt zur Kenntnis zu nehmen. Wir müssen uns ihrer Konsequenzen bewusst werden und die Bedingungen unseres Wohlergehens reflektieren. Wo kommen unser Sauerstoff, unsere Nahrung und all die Güter, die wir konsumieren, her und wie werden sie produziert? Sind die Quellen dieser Produktion nachhaltig?

Sich mit der Wirklichkeit verbinden

Wenn Sie Ihre Lebenswirklichkeit aus der Perspektive von Leerheit und wechselseitiger Abhängigkeit betrachten, kann daraus eine veränderte Sicht auf Ihr Leben erwachsen. Meine Hoffnung ist, dass diese Veränderung Ihnen ganz praktisch helfen kann. Indem Sie ein neues Verständnis davon entwickeln, welche Kräfte in Ihrem Leben wirken, können Sie erste Schritte unternehmen, eine positive Beziehung zu ihnen zu entwickeln. Es ist nicht meine Absicht, ein angstbesetztes Bild von der Realität zu zeichnen. Ich habe festgestellt, dass einige

Menschen nicht gut damit umgehen können, wenn sie hören, dass Veränderung ein fundamentaler Teil des Lebens ist und dass nichts bleibt, wie es ist. Unbeständigkeit ist nun einmal die Grundlage unserer Existenz, und Unbeständigkeit ist an sich zunächst weder gut noch schlecht. Es hilft ganz sicher nicht, sie zu verneinen. Wenn wir mit dem Fakt der Unbeständigkeit weise umgehen, können wir zu ihr eine konstruktivere Beziehung als unserer Lebensrealität entwickeln. Wir können lernen, entspannter angesichts unerwarteter Veränderungen zu sein und uns auf neue Situationen besser einzustellen.

Das Gleiche gilt für die wechselseitige Abhängigkeit. Das Leben aus dieser Perspektive zu betrachten kann uns helfen, der Wirklichkeit konstruktiver zu begegnen. Doch das bloße Wissen, dass wir alle voneinander abhängen, bedeutet noch nicht, sich damit auch wohlzufühlen. Für manche Menschen birgt die Vorstellung von wechselseitiger Abhängigkeit das ungute Gefühl von Hilflosigkeit und Gefangensein in sich. Doch sollten wir sie uns nicht wie eine Abhängigkeit von einem Arbeitgeber vorstellen, den wir uns nicht ausgesucht haben. Es ist nicht hilfreich, sie sich als eine erzwungene und nur widerwillig zu akzeptierende Realität vorzustellen. Das würde uns nur unzufrieden machen und ein Gefühl des Unwohlseins nähren sowie das Fundament für positive Beziehungen untergraben.

Wechselseitige Abhängigkeit ist unsere Realität, ob wir das nun akzeptieren oder nicht. Um ein produktives Leben im Rahmen einer solchen Wirklichkeit zu führen, ist es besser, sie mit offenem Herzen und ohne Widerstand anzuerkennen. Dabei spielen Liebe und Mitgefühl eine besondere Rolle. Liebe lässt uns unsere Verbundenheit mit anderen spüren und umarmen, sodass wir freiwillig an den Beziehungen mitwirken, die durch unsere wechselseitige Abhängigkeit entstanden sind. Liebe lässt unsere Abwehr bröckeln und unsere schmerzhaften Gefühle von Isolation schwinden. Freundschaft und Liebe wohnen eine Wärme inne, die uns einfach anerkennen lässt, dass unser Glück direkt mit dem Glück anderer Menschen verbunden ist. Je mehr wir in der Lage sind, andere zu lieben, umso glücklicher und zufriedener können wir in wechselseitiger Abhängigkeit leben. Sie ist ein natürlicher Teil unseres Lebens.

Alle Menschen sind wie Eltern für uns

Liebe kann es in all unseren Beziehungen geben, denn alle Menschen wollen glücklich sein. Niemand möchte leiden. Dies gilt für die Menschen, die wir mögen, aber auch für jene, die wir nicht mögen. Diesbezüglich sind wir alle gleich. Diesen universellen Wunsch nach Glück können wir verstandesmäßig nachvollziehen. Wenn wir lernen, ihn auch zu empfinden und in unserem Herzen zu verankern, wächst die Liebe in uns auf natürliche Weise.

Die meisten Menschen empfinden eine besondere Zuneigung zu ihren Eltern. Warum ist das so? Das Gefühl von Nähe und Liebe entsteht gewöhnlich einfacher zu ihnen als zu anderen Personen, weil sie sich um uns gekümmert haben, zu unserem Wohlergehen beitrugen und uns halfen, zu wachsen.

Meines Erachtens sind alle Menschen wie Eltern zu uns. Wenn wir genau hinschauen, stellen wir fest, dass alle Menschen, denen wir begegnen, auf unterschiedlichste Weise, direkt und indirekt, zu unserem Wohlergehen beitragen. Viele, ganz unterschiedliche Menschen kochen unsere Mahlzeiten, sorgen für ein Dach über unserem Kopf und nähen die Kleidung, die uns schützt. Sie bringen uns von A nach B, erfinden Medizin, die uns heilt, lehren und helfen uns, auf eigenen Füßen zu stehen und zu wachsen und zu gedeihen. Zahllose Menschen sind auf diese Weise unser ganzes Leben hindurch wie Eltern zu uns. Doch normalerweise betrachten wir sie nicht so, vielleicht auch deshalb, weil wir unsere Aufmerksamkeit nicht auf ihre elterlichen Qualitäten richten. Keiner von ihnen tritt hervor und sagt: »Hallo, ich bin eigentlich wie eine Mutter zu dir.« Und auch wir schütteln niemandem die Hand und sagen: »Hallo, Sie sind wie ein Vater zu mir.«

Aber wenn wir uns all dessen bewusst sind, was wir von anderen erhalten, erkennen wir die vielen Beziehungen, in denen andere Menschen wie Eltern zu uns sind. Dann können wir ihnen mit mehr Güte begegnen, und wir können ihnen mit der gleichen Liebe begegnen, die zwischen Mutter und Kind herrscht. So werden wir imstande sein, unsere wechselseitige Abhängigkeit zu umarmen und uns das Bedürfnis anderer Menschen nach Glück zu Herzen zu nehmen. Weil jeder Mensch Liebe braucht, steht es in unserer eigenen Macht, das Leben anderer zu verbessern, indem wir ihnen geben, wonach sie sich sehnen: Liebe.

Eine grenzenlose Sicht

Ich glaube, dass diese erweiterte Perspektive essentiell für die Gestaltung eines sinnvollen Lebens ist. Was macht ein sinnvolles Leben aus? Eine große Frage, deren Beantwortung einen weiten Horizont, einen Blick weit über unsere eigene begrenzte Existenz hinaus erfordert. Eine Beschränkung auf unseren persönlichen Bereich und unsere individuellen Sorgen wäre hierfür viel zu kurzsichtig.

In meinem eigenen Leben gab es schon viele unerfüllte Wünsche und ich könnte viele Gründe für meine Unzufriedenheit aufzählen. Im Unterschied zu anderen Menschen meines Alters wurden einige der wichtigsten Entscheidungen, mein Leben betreffend, von anderen getroffen. Dies begann damit, dass ich im Alter von sieben Jahren als Karmapa erkannt wurde. Schon früh lastete eine große Verantwortung auf mir und in der Erfüllung meiner Pflichten begegneten mir manche großen Herausforderungen und Hindernisse. Natürlich ist es frustrierend, nicht alles tun zu können, was man will bzw. was von einem erwartet wird. Doch dies macht mein Leben nicht sinn- oder hoffnungslos. Es ist meine Entscheidung, wie ich mit diesen Herausforderungen und Hindernissen umgehe.

Die Vorstellung, das Leben sei sinnlos, wenn die eigenen Wünsche nicht in Erfüllung gehen, ist recht engstirnig. Ein solches Denken offenbart ein bloßes Kreisen um sich selbst und eine sehr begrenzte Sicht auf sich selbst. Selbst wenn uns unser Leben sinnlos erscheint, weil unsere individuellen Wünsche nicht erfüllt werden, verfügen wir immer noch über unendlich viele Möglichkeiten. Das ist so, weil unser Leben weit über unser individuelles Erleben in einem bestimmten Moment hinausreicht.

Unser Leben ist groß und umfassend. Es hat seine Grenzen nicht in unserer persönlichen Erfahrung. Es ist nichts Greifbares oder Begrenztes. Ich denke nicht, dass es sinnvoll ist, unser Leben als etwas zu betrachten, das nur auf uns begrenzt ist – als würde menschliches Leben nur so weit wie der menschliche Körper reichen. Nein, was wir sehen können, ist, dass das Leben sich in alle Richtungen ausbreitet wie ein Netz, das sich ausdehnt. Auf diese Weise erstreckt sich auch unser Leben und berührt und durchdringt viele andere Leben. Unser Leben kann ein allgegenwärtiger Teil jedes anderen Lebens werden.

Ich glaube, dass uns das Leben nur dann sinnlos erscheint, wenn wir es als auf uns persönlich begrenzt wahrnehmen. Blickte ich so auf mein eigenes Leben, könnte es mir recht bedeutungslos erscheinen. Diesen großen Namen zu tragen, aus Tibet zu flüchten und all die Anstrengungen seither – all dies wäre bedeutungslos, ginge es nur um eine Person: um mich! Doch wenn ich mein Leben als etwas Umfassenderes betrachte und erkenne, dass ich in der Lage bin, Glück und Freude, und sei es nur in das Leben einer einzigen anderen Person zu bringen, weiß ich, dass mein Leben sinnvoll ist.

Wenn Sie anderen Glück und Freude schenken, wird das auch auf Ihr eigenes Leben zurückstrahlen. Die Sinnhaftigkeit Ihres Lebens ergibt sich nicht aus Ihnen als abgetrenntem Individuum. Sie kommt von Ihnen, aber nur durch Ihre Verbundenheit mit anderen. Von daher verleiht wechselseitige Abhängigkeit Ihrem Leben Sinn.

Die Kunst besteht darin, das richtige Gleichgewicht zwischen den eigenen Bedürfnissen und dem, was Sie anderen wünschen, herzustellen. Dafür ist es notwendig, die eigenen Bedürfnisse zu reflektieren. Wenn Ihre Bedürfnisse und Wünsche stark selbstbezogen sind, kann sich kein Gleichgewicht einstellen, denn Sie selbst sind immer nur ein Teil Ihres eigenen Lebens. Erst wenn es Ihnen gelingt, dem Wohlergehen anderer den gleichen Rang einzuräumen, kann ein Gleichgewicht entstehen. Jedes heilsame Projekt schließt den Wunsch ein, anderen zu nutzen. Ist ein Projekt egozentrisch und nur am eigenen Wohl orientiert, kann ein Gleichgewicht nur schwerlich erreicht bzw. gehalten werden. Natürlich müssen Sie auch für sich sorgen, doch nicht um den Preis der völligen Missachtung anderer. Was immer Sie erreichen, sollte nicht auf Kosten anderer geschehen.

Drei Ziele

Wenn wir uns genauer ansehen, was im Allgemeinen unsere Bestrebungen lenkt, so sind dies entweder Ziele, die vollkommen egoistisch oder vollkommen auf andere gerichtet sind bzw. eine Mischung aus beiden darstellen. Unsere Erfahrungen unterscheiden sich fundamental, je nachdem, ob wir egoistische, altruistische oder solche Ziele anstreben, die beides enthalten.

Wenn wir ausschließlich unsere eigenen Interessen verfolgen, vernachlässigen wir andere Menschen und begegnen ihnen mit Geringschätzung. Diese Einstellung drückt sich in der Haltung aus: »Ob es anderen nun gut geht oder nicht – solange ich zurechtkomme, ist alles in Ordnung.« Doch das ist nicht nur bedauerlich, sondern realitätsfremd. Diese Haltung führt zu nichts, denn unsere wechselseitige Abhängigkeit bedeutet, dass das Verfolgen selbst der egoistischsten Ziele andere Menschen involviert und Konsequenzen für sie hat. Der gesunde Menschenverstand sagt uns, dass totaler Egoismus selbstzerstörerisch ist.

Verfolgen wir Ziele, die sowohl unseren eigenen Interessen als auch denen anderer Menschen entsprechen, erkennen wir unsere wechselseitige Abhängigkeit an. Darin drückt sich die Haltung aus: »Ich möchte meine Ziele erreichen, doch das sollte andere nicht am Erreichen ihrer Ziele hindern. Ich hoffe, ihr Streben ist ebenso erfolgreich wie meins.« Wenn wir uns um uns selbst kümmern, sollten wir respektieren, dass andere das auch tun.

Bei der dritten Art von Ziel haben wir ausschließlich die Interessen anderer im Blick. Wenn wir nur die Wünsche und Ziele anderer wertschätzen, opfern wir willentlich unsere eigenen Ziele, wenn wir sehen, dass dies anderen nutzen mag. Es ist schwer, eine altruistische Haltung zu entwickeln, und noch schwerer, sie zu praktizieren. Doch wir sollten Altruismus nicht damit verwechseln, unser eigenes Leben vollständig aufzugeben und unsere eigenen Interessen stets außer Acht zu lassen. Es geht vielmehr um eine geistige Einstellung, bei der wir bewusst auf unsere eigenen Wünsche verzichten. So wird Altruismus zu einer edlen Haltung, indem wir unser Leben vollständig dem Dienst an anderen widmen. Es mag schwierig für uns sein, dies unmittelbar in Handlungen auszudrücken. Es geht eher um eine Einstellung, die wir anstreben können.

Für sich und andere sorgen

Die folgenden zwei Geschichten, die ich erzählen möchte, dienen als Beispiele dafür, was es mit dem Verfolgen eigener Ziele in der Konsequenz auf sich haben kann. Die erste handelt von einem zweiköpfigen Adler, nennen wir ihn einen amerikanischen Seeadler. Wie wir aus der Biologie wissen, besitzt jeder Kopf sein eigenes Gehirn. Dieser Adler nun hatte zwei Köpfe mit zwei Gehirnen, aber nur einen Körper. Seine zwei Köpfe sahen die Welt jeweils auf ihre Weise und kümmerten sich wenig um den jeweils anderen. Eigentlich wollte jeder Kopf den ganzen Körper für sich allein, und jeder hatte bereits Pläne, wie er den anderen loswerden könnte.

Eines Tages landete der Adler in der Nähe eines ausgelegten Giftes. Jeder Kopf versuchte, den anderen zu verführen, den vergifteten Happen zu verspeisen, indem er ihm erzählte, wie wohlschmeckend diese Speise sei und dass er ihm den Vortritt lasse. Schließlich verschlang einer der beiden Köpfe – ich vermute, es war der weniger überzeugende der beiden – den vergifteten Happen. Doch so gelangte das Gift in den Körper, den sie beide miteinander teilten. Sie hatten sich beide so sehr auf ihre eigenen Ziele und ihren Hass aufeinander konzentriert und dabei vergessen, dass sie einen gemeinsamen Körper hatten.

Genau das passiert, wenn wir nur mit uns selbst beschäftigt sind. Am Ende schaden wir uns selbst. Um ein sinnvolles Leben zu führen, müssen wir es als Teil eines größeren Ganzen betrachten. Wenn wir die Realität unserer engen wechselseitigen Abhängigkeit in dieser Welt als gegeben akzeptieren, können wir vernünftigerweise davon sprechen, dass wir alle ein Leben miteinander teilen. Wir haben viele Köpfe, aber nur einen Körper.

Die zweite Geschichte handelt von einem Haus, in dem ein Feuer ausbricht, während sich die ganze Familie in dem Gebäude aufhält. Eines der Familienmitglieder gerät in Panik und sucht nach dem kürzesten Weg hinaus. Sein erster Gedanke ist, sich selbst zu retten, und er schafft es, bis zur Tür zu kommen. Doch als er mit einem Bein bereits die Türschwelle überschritten hat, erinnert er sich an seine Familie. Er zieht seinen Fuß zurück und rennt zurück ins Haus in dem Bewusstsein, die gleiche Sicherheit, die er für sich selbst sucht, für alle Familienmitglieder zu wollen. In diesem Bruchteil einer Sekunde, in dem er mit einem Bein bereits der Gefahr entronnen und mit dem anderen noch in ihr steht, entscheidet er sich dafür, die anderen retten zu wollen.

Auf ähnliche Weise sollten wir handeln. Der Fuß, der den Schritt nach vorn unternimmt, zeigt uns, was wir für uns selbst wollen. Der Fuß, der stehen bleibt, sagt uns, dass andere das Gleiche für sich erstreben. Wir müssen die Bedingungen dafür schaffen, mit beiden Füßen auf dem Boden zu stehen. Unser Eigeninteresse zeigt uns, was wir für uns selbst brauchen, und unsere Aufmerksamkeit für andere sorgt dafür, dass wir anderen die gleichen Interessen zugestehen. Wir sollten uns weder für andere gänzlich aufopfern oder aufgeben, noch sollten wir um unser eigenes Wohlergehen willen andere übersehen. Das ist das richtige Gleichgewicht.

Sinnvoller Lebensunterhalt

Ein klares Verständnis des Gleichgewichts, das das Leben sinnvoll macht, ermöglicht die Wahl eines geeigneten Lebensunterhalts und dessen Einbindung in das restliche Leben.

Dabei ist es nicht entscheidend, welchen Beruf oder welche Tätigkeit man ausübt. So ist es mein Job, der Karmapa zu sein, und das ist ein ziemlich harter Job – schwer auszuüben und noch schwerer zu beschreiben. Wie könnte ich meine Arbeit in der Zeile für »Tätigkeit« in einem Pass beschreiben? Gebete-Rezitierender? Das wäre eine zu enge Beschreibung. Bäumepflanzer? Das hört sich seltsam an. Koch? Ich kann nicht kochen. Das fällt also weg. Ich glaube, ich bin vieles und nichts, aber der Punkt ist nicht, was man tut, sondern wie man es tut.

Welcher Arbeit auch immer Sie nachgehen, Sie sollten regelmäßig dafür sorgen, auch einfach mal nur da zu sein. Selbst wenn es nur für einen Moment am Tag möglich ist, ist es wichtig, in diesem Moment ganz bei sich zu sein. Das kann durch eine kurze Meditation oder eine stille Reflektion, morgens oder abends, geschehen. Wie auch immer es am besten passt, es ist wichtig, sich immer wieder mit sich selbst zu verbinden. Sonst rennen Sie den ganzen Tag nur geschäftig herum und verlieren sich schließlich selbst. Um sich dagegen zu wappnen, sollten Sie immer wieder zu sich selbst zurückkehren und bedenken, was Ihnen wirklich wichtig ist.

Es kann entmenschlichend sein, sich das eigene Leben von der Arbeit diktieren zu lassen. Einige Bekannte von mir arbeiten in Fabriken. Sie müssen sich mit den Maschinen gleichschalten. So werden sie quasi selbst zu Robotern. Auch in anderen Jobs passen Menschen ihren Lebensrhythmus dem Rhythmus ihrer jeweiligen Arbeit an. Dies kann sehr leidvoll sein. Es zeigt, wie gefährlich es ist, wenn wir Teil eines ökonomischen Systems werden, das Menschen wie Maschinen behandelt.

Solche Beispiele lassen es attraktiv erscheinen, aus dem ganzen System auszusteigen und nach Alternativen zu suchen. Doch für diejenigen von uns, die den Wunsch hegen, ein bestimmtes System zum Positiven zu verändern, oder dazu beitragen wollen, unsere Welt zum Besseren zu gestalten, gibt es weitere Faktoren zu bedenken. Es mag Ausnahmen geben, doch oft bedeutet der Ausstieg aus einem System nur, davor wegzurennen – selbst wenn wir das Aussteigen mit der Vorstellung verknüpfen, das System von außen bekämpfen zu wollen. Es ist so, als rangierte man einen Gegenstand, den man nicht mag, aus, anstatt ihn zu reparieren oder ihm eine neue Funktion zu geben. So gibt es Menschen, die ein System nach dem anderen verlassen und nichts als einen Fluchtplan hinterlassen. Das ist kein effektiver Weg, ein System zu reformieren. Auch wenn es schwierig ist: Wir können mehr erreichen, wenn wir innerhalb des Systems Veränderung anstreben.

Wahre Werte

Ich möchte unterstreichen, dass es, unabhängig davon, ob Sie innerhalb oder außerhalb eines Systems einer Aufgabe nachgehen, ein Fehler ist, die eigene Identität an die Arbeit zu binden. Kein Job kann Ihre Identität definieren. Sie sind so viel mehr als die Arbeit, die Sie tun. Egal, wie viele Stunden Sie täglich am Arbeitsplatz verbringen, es ist weder der einzige noch der wichtigste Teil Ihres Lebens. Es kann höchstens eine Komponente des weiten Netzes sein, das Ihr Leben umspannt.

Wir sollten dies besonders unter den derzeitigen ökonomischen Bedingungen im Blick behalten. Wenn Menschen heutzutage ihre Arbeit verlieren und nicht sofort eine neue finden, leiden sie oft unter den emotionalen Begleiterscheinungen der Arbeitslosigkeit mehr als unter dem Einkommensverlust. Wenn die Arbeit ein emotionales Leck in einem stopft, kann Arbeitslosigkeit besonders leidvoll erfahren werden. Dieser leidvollen Erfahrung können Sie entgegenwirken, wenn Sie sich bewusst machen, woher Ihr Glück wirklich kommt. Trotz unserer Intelligenz verfallen wir immer wieder in die alte Gewohnheit, das Glück in äußeren Dingen und Umständen zu suchen. Und doch sind Sie in der Lage, in jedem Moment und unter allen Umständen Ihre Weisheit wachzurufen und Ihre Aufmerksamkeit von äußeren Bedingungen auf die unerschöpflichen Quellen Ihrer inneren Güte zu richten. Sie kann Ihnen niemals verloren gehen.

Wir freuen uns oft über den Zuwachs an materiellem Besitz. Warum sollten wir nicht in der Lage sein, uns noch mehr über den Zuwachs an innerem Reichtum zu freuen? Dies zählt viel mehr. Unsere persönlichen Qualitäten können uns glücklich machen. Wir müssen uns ihnen einfach nur zuwenden.

Ein einziger Moment der liebevollen Sorge für andere kann uns zufriedener machen als jedes Geld der Welt. Unsere persönlichen Qualitäten können eine reiche Quelle der Freude für uns sein. Schon ein einziger altruistischer Gedanke vermag die Quelle tiefen Glücks zu sein. Wir können so viele Quellen des Glücks in der Fülle unseres eigenen Geistes finden.

3　Gesunde Beziehungen

Sich anderen zuwenden

Unabhängig davon, was um uns herum passiert, wir sind immer in der Lage, ein Leben zu führen, das für uns und andere sinnvoll ist. Wir müssen nur eine andere Perspektive einnehmen. Bedenken wir das Prinzip der wechselseitigen Abhängigkeit, können wir unser Selbstgefühl über die engen Grenzen des eigenen Körpers und über unsere persönlichen Erfahrungen hinaus erweitern und alles, womit wir verbunden sind, darin einschließen. So blicken wir über unsere Ziele hinaus und achten die Ziele anderer Menschen wie unsere eigenen.

Gleichgewicht im Leben erreichen wir dann, wenn es uns gelingt, unsere Sorge für uns selbst mit der Sorge für andere zu harmonisieren. Wenn uns auffällt, dass sich unser Leben in einer Schieflage befindet, wenn uns das Gefühl der Sinnlosigkeit überkommt, bemerken wir für gewöhnlich, dass auch unsere Beziehungen nicht mehr gesund sind. Indem wir gründlich darüber nachdenken, wie wir uns sowohl uns selbst als auch anderen zuwenden können, entwickeln wir gesunde Beziehungen. Wir können lernen, herzliche und wahrhaft sinnvolle Beziehungen zu pflegen.

Mir ist immer wieder aufgefallen, dass emotionale Bindungen zwischen Menschen größtenteils durch die Macht der Gewohnheit geformt werden – man wird vertraut miteinander, gewöhnt sich aneinander. Ich glaube, es lohnt sich, sich diesen Umstand genauer anzusehen, denn durch die Entwicklung neuer Gewohnheiten können wir unsere Beziehungen grundlegend verändern. Treffen zwei Menschen immer wieder aufeinander, werden sie einander mit der Zeit vertraut. Sie entwickeln Gewohnheitsmuster im Umgang miteinander und fühlen sich mit der Zeit wohl miteinander und mit diesen Mustern. Das reicht oft schon, um eine emotionale Bindung zu entwickeln – und es führt zu Mustern, die die zukünftigen Interaktionen bestimmen.

Buddhistische Sicht bezieht in die Betrachtung solcher Muster die vielen Leben mit ein, die wir zuvor schon geführt haben und innerhalb derer diese Muster herausgebildet wurden. Doch wir müssen gar nicht über unser derzeitiges Leben hinausblicken, um zu erkennen, dass Dynamiken unserer ersten Lebensjahre später im Leben wiederkehren. Unser ganzes Leben kreist um Beziehungen, die sich vertraut anfühlen, und diese Beziehungen wiederum folgen Mustern, die wir zeitig im Leben gelernt haben. Auch Gewöhnung trägt dazu bei, was wir kulturell als angenehm empfinden.

Aber Gewohnheiten können verändert werden. Sobald wir uns an eine neue Umgebung gewöhnt haben, können wir uns wohl in ihr fühlen. Gewohnheiten entstehen schlicht durch Wiederholung. Handeln wir wiederholt anders, entstehen neue Gewohnheiten und alte werden überwunden. Wir sollten damit beginnen, unser gewohnheitsmäßiges Denken und Handeln näher zu betrachten. Wenn wir feststellen, dass wir in unseren Beziehungen gesündere Umgangsformen pflegen sollten, können wir Obacht geben, anderen in heilsamerer Weise zu begegnen, so lange, bis unser neues Verhalten sich als neue, positive Gewohnheit etabliert hat.

Das gemachte »Ich«

Die Macht der Gewohnheit spielt eine ebenso subtile wie mächtige Rolle bei der Formung unseres Selbstbildes. Und dieses Selbstbild hat im Gegenzug enormen Einfluss auf unsere Beziehungen zu anderen. Wir können von zwei Formen unseres »Ich« sprechen. Das eine ist unser angeborenes oder instinktives »Ich«; das andere ist das erlernte bzw. zugeschriebene »Ich« und hat mit unserer gewohnten Weise, uns zu sehen, zu tun.

Um zu erklären, was ich mit diesen zwei Formen des »Ich« meine, beginne ich zunächst mit dem letzteren, das weniger subtil wirkt und daher einfacher zu beobachten ist. Dieses gelernte oder zugeschriebene »Ich« entsteht durch wiederholten Gebrauch. Deshalb nenne ich es auch das gemachte »Ich«. Unsere Eltern erzählen uns, dass wir so oder so seien. Die Lehrer erklären uns, wir seien so oder so. Die Geschlechterordnung unserer jeweiligen Gesellschaft legt uns nahe, wie wir sein sollten. Die Kultur, in der wir leben, lässt uns auf vielerlei Weise wissen, wer wir sind.

Mir ist aufgefallen, dass es in der amerikanischen Kultur die Tendenz gibt, das Selbstvertrauen von Kindern massiv zu stärken, indem man ihnen erzählt, wie wichtig und einzigartig sie sind. Dieses Selbstverständnis wird dann Teil des gemachten »Ich«. Dieses »Ich« wird immer realer, es verfestigt und verselbstständigt sich. Es wird schließlich zur Gewohnheit, das von außen, von der Familie, der Schule und vom sozialen Umfeld an mich herangetragene »Ich« für mein eigenes zu halten. Das ist das gemachte »Ich«. Unsere eigenen geistigen Gewohnheiten bringen uns dazu, zu glauben, dass wir das wirklich seien, sodass das gemachte »Ich« zunehmend die eigene Selbstwahrnehmung bestimmt. Dieses Selbstgefühl tragen Sie fortan in sich und hinein in jede Beziehung.

Im Gegensatz dazu ist die andere Form des »Ich« – die angeborene, instinktive Form – äußerst subtil. Obwohl sie immer in uns ist, sind wir uns ihrer normalerweise kaum bewusst. Dieses subtile »Ich« wird dann offenbar, wenn wir in extreme und lebensbedrohliche Situationen geraten. Stellen wir uns vor, wir stünden am Rande einer Klippe. Instinktiv versuchen wir, dieses »Ich«, das in Gefahr ist, in Sicherheit zu bringen. Darin drückt sich unser angeborenes Selbstgefühl aus.

Von diesen zwei Formen bestimmt besonders das gemachte »Ich« unsere Beziehungen. Niemand kommt als »Jack« auf die Welt. Ein Kind wird geboren, erhält den Namen »Jack« und die Person »Jack« wird geschaffen. Der Mensch namens Jack wächst auf und lernt zu denken: »Ich bin Jack.« Sobald jemand schlecht von »Jack« spricht, ist er erschüttert und aufgerüttelt. Er kann sich in einem Raum mit hundert anderen Menschen befinden, doch wenn er den Namen »Jack« hört, fühlt er sich herausgehoben und ins Rampenlicht gerückt. Egal, wie viele andere Menschen da sind, der Ruf des Namens »Jack« scheint nur ihm zu gelten. Es zeigt sich, dass das Label »Jack« von ihm Besitz ergriffen hat. Was immer nun über diesen »Jack« gesagt wird, nimmt er äußerst ernst und persönlich, denn er hat dessen Identität angenommen. Wir alle verhalten uns so.

Wir glauben, dass das gemachte »Ich« unser natürliches »Ich« und Ausdruck unserer vollständigen und wahren Identität sei. Doch wenn wir diesen Prozess genau betrachten, stellen wir fest, dass das gemachte »Ich« Schritt für Schritt und über einen langen Zeitraum herausgebildet wurde. Wir sind so vertraut damit geworden, dass wir glauben, dies seien wir von Natur aus. Doch so ist es nicht. Es ist eine konstruierte Identität.

Nichtsdestotrotz kreiert dieses gemachte »Ich« und die damit einhergehende Vorstellung von »mein« ein Fenster, durch das jeder von uns die Welt betrachtet. Sie schauen durch dieses Fenster von »Ich« und »mein« und nehmen alles, was Sie sehen, persönlich. Wenn jemand da draußen einen ärgerlichen Gesichtsausdruck hat, glauben Sie, dieser Ärger müsse etwas mit Ihnen zu tun haben. In Wirklichkeit gibt es keinen Grund anzunehmen, jemandes Ärger müsste etwas mit Ihnen zu tun haben. Schließlich blicken alle Menschen durch ihr persönliches Fenster und auch ihre Wahrnehmungen sind in ihrem eigenen Selbstgefühl begründet.

Wenn wir in diesem »Ich«- und »mein«-Modus aus dem Fenster gucken, erleben wir alles so, als ob es auf unseren persönlichen Wahrnehmungsschirm projiziert würde, genauso, wie ein Film auf eine Leinwand übertragen wird. Und so wie bei einem Film, beginnt unser Herz sich zu weiten, wenn wir einen glücklichen Moment erleben. Doch bei einer traurigen Szene leiden wir.

Das Festhalten an »Ich« und »mein« begrenzt unsere Selbstwahrnehmung und hat ernsthafte Konsequenzen für unsere Verbindung mit anderen. Es verhindert, dass wir die zahllosen umfassenden Verbindungen sehen, die wir wirklich mit anderen teilen. Schließlich nehmen wir die Welt als etwas von uns Getrenntes wahr, als etwas im Außen Projiziertes, das nur unserem Konsum dient. Ich möchte hier keine Philosophie entfalten. Ich versuche zu beschreiben, wie sich eine solche Weltsicht anfühlt. Wenn wir durch unser persönliches Fenster blicken, empfinden wir Zuneigung und Ablehnung. Wir akzeptieren oder lehnen ab, was wir auf dieser Leinwand sehen. Dieses emotionale Hin und Her bildet eine wichtige Komponente in unseren Beziehungen zu anderen.

Die Falle der Anhaftung

Der Wunsch, das, was wir um uns herum wahrnehmen, an uns zu ziehen oder abzustoßen, wirkt in unseren Beziehungen als starke Kraft. Anstatt der anderen Person gegenüber entspannt und wertschätzend zu sein, sind wir ständig darum bemüht, zu bekommen, was wir von ihr wollen, und abzulehnen, was wir nicht wollen. Möchten wir gesunde Beziehungen aufbauen, müssen wir uns daher näher mit unserer Anhaftung und Ablehnung beschäftigen.

Sehen wir uns zunächst unsere gewohnten Annahmen von Anhaftung und Nicht-Anhaftung an. Die herkömmliche Lebenserfahrung lässt viele Menschen annehmen, dass Beziehungen ohne Anhaftung kaum vorstellbar seien. Ich hörte Menschen sagen, dass sie ohne Anhaftung keine engen Beziehungen eingehen könnten. Menschen versuchen, das Bedürfnis nach Anhaftung in anderen hervorzurufen, um dann eine Beziehung mit ihnen einzugehen. Sie setzen Anhaftung wie einen Angelhaken ein, mit dem sie andere ködern und einfangen wollen.

Die Vorstellung, eine herzliche und gesunde Beziehung sei ohne Anhaftung nicht möglich, gründet in der Verwechslung von trennender Distanz und Nicht-Anhaftung. Doch Distanziertheit ist etwas anderes als Nicht-Anhaftung. Distanziertheit suggeriert eine gefühllose Indifferenz. Doch das Gegenteil ist wahr: Erst die Abwesenheit von Anhaftung macht es möglich, dass gesunde Gefühle den Raum bekommen, sich zu entfalten. Anhaftung verursacht beispielsweise, dass Sie jemandem oder etwas vollkommen erliegen. Sie können nicht aufhören, an jemanden zu denken, von dem Sie glauben, er würde Ihr Leben perfekt machen. Sie sind dann so okkupiert von den Gedanken an diese Person, dass es Ihnen kaum noch gelingt, an etwas anderes zu denken. Sie sind vom Zauber Ihrer Anhaftung so gebannt wie ein Insekt, das in den Honig gefallen ist und sich nicht mehr bewegen kann.

Diese Überwältigung kann sowohl durch schwierige äußere Situationen als auch durch unsere eigene Anhaftung entstehen. Wenn wir uns in einer schwierigen Situation und von allen Seiten eingekreist wähnen, meinen wir oft, in eine bestimmte Richtung gedrängt zu werden, die wir selbst gar nicht einschlagen wollen. Ob wir mit Anhaftung oder schwierigen Situationen zu tun haben, die Herausforderung besteht darin zu erkennen, wie wir das Steuer selbst in die Hand nehmen können. Dafür müssen wir in der Lage sein, Dinge auf neue Art zu betrachten.

Wenn uns ein Problem tatsächlich überwältigt und wir uns von der Situation überfordert sehen, steht uns immer noch offen, uns geistig daraus zu erheben und einen anderen Blick aus der Vogelperspektive darauf zu werfen. Selbst wenn wir uns fühlen wie ein Ertrinkender, der verzweifelt im Wasser um sich schlägt, kann unsere Vorstellungskraft uns auf einen Berggipfel heben, von dem aus wir unsere Situation dort unten im Tal überblicken können. Eine solchermaßen veränderte Perspektive kann uns neue Möglichkeiten aufzeigen.

Damit meine ich nicht, sich emotional von der Situation abzukoppeln. Natürlich bleiben Sie mit ihr verbunden. Doch die Fähigkeit, das Zentrum des Problems geistig verlassen zu können, birgt die Chance, die eigene Situation aus einer neuen Perspektive zu betrachten. So können Sie eine Art zweites »Ich« kreieren, das aus einem zweiten Betrachtungswinkel neue Denkansätze entwickelt. Die Abwesenheit von Anhaftung bedeutet nicht, sich von jemandem zu trennen oder sich nicht mehr in eine Beziehung einzubringen. Sie bedeutet, einen Perspektivwechsel vorzunehmen, um den eigenen Blick zu weiten.

Wenn wir uns all den Schmerz und die Konfusion ansehen, die unsere Anhaftung verursacht, ist es seltsam, dass es so schwierig für uns ist, diese als das Problem zu erkennen. Ich habe viel darüber nachgedacht, warum es uns so schwer fällt. Der Grund dafür scheint mir die starke Tendenz in uns zu sein, Fehler stets außerhalb von uns zu suchen. Für gewöhnlich wenden wir uns auf der Suche nach den Ursachen unserer Probleme nach außen und schreiben unser Unglück äußeren Faktoren zu. »Wo ist das Problem? Es ist da draußen!« Wenn uns das Objekt unserer Anhaftung nicht glücklich macht, geben wir ihm die Schuld, nicht dem in uns verwurzelten Gefühl der Anhaftung.

Anhaftung ist ein ernstes Problem – und es ist eines, das wir selbst erschaffen. Es entsteht durch uns und wirkt auf uns zurück. Anhaftung dient der eigenen Genugtuung und den eigenen Zwecken. Sie hat ihre Grundlage im Eigennutz. Grundsätzlich suchen wir die Nähe anderer Menschen weniger deshalb, weil wir um deren Wohlergehen besorgt wären, sondern weil uns interessiert, welche Gefühle sie bei uns auslösen und was wir von ihnen bekommen können.

Das zeigt sich besonders dann, wenn eine auf Anhaftung beruhende Beziehung unbefriedigend wird – Schuld scheint dann immer die andere Person zu sein. »Warum soll ich mich ändern? Er (oder sie) soll sich ändern. Er (oder sie) sorgt für den Ärger.« Wenn es uns tatsächlich um das Wohlergehen des oder der anderen ginge, würden wir so nicht denken. Wenn das Glück der anderen Person für uns tatsächlich zählte, würden wir uns aufrichtig wünschen, uns selbst so zu wandeln, dass es ihr nützt. Doch so handeln wir nicht, wenn Anhaftung die treibende Kraft ist. Anhaftung ist tatsächlich durch und durch egoistisch.

Wenn Sie jemanden wirklich lieben, ist dieser Mensch extrem wertvoll für Sie – so wertvoll wie Ihr eigenes Leben. Sie sorgen liebevoller für diesen Menschen als für sich selbst. Doch wenn Sie an jemandem anhaften, benutzen Sie diesen Menschen, um Ihre Bedürfnisse zu befriedigen und sich glücklich zu machen. Es gibt Männer, die sich aufregen, wenn ihre Ehefrauen mit anderen Männern sprechen und *vice versa*. Seltsam – warum sollte jemand einen Menschen, den er liebt, davon abhalten, mit anderen Menschen zu sprechen? Dieser Wunsch, andere zu kontrollieren, ist egoistisch und deutet daraufhin, dass es der Person nur um ihre eigenen Wünsche und Ziele geht. Das zeigt, dass die Beziehung nicht auf Liebe, sondern auf Anhaftung beruht.

Liebe als Praxis

Wenn wir hinter dem Rahmen von »mich« und »mein« hervortreten, den unser gemachtes »Ich« zwischen uns und andere gestellt hat, erscheinen unsere Beziehungen in einem völlig neuen Licht. Wir führen sie nicht länger nach egoistischen

Maßstäben. Wir sind erlöst von der ständigen Sehnsucht, bestimmte Menschen anziehen und andere von uns fern halten zu wollen. Wir entdecken vielfältige Möglichkeiten, uns mit jedem Menschen positiv zu verbinden. Diese geweitete Perspektive einnehmend, können wir unsere Liebe vertiefen.

Unser gewöhnliches Verständnis von Liebe geht oft mit maßlosen Erwartungen einher. Menschen sprechen von ewiger Liebe. Auf Deutsch sagen wir »Bis dass der Tod uns scheidet«, und solch einen Spruch gibt es auch im Tibetischen. Einige Freunde von mir glauben wirklich daran. Doch in unseren Beziehungen erleben wir, wie Liebe unter bestimmten Bedingungen entsteht. Und mit der Zeit verändert sie sich auch.

Wir weigern uns, dies für unsere Beziehungen anzuerkennen. Oft glauben Menschen, ihre aktuelle Liebesbeziehung werde immer wunderbar sein und die beste bleiben, die sie je hatten. Viele Menschen sprechen mit mir über ihre Beziehungserfahrungen. Am Anfang finden sie alles am anderen extrem aufregend. Sie rufen sich jeden Tag an und jedes Gespräch begeistert sie. Daraus entsteht die Erwartung, dass die Beziehung immer diese Intensität bewahren wird. Doch mit der Zeit bzw. im Laufe einer langen Beziehung lässt das Interesse aneinander nach. Die »unsterbliche Liebe« verliert ihren Glanz. Einige sagen sogar, die Ehe sei das Grab der Liebe!

Trotz alledem glaube ich, dass Liebe dauerhaft sein kann. So denke ich zum Beispiel, dass die Liebe, die ich für Sie alle empfinde, nicht abnehmen wird. Liebe kann eine dauerhafte Qualität annehmen, wenn wir sie zu einer bewussten spirituellen Praxis machen – aber nicht in dem Sinne, dass wir täglich ein wenig meditieren oder ein paar Gebete sprechen. Liebe ist eine umfassende und edle Praxis.

Wir nähren unsere Liebe aktiv, indem wir mit ganzem Herzen an uns arbeiten. So kann unsere eigene spirituelle Praxis zur Grundlage einer andauernden Liebe werden. Spirituelle Praxis bedeutet, uns selbst zu transformieren. Sie bedeutet Veränderung. Wir können nicht davon ausgehen, eine Liebe zu finden, sie in ein Regal zu stellen und von Zeit zu Zeit den Staub von ihr abzuwischen. Nein, Liebe ist lebendig. Sie muss kontinuierlich wachsen wie ein Baum und immer wieder neue Blüten, Blätter und Früchte hervorbringen. Geschieht dies nicht mehr, stirbt der Baum vielleicht. Nur wenn wir Liebe als aktive Praxis verstehen, ist sie unsterblich.

Liebe, die bleibt

Ich hörte einmal das Sprichwort: »Wenn es einen Grund gibt, jemanden zu lieben, kann es sich nicht um Liebe handeln.« Wenn Menschen gefragt werden, warum sie jemanden lieben, fallen ihnen meist viele banale Gründe ein. Einige sagen, es sei das Aussehen des anderen. Andere meinen, es sei die Persönlichkeit der anderen oder die Art, wie die Geliebte einen anschaue. Ich habe schon von Menschen gehört, die sich in eine Person auf Grund ihrer Haarfarbe verliebten! Doch wenn der Grund für die Liebe oberflächlich ist, wird sie sicherlich nicht andauern.

Liebe hat in unserem Leben eine tiefgreifende Bedeutung, mehr als alles andere. Ich persönlich glaube nicht, dass es für die Liebe keinen Grund geben darf. Doch der Grund zu lieben ist letztlich so umfassend, dass man ihn nicht auf spezielle Beweggründe begrenzen sollte.

Beziehungen können durchaus dauerhaft sein, aber sie ändern sich, manchmal zum Guten, manchmal zum Schlechten. Selbst eine Eltern-Kind-Beziehung kann sich so entwickeln, dass man nicht mehr miteinander spricht, sich gegenseitig physisch oder verbal verletzt oder vielleicht sogar tötet. Doch es gibt eins, was sich für die Personen nicht ändert: dass sie Eltern und Kind sind. Diese Tatsache, dass sie so aufeinander bezogen sind, ändert sich nicht. Selbst wenn sich die spezielle Form solch einer Beziehung in bestimmter Weise entwickelt, bleibt die Essenz ihrer Beziehung die gleiche. Wenn wir Liebe zur Essenz einer Beziehung machen, wird sie dauerhaft sein können.

Unter den richtigen Bedingungen kann Liebe wahrhaftig und andauernd sein. Das ist meine persönliche Überzeugung. Liebe kann diese allumfassende Qualität haben. Wir können sie wachsen lassen, bis sie unsere Beziehungen vollständig durchdringt. Doch anstatt der Liebe Raum zum Wachsen zu geben, sperren wir sie oft genug in unseren Erwartungen ein. Und diese Erwartungen machen unsere Liebe davon abhängig, was die andere Person tut oder sagt. Ebenso hängt unsere Sorge um die andere Person davon ab, ob die Beziehung unsere Bedürfnisse erfüllt. Wie können wir erwarten, dass die Liebe andauert, wenn wir fordern, dass sie unsere Erwartungen erfüllen muss, oder wenn wir mit dem anderen umgehen, als gehörte er uns? Dauerhafte Liebe verträgt es nicht, wenn wir zu viele Erwartungen haben. Es ist besser, die eigene Liebe einfach darzubieten.

Ich möchte etwas mit Ihnen teilen, das mich bewegt. Ich habe das Gefühl, dass meine Liebe nicht in den Grenzen meines Lebens und meines Körpers verbleiben muss. Ich stelle mir vor, dass selbst wenn ich nicht mehr in der Welt bin, meine

Liebe immer noch da sein kann. Ich möchte meine Liebe zum Mond schicken, und der Mond möge meine Liebe halten. Er möge sie bewahren und sie jedem Menschen darbieten, so wie der Mond sein Licht sendet, das die Erde umfängt.

Liebe ist lebenswichtig

Liebe kann uns am Leben erhalten, wenn wir sie richtig betrachten. Es scheint mir, dass viele Menschen ihre Liebesbeziehung als Quelle von Freude und Vergnügen betrachten, währenddessen sie ihre Arbeit als eine absolute Notwendigkeit ansehen. Unsere Grundbedürfnisse sind Nahrung, Kleidung und ein Dach über dem Kopf, und so gibt es ganz praktische Gründe dafür, dass wir unsere Arbeit behalten wollen. Wenn wir die Welt so betrachten, glauben wir vielleicht, der Beruf sei eine wichtige Angelegenheit, währenddessen Beziehungen nur zum Spaß da seien.

Anscheinend fällt es vielen Menschen leichter, ihre Partner zu wechseln als ihre Arbeitsstelle. Mit dieser Lebenshaltung werden Emotionen und Beziehungen zu etwas, das entbehrlich erscheint. Schwierigkeiten auf der Arbeit werden hingenommen, weil man die Arbeit als lebenswichtig betrachtet. Doch wenn ein Freund oder die Partnerin Schwierigkeiten bereitet, wird er oder sie einfach abgelegt und es wird nach Ersatz gesucht. Dieses Verhalten entspringt der Auffassung, Liebe sei ein verzichtbarer Teil unseres Lebens.

Vielleicht wollen wir eine schwierige Beziehung loswerden, ohne die tatsächlichen Gründe unserer Probleme zu betrachten: unseren eigenen Geist, unser eigenes Herz. Ein tibetisches Sprichwort sagt: »Du bist wütend auf den Ochsen, aber schlägst das Pferd.« Es erinnert uns daran, wie lächerlich es ist, Alibi-Gründe für unser Unglück aufzuzählen. Liebe und emotionales Wohlergehen liegen in und nicht außerhalb von uns. Um wahre Liebe und gesunde Beziehungen zu entwickeln, kommen wir nicht umhin, uns selbst, unseren Geist und unser Herz zu ergründen.

Wahre Liebe kann uns tragen, wenn wir sie richtig betrachten. Um eine bleibende und gesunde Liebe zu entwickeln, müssen wir das heilsame Potential, das in unserem Geist und in unserem Herzen verborgen liegt, entdecken. Wir sollten sowohl unsere Fehler als auch unsere guten Seiten kennen. Dazu zählt, um die eigenen Fähigkeiten zu wahrer Liebe zu wissen, aber auch, den eigenen Hang zum Anhaften und zum Hassen zu kennen. Unser Herz beherbergt sowohl das Potential wahrer Liebe als auch alle Hindernisse auf dem Weg zu ihr: unseren Egoismus, unser Anhaften, unsere Ablehnung und unsere Erwartungen.

Veränderungen begrüßen

Wenn wir uns selbst auf der Suche nach gesunden Beziehungen näher beobachten, stellen wir fest, dass uns unsere eigenen Vorstellungen von Liebe dabei im Weg stehen können. Es ist unrealistisch anzunehmen, die Liebe werde ewig dauern können und wir könnten immer mit dem Objekt unserer Liebe zusammen sein. Wir selbst können unsere liebevollen Gefühle verlieren und noch viel wahrscheinlicher ist es, dass die Beziehung durch den Tod eines Partners oder durch eine Trennung beendet wird.

Zwischen dem Ende einer Liebe und dem Ende einer Beziehung gibt es einen wichtigen Unterschied. Unsere Liebe für einen Menschen überdauert oft unsere aktive Beziehung zu ihm. Natürlich gestaltet sich das Ende einer Beziehung zu einem Menschen oft schmerzhaft, einfach weil wir nicht akzeptieren können, dass es vorbei ist. Trotz all unserer Intelligenz nehmen wir oft nicht zur Kenntnis, dass Freundschaft und Partnerschaft durch Tod oder freiwillige Trennung zu einem Ende kommen können.

Wenn einer dieser beiden Gründe eintritt, leiden wir, denn wir hegen in uns Erwartungen, die von der Wirklichkeit nicht erfüllt werden können – in diesem Fall der Wirklichkeit der Unbeständigkeit. Geburt, Krankheit und Tod sind unausweichlich; wir können sie nicht verhindern. Und trotzdem hängen wir an allem, was wir gerade mögen – unserer Gesundheit, Jugend und unseren Beziehungen –, und wünschen und hoffen, sie mögen ewig dauern. Doch Veränderung ist die verlässlichste Konstante unseres Lebens. Theoretisch wissen wir, dass wir eines Tages sterben müssen, doch wir bemühen uns nach Kräften, diese Unvermeidbarkeit zu ignorieren. Die einzige Möglichkeit, dem Tod zu entgehen, ist, die Geburt zu verhindern, denn alles, was geboren wird, stirbt eines Tages. Doch Geburt zu verhindern, kommt für uns nicht mehr in Frage, denn wir sind bereits geboren worden. Da Leben und Tod in diesem Sinne ein natürliches Paar sind, müssen auch wir einmal sterben.

Es mag schwer sein, sich dieser Tatsache zu stellen. Doch sie zu ignorieren verursacht noch größeres Leid. Es macht uns verletzlich, wenn Dinge zu einem Ende kommen, und das tun sie unweigerlich. Auch wenn es uns schwerfallen mag: Wenn wir die Tatsache der Unbeständigkeit einmal akzeptiert haben, sind wir besser gerüstet, um großen Veränderungen im Leben weise zu begegnen.

Für viele Menschen zählt der Tod eines geliebten Menschen zu den schmerzhaftesten Erfahrungen im Leben. Auch ich kann nur schwer damit umgehen. Wenn ein vertrauter Mensch stirbt, habe ich das Gefühl, ein Teil von mir gehe verloren. Diese Gefühle, diesen Schmerz können wir nicht von uns weisen.

Kulturen gehen unterschiedlich mit der Erfahrung des Todes nahestehender Menschen um. Die Kultur, in der Sie leben, mag Ihnen nahelegen, um den Menschen zu trauern. Sie können sich verpflichtet, aber auch ermutigt fühlen, die Trauer um den verlorenen Menschen zu leben und sich dem Schmerz hinzugeben. Irgendwann ist der Moment gekommen, wo Sie zu einer neuen, konstruktiveren Reaktion finden müssen. Sie können sich dann daran erinnern, dass im Mittelpunkt Ihrer Trauer die geliebte andere Person steht, und Sie stellen fest, dass diese Person und Ihre Liebe für sie auch Ihre Trauer lindern können. Trauer hat ihre Wurzeln im Gefühl der Trennung und des Verlustes von Menschen, die uns etwas bedeuten. Sie empfinden Schmerz, weil Sie sie geliebt haben. Und diese Liebe verbindet Sie mit ihnen, obwohl sie gegangen sind. Die Kontinuität der Liebe kann Ihre Reaktion auf den Verlust auch positiv formen.

In solchen Situationen finde ich es persönlich hilfreich zu reflektieren, dass ich eine ebensolche Zuneigung gegenüber dem geliebten Menschen empfand wie dieser mir gegenüber. Sie können sich auch bewusst machen: »Dieser Mensch sorgte sich um mein Glück und nahm seine Hoffnung, es möge mir gut ergehen, mit in seinen Tod. Er wollte mich nie leiden sehen. Auch nach seinem Tod dauert seine Hoffnung an und ich bin aufgerufen, sie Wirklichkeit werden zu lassen. Seine Hoffnungen leben in mir weiter.« Wenn Sie diese Perspektive wirklich einnehmen, können Sie sich weiter tief verbunden fühlen mit dem Menschen, den Sie verloren haben, indem Sie sich bemühen, seine Hoffnungen Wirklichkeit werden zu lassen. All Ihr Bemühen, ein weises und glückliches Leben zu leben, wird so zu einem Weg, auf dem der Verstorbene weiter für Ihr Leben sorgen kann. So lebt Ihre gegenseitige Liebe weiter.

Wenn die Traurigkeit Sie wieder einholt, können Sie sich auf diese Weise erinnern, dass die von Ihnen Gegangenen immer wünschten, Sie mögen glücklich und nicht traurig sein. Wenn Sie in Trauer versinken, zerstören Sie auch deren Hoffnungen. Doch wenn es Ihnen gelingt, Ihren Schmerz zu lindern, lindern Sie durch das Band der Liebe und Hoffnung, das Sie noch immer verbindet, auch ihre Schmerzen.

Wenn Menschen sich trennen

Auch wenn eine Beziehung sich auseinanderentwickelt oder gänzlich abgebrochen wird, können Sie sich vergegenwärtigen, dass dies ein natürliches Ergebnis der Unbeständigkeit ist. Es ist schmerzhaft, doch es sollte Sie weder schockieren noch überraschen. Veränderung ist ein integraler und unabwendbarer Teil des Lebens. Sie können diese Tatsache anerkennen und sich bewusst machen, dass Veränderung nicht immer schlecht ist, auch wenn Sie sie nicht gerufen haben.

Es gibt genügend Anlässe, die uns Veränderung freudig begrüßen lassen. Wir beobachten, wie die Jahreszeiten einander abwechseln, und haben keine Mühe, uns daran zu erfreuen.

Wenn die Blüte des Sommers sich dem Ende zuneigt, färben sich die Blätter der Bäume orange und gelb. Dann kommt der Herbstwind, bläst die Blätter hinfort, und wir erblicken die Schönheit der kahlen Äste. Diese Veränderungen sind Teil des natürlichen Lebensrhythmus'. Jeder Abschnitt bringt seine eigene Schönheit hervor.

Wenn zwei Menschen sich trennen, kann Raum für neues Wachstum entstehen. Wir sind frei. Wir müssen nicht stehenbleiben. Unbeständigkeit birgt viele Möglichkeiten in sich. (Es kann uns durchaus auch erleichtern, von einer Beziehung befreit zu sein, die mindestens für einen der Partner sehr schwierig und zu belastend geworden ist!)

Selbst wenn wir das Gefühl haben, die Trennung sei nicht gut für uns, kann sie doch gut für den anderen sein. Abgesehen von unserer eigenen Liebe und Anhaftung sollten wir die Zufriedenheit und das Wohlergehen des anderen stets im Blick behalten. Solange es eine ehrliche, von Herzen kommende Sorge um das Glück des anderen gibt, bedeutet eine physische Trennung vom anderen kein Ende der Liebe. Auch wenn wir einander nicht mehr sehen oder nicht mehr miteinander sprechen, können wir doch unsere Liebe aufrechterhalten.

Mir ist aufgefallen, dass viele Menschen eine seltsame Vorstellung von Liebe haben: Sie betrachten Liebe als ein Geschenk, das erwidert werden muss. Jemand sagt: »Ich liebe dich«, und wenn die andere Person nicht erwidert: »Ich liebe dich auch«, macht ihn das wütend. Doch Liebe muss nicht immer erwidert werden. Wir können einfach lieben. Auch wenn unsere Liebe nicht erwidert wird, können wir lieben. Wir müssen nicht immer etwas zurückbekommen für das, was wir gegeben haben, nicht wahr?

Dies ist meine Meinung. Ich habe viele Menschen erlebt, die unerwiderte Liebe und das Ende von Beziehungen emotional schwer verkraftet haben. Doch wenn man sich das ständige Wirken der Unbeständigkeit bewusst macht und den eigenen Fokus auf das Wohlergehen anderer richtet, kann man das eigene Gleichgewicht auch in schwierigen Situationen bewahren.

Beziehungen als Ort von Projektionen

Ich habe bereits die Folgen, die unsere gemachten Identitäten für unsere Beziehungen haben, erwähnt. Wir produzieren Identitäten auch für andere, indem wir auf sie Vorstellungen projizieren, die dann beeinflussen, was wir in ihnen sehen und wie wir uns ihnen gegenüber verhalten. Solche geistigen Kreationen können große Hindernisse zwischen Menschen aufbauen.

Ich möchte Ihnen ein Beispiel aus meinem eigenen Leben erzählen. Als ich vierzehn Jahre alt war, floh ich aus Tibet. Meine Begleiter und ich mussten die Berge illegal überqueren und hatten schreckliche Angst vor der chinesischen Polizei. Ich erinnere mich daran, dass die Polizisten Hüte mit einer speziellen Form trugen, die an einen Sattel erinnerte. Schon der Anblick eines solchen Hutes versetzte uns in Panik.

Auf unserem Weg zur nepalesischen Grenze mussten wir zwei chinesische Armeestützpunkte passieren. Der erste war der gefährlichere, denn selbst wenn sie uns dort nicht fassten, würde es reichen, dass sie uns bemerkten und am nächsten Checkpoint anriefen, damit man uns dort schnappte. Um den ersten Checkpoint zu passieren, mussten wir bis 22 Uhr in der Nähe angekommen sein und dann stundenlang in einem Auto warten, bis die Armeeposten eingeschlafen waren. Es war eine bitterkalte Winternacht. Meine Begleiter im Auto meinten, ich solle versuchen zu schlafen, aber wie konnte ich? Wir hatten alle große Angst vor den chinesischen Soldaten. Plötzlich schien es uns, als hätten wir ein Klopfen an der Autotür gehört. Wir sahen hinaus, doch da war niemand. Wir hatten solche Angst, dass wir begannen, uns noch viel beängstigendere Dinge vorzustellen.

Natürlich war das nicht hilfreich. Ich musste mir etwas einfallen lassen, um diese Situation durchzustehen. Und schließlich sagte ich zu mir: »Diese chinesischen Soldaten sind auch Menschen. Sie sind weder Monster oder Dämonen, noch haben sie all die schrecklichen Qualitäten, die wir ihnen zuschreiben. Wir könnten mit ihnen sprechen; sie sind Menschen wie wir.«

So gelang es mir, mich zu beruhigen. Natürlich waren wir in einer äußerst wehrlosen Situation, doch indem ich den tatsächlichen Gefahren meine eigenen Projektionen hinzufügte, verschlimmerte ich die Situation noch.

Auch wenn dies ein extremes Beispiel ist, illustriert es gut, wie wir Identitäten für uns selbst und andere herstellen. Projektionen färben unsere Beziehungen. Sie können uns sogar so weit bringen, den anderen nicht mehr als Menschen zu sehen.

Wenn wir unsere Projektionen erkennen und uns ihrer zu entledigen lernen, werden sich unsere Beziehungen verbessern und vertiefen. Dies versetzt uns in die Lage, den anderen Menschen klarer zu sehen und ihn zu akzeptieren, wie er wirklich ist. Anders gesagt, gesunde Beziehungen schließen das Element der Akzeptanz ein, man könnte auch sagen: Sie bedürfen der Geduld.

Übung in Geduld

Geduld ist die Weisheit, die uns ermöglicht, anpassungsfähig zu bleiben. Geduld bedeutet nicht, Dinge zu ertragen, die wir nicht mögen, oder unseren Ärger zu verstecken, und es meint ganz sicher nicht, passiv Verletzungen hinzunehmen. Geduld schließt vielmehr den aktiven Einsatz weisen Nachdenkens ein, um zielgerichtet jeden Unmut aufzulösen, den wir anderen gegenüber hegen.

Die buddhistischen Lehren arbeiten mit folgendem klassischen Beispiel: Wenn uns jemand mit einem Stock schlägt, sind wir dann böse auf den Stock? Wenn wir die Situation analysieren, erkennen wir, dass es sinnvoller ist, sich über die Hand zu ärgern, die den Stock schwingt. Doch die Hand wird von einem menschlichen Geist bewegt. Und der Geist wird von der Wut regiert. Schließlich ist es die Wut selbst, die den Stock schwingt, und das zeigt uns, dass der eigentliche Fehler in der Wut selbst liegt. Wenn wir die Situation so betrachten, können wir vernünftigerweise unseren Unmut nicht mehr direkt gegen die Person richten, die den Stock schwingt. Wir können letztlich nur wütend über die Wut selbst sein.

In diesem Beispiel geht es nicht darum zu behaupten, wir sollten uns von anderen schlagen lassen! Es geht darum zu erkennen, dass wir unser Denken dafür einsetzen sollten, die Identitäten, die wir anderen zugeschrieben haben, aufzulösen. Selbst wenn das Handeln anderer nur eine einzige Identitätszuschreibung nahezulegen scheint, können wir unseren Verstand nutzen, um unsere Ansicht von ihnen zu erweitern. Dafür ist es besonders hilfreich, das Handeln einer Person von der Person selbst und vom Aufruhr der sie bedrängenden Gefühle zu trennen. Wenn uns dies gelingt, können wir andere als Opfer ihrer eigenen Gefühle erkennen und ihnen nicht mit Angst oder Wut, sondern mit Mitgefühl und der Weisheit der Geduld begegnen. So verschafft uns Geduld mehr Optionen im Umgang mit anderen.

Sich von Fehlern trennen

Solange wir leben, werden wir unweigerlich Fehler machen. Bis wir gelernt haben, unsere ungezügelten Gefühle zu meistern, werden wir einander und uns selbst wehtun. Deswegen ist es wichtig, einen konstruktiven Umgang mit unglückseligen Situationen in unseren Beziehungen zu entwickeln. Geduld erlaubt uns, konstruktiv mit Fehlern anderer umzugehen. Auch Vergebung früherer Fehler ist ein wesentlicher Bestandteil gesunder Beziehungen. Vergebung erlaubt dem anderen, zu wachsen und sich von seinen Fehlern zu trennen.

Aber natürlich liegen Fehler nie nur auf einer Seite der Beziehung. Deshalb müssen wir, wenn es uns ernsthaft um funktionierende Beziehungen geht, auch unsere eigenen fehlerbehafteten Einstellungen beachten und an ihnen arbeiten. Nur wenn wir willens sind, unsere eigenen Fehler zu identifizieren und unseren eigenen Geist zu transformieren, sind gesunde Beziehungen möglich.

Mir ist aufgefallen, dass es Menschen gibt, die sich selbst sehr kritisch sehen. Wenn jemand nur wenig Selbstwertgefühl besitzt oder dazu neigt, sich selbst zu verurteilen, dann kann die Konfrontation mit eigenen Fehlern das schlechte Selbstbild noch verstärken. Die selbstgeschaffene negative Identität verfestigt sich immer mehr und lässt eine Transformation kaum noch zu. Speziell für solche Menschen, aber grundsätzlich für viele von uns gilt, dass Fehler am klügsten in einem umfassenden Geist der Vergebung betrachtet werden sollten. In unserem Leben und unseren Beziehungen brauchen wir Raum, um zu wachsen und um aus unseren Fehlern zu lernen. Wenn wir uns und anderen vergeben können, ist dies ein machtvolles Werkzeug der Veränderung.

Ich möchte einige Vorschläge unterbreiten, wie wir lernen können, uns selbst zu vergeben, indem wir eine persönliche Bekenntnis-Praxis entwickeln. Einige christliche und buddhistische Traditionen kennen formale Bekenntnisse als spirituelle Praxis. Das Wort, das wir im Tibetischen für Bekenntnis benutzen, bedeutet auch »teilen« oder »trennen«. Sich zu bekennen, bedeutet im tibetischen Kontext, sich selbst von negativem, verletzendem Handeln zu trennen. Ich denke, dieses weite Verständnis von Bekenntnis kann auch von nichtreligiösen Menschen geteilt werden.

Wenn wir zum Beispiel gelogen haben, kann ein Bekenntnis bedeuten, dass wir öffentlich machen, was wir getan haben, und dass wir die Schädlichkeit unseres Handelns eingestehen. In einem traditionellen Kontext würde dieses Eingeständnis vor einer religiösen Autorität erfolgen. Doch ich denke, wir können diese Praxis an unsere persönliche Situation anpassen. Wir können solch ein Eingeständnis direkt gegenüber derjenigen Person leisten, die wir verletzt haben, oder gegenüber einer Vertrauensperson bzw. einer anderen dritten Partei. Ich denke sogar, wir könnten unser Bekenntnis auch der Natur, den Bäumen, dem Wind oder dem Himmel anvertrauen.

Wie auch immer wir uns verbal bekennen, entscheidend ist, dass wir es nicht bei Worten bewenden lassen. Wir sollten vielmehr die Haltung nähren: »Das war falsch. Solche Handlungen sind verletzend. Ich möchte nie mehr so handeln. Ich möchte mich, so weit wie möglich, von solchen Handlungen entfernen. Ich will jetzt ein anderer Mensch werden.« Auf diese Weise distanzieren und »trennen« wir uns von unserem verletzenden Verhalten. Wir können neu anfangen, als neuer Mensch, der einen anderen Weg als die frühere verletzende Person geht. Wir haben verstanden, dass unser Handeln nicht definiert, wer wir sind. Wir können das alte Handeln hinter uns zurücklassen und ein anderer Mensch werden.

Es geht darum, die Bedingungen dafür zu schaffen, mit unseren Fehlern auf authentische Weise zu brechen. Unsere Bekenntnisse sollten nichts Mechanisches oder Formales sein. Wenn wir nur zum Tempel oder in die Kirche gehen, unser Bedauern äußern und mit der gleichen schweren Last nach Hause zurückkehren, hat das noch nichts mit einem Bekenntnis zu tun. Wenn wir einmal ernsthaft beschlossen haben, das Fehlverhalten hinter uns zu lassen, gibt es keinen Grund mehr für Selbstvorwürfe. Wir müssen nicht immer wieder zu den Erinnerungen an unsere schlechten Taten zurückkehren. Dies war die alte Person. Wir haben mit ihr abgeschlossen.

Das Gefühl von Schuld in sich zu beherbergen nutzt niemandem. »Ich bin so schlecht, ich bin voller Fehler, ich bin einfach schrecklich« – wenn wir an solchen Gedanken über uns festhalten und uns mit unseren Fehlern identifizieren, sind Bekenntnisse vor dem Buddha oder irgendjemand anderem nutzlos. Das Festhalten an einem selbstgeschaffenen negativen Selbstbild, das Sammeln und Aufzählen alter Fehler und das Versinken in Schuld und Reue lassen uns nur noch mehr in negativem Handeln und Denken feststecken.

Der eigentliche Punkt eines persönlichen Bekenntnisses ist ein anderer. Bekenntnis bedeutet Transformation: Man beschließt, sich zu ändern. Dies können wir nur selbst tun, niemand kann uns das abnehmen. Sich zu bekennen bedeutet, die Vergangenheit von der Zukunft zu trennen. Wir bekennen und lassen die Fehler zurück. Wir gehen weiter, ohne sie zu wiederholen.

Anderen vergeben

Ich glaube, dass die Kultivierung einer Praxis des Bekennens und Sich-Selbstvergebens Sie darauf vorbereitet, anderen vergeben zu können. Andere mögen Fehler gemacht haben, die Sie tief verletzt haben. Sie möchten, dass sie mit diesem Verhalten aufhören. Ihre Vergebung kann einen guten Teil dazu beitragen, dass der andere seine Verhaltensweisen ändert und ein anderer Mensch wird, ebenso, wie Ihr eigenes Bekennen Sie verändert hat. Vergeben bedeutet nicht, über die Fehler der Vergangenheit stillschweigend hinwegzuschauen; es bedeutet, dabei zu helfen, eine Zukunft zu schaffen, in der sich die andere Person nicht länger auf diese Weise verhält. So wie Sie in Ihrer eigenen Praxis des Bekennens verstehen, dass Ihr fehlerhaftes Verhalten Sie nicht als Person definiert, können Sie auch bei anderen zwischen verletzendem Verhalten und der Person selbst unterscheiden.

Um jemandem zu verzeihen, ist es hilfreich, sich zu vergegenwärtigen, dass der andere sicher von starken Gefühlsaufwallungen getrieben war. Die Logik, die wir in unserem Beispiel mit der Hand und dem Stock anwandten, hilft uns auch hier weiter. Heftige, chaotische Gefühlsaufwallungen können Menschen verleiten, verrückt zu handeln. Dabei kann sogar ein Zustand temporären Wahnsinns herrschen. Wenn Menschen sich im Griff starker Gefühle befinden, können sie sowohl sich selbst als auch anderen ernsthaft schaden. Verstehen Sie den Zusammenhang zwischen verrückten Gefühlen und verrückten Handlungen, werden Sie diese Menschen anders beurteilen. Aus einer umfassenderen Perspektive betrachtet, wird deutlich, dass dieses Verhalten auch nicht im Interesse des verletzend handelnden Menschen liegt und er unter normalen Bedingungen niemals so handeln würde.

Eine andere Möglichkeit ist, sich vorzustellen, die Handlungen des anderen seien Resultat ungewollt eingenommener Drogen oder Gifte. Wäre er nicht von quälenden Emotionen beherrscht, würde er sich niemals so verletzend verhalten. Wenn Sie verstehen, dass solche Menschen Opfer ihrer eigenen Gefühle sind, kann in Ihnen Raum für Sympathie und Zuneigung entstehen. Die Liebe, die Sie zuvor für sie empfunden haben, kann wieder erwachen. Letztlich kann Ihre Sehnsucht, andere frei von Leid zu sehen, das sie sich selbst zufügen, mehr Gewicht haben, als die Sorgen darüber, was sie Ihnen antun.

Gelingt es Ihnen, den Fokus von Ihrem eigenen Wohlergehen auf das anderer Menschen zu verschieben, transformieren Sie sich selbst und Ihre Beziehungen. Sie können zu einem Menschen werden, der für das Wohlergehen anderer sorgt und ihnen hilft, ihre Last zu tragen. Dieser Perspektivwechsel ist einfach und führt zu einer kompletten Neuorientierung in Ihren Beziehungen. Ich glaube, dass diese Einstellung die gesündesten Beziehungen hervorzubringen vermag.

4 Geschlechteridentitäten[*]

Es findet alles im Geist statt

Obwohl wir über ein unbegrenztes Potential verfügen, kann es passieren, dass wir uns eingesperrt in einer bestimmten Rolle sehen, die ein ganz bestimmtes Verständnis davon beinhaltet, wer wir sind. Wie kann das geschehen? Wir begrenzen uns selbst, wenn wir bestimmte Identitäten annehmen und dann glauben, das wären wir und so müssten wir sein. Genau dies geschieht mit Geschlechterrollen.

Oft scheint das Geschlecht unseren Platz in der Welt und unsere Lebenserfahrungen zu bestimmen, obwohl es nichts anderes ist als eine sozial konstruierte Identität. Unsere Vorstellungen davon, was es bedeutet, ein Mann oder eine Frau zu sein – und das sind unsere Geschlechterkonstrukte –, sind in unserem alltäglichen Leben mit ganz bestimmten Bedeutungen aufgeladen. Geschlechteridentitäten durchdringen so viele unserer Erfahrungen, und man könnte leicht vergessen, dass es sich nur um Vorstellungen handelt – Vorstellungen, um Menschen zu kategorisieren. Männlich und weiblich werden oft wie Kategorien mit ewiger Gültigkeit eingesetzt. Doch das sind sie nicht. Sie besitzen keine objektive Realität. Geschlecht ist ein Konzept und daher ein Produkt unseres Geistes – es hat

---

[*] Der Karmapa spricht im Folgenden zumeist von Geschlecht als sozialer Kategorie (*gender*), nicht als biologischer (*sex*). (Anm. d. Übers.)

keine absolute und vom Geist, der es erdacht hat, unabhängige Existenz. Geschlechteridentitäten haben keine inhärente, aus sich selbst heraus existierende Wirklichkeit.

Nichtsdestotrotz formt das Geschlecht unsere Erfahrungen und unser Selbstbild, wie wir bereits bei unserer Beschäftigung mit dem gemachten »Ich« (Kapitel 3: »Gesunde Beziehungen«) gesehen haben. Wir konstruieren unterschiedliche Identitäten für Mann und Frau und halten an ihnen fest. Anders gesagt, es gibt gemachte männliche Ich-Identitäten und gemachte weibliche Ich-Identitäten – und beide sind lediglich Vorstellungen, die wir selbst geschaffen haben.

Soziale »Realitäten«

Obwohl sie keine objektive Realität besitzen, haben unsere Geschlechteridentitäten Konsequenzen für unseren Platz in der Gesellschaft. Sie beeinflussen, wie viel Lohn wir für eine Arbeit bekommen und welche Rolle wir zu Hause in der Familie spielen. Sie nehmen Einfluss darauf, welche Aspekte unserer Persönlichkeit wir gern ausdrücken und welche nicht. Sie können die Kleidung bestimmen, die wir tragen, und sie haben Konsequenzen für unsere Beziehung zu unserem eigenen Körper.

Die Gesellschaft nimmt die Unterscheidung von männlich und weiblich sehr ernst. Ganze Industrien verstärken Geschlechterideale, so zum Beispiel, dass Jungen stark und Mädchen sensibel sein sollten. Die Gesellschaft unterstützt die Vorstellung, Menschen mit einem Y-Chromosom sollten männliche Qualitäten und Menschen mit einem X-Chromosom sollten weibliche Qualitäten aufweisen. Das sperrt uns in sozial konstruierte Kategorien ein und verursacht viel Leid.

Ich bin mir selbst nicht immer sicher bei der Unterscheidung von männlichen und weiblichen Qualitäten. Mir wurde bereits gesagt, ich hätte mehr weibliche als männliche Qualitäten. Ich weiß nicht so recht, was das bedeutet. Ich spüre nur, wie diese Qualitäten sich anfühlen, aber ich etikettiere sie nicht als männlich oder weiblich. Ich erfahre sie einfach.

Für mich persönlich ist die Kategorisierung dieser Qualitäten nicht wichtig. Mir ist wichtig, in der Lage zu sein, mich mit anderen auf der Herzensebene und durch wirkliche Gefühle zu verbinden. Für mich zählt die Fähigkeit, vom Herzen her zu sprechen und sanft und fürsorglich zu sein. Ich hoffe, ich verfüge über einige dieser Fähigkeiten. Zumindest strebe ich danach. Ob sie als männlich oder weiblich kategorisiert werden, interessiert mich nicht.

Ein Gleichgewicht benötigt beide Seiten

Unabhängig davon, wie wir menschliche Qualitäten einteilen, sollte jeder Mensch, ob Mann oder Frau, alle positiven Qualitäten entwickeln – ob die Gesellschaft sie nun als männliche oder weibliche Qualitäten bezeichnet. Diese Vorstellung wird auch innerhalb des tibetischen Buddhismus gelehrt. In tibetischen, buddhistischen Schriften stellen Weisheit und Geschicklichkeit zwei hochangesehene spirituelle Qualitäten dar: Weisheit wird als weibliche Qualität gesehen, Geschicklichkeit – die Fähigkeit, unter wechselnden Bedingungen die eigenen Ziele zu erreichen – als männliche. Das beste Ergebnis kann dann erreicht werden, wenn beide Qualitäten in Kombination auftreten. Deshalb sollten diese »männlichen« und »weiblichen« Qualitäten in jedem Menschen gleichermaßen entwickelt werden.

Der tibetische Buddhismus ist bekannt für seine Darstellungen von Gottheiten in sexueller Vereinigung. Diese Bilder stellen die Integration von männlichen und weiblichen Qualitäten dar. Viele Westler verführt das zu der irrigen Annahme, es handele sich um Darstellungen, die etwas mit dem *Kamasutra* zu tun hätten und wohl etwas eher Hinduistisches seien, auf jeden Fall aber etwas mit dem biologischen Geschlecht und Sexualität zu tun hätten. Das ist ein völliges Missverständnis. Diese Darstellungen erinnern uns daran, dass, egal wie eine Gesellschaft persönliche Eigenschaften etikettiert, jeder Mensch beide Seiten, männliche und weibliche, braucht. Sie zeigen, dass uns allen die Fähigkeit innewohnt, jede positive Qualität zu entwickeln. Unabhängig von dem Geschlecht, dem diese positiven Eigenschaften jeweils zugeschrieben werden, ist es für uns alle wichtig und hilfreich, möglichst viele positive Qualitäten in uns zu vereinen.

Deswegen sollten wir uns nicht unwohl fühlen, wenn wir sowohl männliche als auch weibliche Qualitäten in uns tragen, sondern nicht im Gleichgewicht, wenn wir nur über eine Seite verfügen.

In Asien gibt es die Vorstellung von *Yin*, dem weiblichen, und *Yang*, dem männlichen Prinzip. Die nordamerikanische Urbevölkerung spricht von *Mutter Erde* und *Vater Himmel*. Für eine vollständige Welt brauchen wir beides. Wir brauchen beide Aspekte, um ganz Mensch zu sein. Deshalb ist es absurd, Menschen zu verspotten, die weibliche *und* männliche Qualitäten besitzen. Die Definition von männlich und weiblich ist kulturabhängig. Keine dieser Geschlechterkonstrukte gelten für immer. So wie alle anderen Seiten unseres gemachten »Ich« auch, sind Geschlechteridentitäten fließend.

Geschlechterideale ändern sich mit der Zeit

Geschlechterideale sind niemals starr; sie sind in Bewegung und ändern sich mit der Zeit. Die Definition von Geschlechterrollen hängt davon ab, was in einer bestimmten Gesellschaft zu einer bestimmten Zeit gebraucht wird. Dies lässt sich an jenen prähistorischen Zeiten beobachten, als die Menschen kämpfen und jagen mussten, um das Überleben ihres Klans zu sichern. Zu jener Zeit standen physische Kraft und Aggressivität hoch im Kurs. Da Männer Frauen im Allgemeinen physisch überlegen sind, spielten sie eine wichtigere Rolle, denn die Gemeinschaft hing vom Einsatz roher Gewalt ab. Doch die Zeiten haben sich geändert und mit ihnen auch die Bedürfnisse der Gesellschaft. Wir sind keine Jäger und Sammlerinnen mehr. Heutzutage müssen wir zusammenarbeiten, um Frieden, Harmonie, Mitgefühl und Liebe zu entwickeln.

In unserer Ära von globaler Kommunikation und Massenvernichtungswaffen kann es nicht mehr darum gehen, anderen unseren Willen mit Gewalt aufzuzwingen, sondern darum, unterschiedliche Interessen miteinander zu vereinbaren. Es ist ein langer und allmählicher Prozess gewesen, aber ich glaube, wir leben heute in einer Welt, in der es nicht mehr darum geht, Manifeste zu verbreiten, sondern anderen zuzuhören. Besonders vor dem Hintergrund der unvorstellbaren Vernichtungsmaschinerien, die uns heute zur Verfügung stehen, wird deutlich, dass wir den Dialog suchen müssen und nicht gegeneinander kämpfen.

Die Zeit, in der wir leben, ruft uns auf, andere mit dem

aufmerksamen und liebevollen Blick einer Mutter zu betrachten und nicht mit dem feindlichen Blick eines Kämpfers. Ich denke, die Qualitäten, die wir heute brauchen, sind diejenigen, die oft als weiblich beschrieben werden. Wir brauchen Kommunikation und einfühlsames Zuhören, wenn es um die Bedürfnisse anderer geht – Qualitäten, die in den meisten Gesellschaften der weiblichen Seite zugeschrieben werden.

Wir müssen zur Kenntnis nehmen, dass das Zeitalter der Jäger Geschichte ist. Jetzt steht eher eine weibliche Ära an – eine Ära, in der Frauen einen größeren Beitrag zur Gesellschaft leisten. Wenn wir weiterhin nicht wertschätzen, was Frauen in der Gesellschaft leisten können, werden wir ihnen weiterhin Leid zufügen. Wir werden fortgesetzt die Tugenden übersehen und entwerten, die als weiblich angesehen werden. Doch gerade sie braucht die Welt heute.

Frauenrechte sind Menschenrechte

Deswegen glaube ich, es ist absolut notwendig, unsere grundlegenden Vorstellungen von Geschlecht und Frauenrechten zu überdenken. Ich möchte etwas gestehen: Als ich mich das erste Mal mit dem Konzept von »Rechten« beschäftigte, fand ich dazu keinen Zugang. Das lag möglicherweise daran, dass wir im Tibetischen für »Rechte« ein Wort verwenden, das auch »bekommen«, »gewinnen« bzw. »Anteil« mit einschließt. Ich hatte zunächst den Eindruck, dass es darum geht, wer wie viel von etwas bekommt. Das hätte bedeutet, dass der eine hergeben muss, was die andere bekommt. Vor diesem Hintergrund hörte sich der Kampf um Rechte für mich danach an, den anderen zu besiegen, um selbst alles zu bekommen. Stellt man den Kampf um Frauenrechte in diesen Kontext, sieht es so aus, als wenn Männern dadurch etwas weggenommen wird.

Einige Zeit später nahm ich an einer TED-Konferenz in Indien teil (TED ist eine gemeinnützige Organisation. Ihre Arbeit widmet sie »Ideen, die es wert sind, verbreitet zu werden«). Auf dieser Konferenz hörte ich, wie andere über Rechte sprachen, und es eröffnete sich mir eine völlig neue Perspektive. Ein Gespräch mit einer feministischen Aktivistin hinterließ eine besonders nachhaltige Wirkung bei mir. Sie brachte mich dazu, mein bisheriges Verständnis von Frauenrechten zu hinterfragen. Da gerade kein Übersetzer anwesend war, verstand ich nicht alles, was sie sagte. Aber sie sprach sehr energisch und mit großer Leidenschaft über Frauenrechte. Und bei ihren Worten begriff ich, dass es hier um grundsätzliche Menschenrechte geht. Frauenrechte sind nichts anderes als Menschenrechte. Diejenigen, die für sie kämpfen, versuchen für Frauen nur das zu erreichen, was alle Menschen brauchen und verdienen.

Das besondere Leiden der Frauen

Ich möchte eine persönliche Erfahrung mit Ihnen teilen. Ich halte mich für jemanden, der eine gesunde Beziehung zu seinen Eltern hat. Doch ich bin aus Tibet geflüchtet und ließ meine Eltern zurück. Ich hatte das Gefühl, dass die Gründe zu gehen die Gründe zu bleiben überwogen. So habe ich dieses Opfer gebracht. Es bleibt abzuwarten, ob ich die Ziele, die ich mit meinem Weggang verbunden habe, erreichen werde. Die Zukunft wird zeigen, ob es das wert war. Ich empfinde eine tiefe Liebe für meine Eltern, besonders für meine Mutter. Doch ich weiß nicht, ob ich sie jemals wiedersehen werde.

Ich versuche aktiv, meine Aufmerksamkeit für das besondere Leiden der Frauen zu schärfen. Vor dem Hintergrund meiner tiefen Liebe zu meiner Mutter, bemühe ich mich, alle Frauen dieser Welt als meine Mutter zu sehen und sie zu unterstützen. Es gibt Arten des Leids, die Frauen widerfahren, nur weil sie Frauen sind. Ich bin entschlossen, mein Leben der Beendigung des Leids anderer zu widmen. Was auch immer die Ergebnisse sein mögen, ich möchte mein Leben in den Dienst der Verringerung des Leids stellen, das Frauen erfahren, und dazu beitragen, dass sich ihre oftmals schwierigen Lebensbedingungen ändern.

Trotz all des sozialen Fortschritts werden Frauen in bestimmten Teilen der Welt immer noch nicht wie vollwertige menschliche Wesen behandelt. Die Gewalt gegen Frauen zeigt, dass sie nicht wie Menschen, sondern wie Objekte behandelt werden. Obwohl Geschlechterkonstrukte reine Konzepte sind, müssen wir sehen, wie ungeheuer stark sie unsere Erfahrungen und unser Verhalten formen. Wenn wir an sozial konstruierten Geschlechterkategorien festhalten und glauben, sie reflektierten die Realität, verwechseln wir das Etikett mit dem Menschen und übersehen das individuelle menschliche Wesen.

Mir sind Erhebungen bekannt, die davon sprechen, dass in Indien alle drei Minuten eine Frau vergewaltigt wird. Das Gleiche gilt für die Vereinigten Staaten. Diese Situation ist äußerst ernst. Sie verdeutlicht, dass der Kampf um Frauenrechte nichts mit Gewinnen und Verlieren und nichts damit zu tun hat, Männern etwas wegzunehmen. Frauenrechte haben mit dem Respekt vor dem Leben und vor der Freiheit zu tun. Sie haben damit zu tun, unsere miteinander geteilte Menschlichkeit und die grundlegenden menschlichen Bindungen anzuerkennen.

Dieses respektvolle Gewahrsein kann weder rechtlich verordnet noch ökonomisch herbeigeführt werden. Allein die Tatsache, dass Vergewaltigungen so verbreitet sind, obwohl sie eine kriminelle Tat darstellen, zeigt, dass Gesetze nicht ausreichen. Wenn wir über Rechte sprechen, müssen wir in Betracht ziehen, wer Gesetze verabschiedet und kontrolliert und wie Gesetze durch unterschiedliche Parteien manipuliert werden können. Das Gleiche gilt für ökonomische Bedingungen, die Frauen unterstützen. Doch auch dies reicht nicht weit genug. Die Probleme gehen über Gesetzgebung und Sozialpolitik hinaus. Die Lösung muss tiefer gesucht werden – in uns selbst. Veränderung muss tiefer, auf der Ebene unserer Einstellungen geschehen.

Frauenrechte können nicht wirklich errungen werden, indem wir ein störendes Element entfernen. So lange die leidbringenden Einstellungen bestehen, ist das Wohlergehen von Frauen weiterhin in Gefahr. Äußerer Wandel kann nicht ohne inneren Wandel stattfinden. Wenn ein Problem seine Wurzel in den Gewohnheiten des Denkens und Handelns einer Gesellschaft hat, werden Gesetze nur einen begrenzten Effekt haben. Man kann kein neues Denken verordnen.

Wir tibetischen Buddhisten haben die Möglichkeit, etwas Praktisches zu tun, um die Dinge zu verbessern. Wir können die vollständige Nonnenordination einführen. Diese vollständige Ordination war in Indien möglich, doch in Tibet ist sie nie ganz etabliert worden. Anfangs glaubte ich, das hauptsächliche

Problem, dies umzusetzen, läge in den monastischen Regeln und monastischen Grundsätzen. Doch mit der Zeit verstand ich, dass das eigentliche Problem darin besteht, wie die Gesellschaft über Nonnen und Frauen denkt. Inzwischen glaube ich, wir werden unser Ziel nur erreichen, wenn die tibetische Gesellschaft erkennt, wie wertvoll es ist, voll ordinierte Frauen zu haben.

Ich möchte Sie auf etwas aufmerksam machen. Es mag Aspekte in den buddhistischen Lehren geben, die uns helfen können, weiser über Geschlechterfragen zu urteilen. Doch ich warne Sie davor, von buddhistischen Gesellschaften ideale Beispiele für gesunde Geschlechterkonstrukte und Praktiken zu erwarten. Sie werden auf Gegebenheiten stoßen, die Sie nicht auf Ihr eigenes Leben übertragen wollen. Nicht alles an buddhistischen Institutionen ist perfekt und ganz besonders nicht im Falle der Gleichberechtigung der Geschlechter.

Geschlechterideale schaden auch Männern

So wichtig es ist, auf die Konsequenzen von Geschlechterkonstrukten für das Leben von Frauen hinzuweisen, wir sollten nicht übersehen, dass diese gemachten Geschlechteridentitäten für Frauen wie für Männer problematisch sind. Männer werden genauso wie Frauen in soziale Rollen gepresst. Der in einer Gesellschaft etablierte Blick auf das Geschlecht von Menschen wird uns allen aufgedrängt.

Auch in Tibet betreffen Probleme mit den geltenden Geschlechterkonstrukten Männer wie Frauen. In vielen Kulturen zum Beispiel wird Weinen als »unmännlich« angesehen. In Kham, der Region, in der ich geboren wurde, wird von Männern erwartet, »tapfer« zu sein. Männer dieser Region sollten Tapferkeit zeigen, und diese Erwartung wird bis heute gehegt. Früher galt es für einen Mann aus Khampa als Zeichen heldenhaften Mutes, im Krieg zu sterben; es machte ihn zu einem »richtigen Mann«. Um ein »richtiger Mann« zu sein, rächten sich Männer gewaltsam an anderen. Man sagte ihnen, sie sollten keine Angst haben, wenn sie von anderen angegriffen würden. Ein richtiger Mann würde sogar den anderen einladen, den ersten Schlag zu landen. Und wenn ein Mann von einem anderen geschlagen wurde, sollte er weder weinen noch seinen Schmerz zeigen. Eine Übung, seine Tapferkeit zu zeigen, bestand darin, nackt und nur mit einem Schwert bewaffnet zu kämpfen. Dabei gab es keine spezielle Technik, kein Kung Fu, keine Finessen. Sie gingen nur mit ihren Schwertern aufeinander los. Diese Kämpfe hätten gut in einen Hollywood-Actionfilm gepasst.

Ich selbst bin ein Khampa, doch ich möchte keine Aggressivität anderen gegenüber ausstrahlen. Menschen, die mich kennen, raten mir mitunter, weniger ernsthaft und dafür offensiver aufzutreten. Sie warnen mich davor, so offen und vertrauensvoll zu sein. Sie geben zu bedenken, dass andere Menschen ganz unterschiedliche Motivationen und Hintergedanken haben könnten, mich vielleicht täuschen oder meinen Namen zu ihrem Nutzen verwenden wollten. Auch wenn ich diesen Rat zur Kenntnis nehme, kann ich mich nicht ändern und ich will es auch nicht.

Die biologische Grundlage

Geschlechteridentitäten sind soziale Konstrukte, doch abgesehen davon gibt es natürlich offensichtliche biologische Unterschiede zwischen Mann und Frau. Das Ziel kann nicht darin bestehen, diese Unterschiede auszulöschen, um vollständig identisch zu werden. Bestimmte physische Unterschiede können nicht geleugnet werden. Es ist in Ordnung, wenn einige Menschen auf medizinischem Wege ihr Geschlecht verändern wollen, doch das ändert nichts daran, dass es biologische Unterschiede gibt.

Doch wir können die sozialen Bedeutungen dieser Unterschiede verändern, denn sie werden durch unsere Vorstellungen von Geschlecht geformt – das ist gemeint, wenn wir davon sprechen, dass das soziale Geschlecht vom Geist und nicht vom Körper bestimmt wird.

»Männliche« und »weibliche« Identitäten werden durch die Gesellschaft kreiert und nicht durch die Natur. Wenn wir differenzierter als nur in den offensichtlichen anatomischen Kategorien denken, erkennen wir, dass der Mensch in seiner grundlegenden Verfasstheit psychisch und sogar biologisch beides in sich trägt: weibliche und männliche Aspekte. Wir haben beides in uns.

In der jüdisch-christlichen Tradition gab es, der vorherrschenden Sichtweise zufolge, zuerst den Mann. Die Frau kam später. Buddhistische Texte erzählen eine andere Geschichte. Es gibt einen buddhistischen Text, der behauptet, am Anfang habe es überhaupt kein Geschlecht in der Welt gegeben. Es gab weder Frauen noch Männer, es gab nur Menschen und alle waren sozial und biologisch gleich.

Je mehr der natürlichen Ressourcen diese Menschen verbrauchten, desto arroganter wurden sie. Eines Tages begannen sie, die Früchte einer Pflanze zu essen, die sofort, wenn ihre Frucht gepflückt worden war, eine neue sprießen ließ. Durch den Verzehr dieser Früchte entwickelten die Menschen spezielle Organe und dadurch teilten sie sich in Männer und Frauen. Nicht nur Frauen, sondern alle Menschen aßen diese Früchte und wurden daraufhin Männer oder Frauen.

Diese Geschichte zeigt eine Vorstellung, der zufolge es eine Zeit gab, in der man Mensch sein konnte, ohne Frau oder Mann zu sein. Sie legt die Annahme nahe, dass das Menschsein dem Mann- oder Frausein vorangegangen war.

Soweit ich weiß, geht die westliche Medizin davon aus, dass alle Menschen zu Beginn zunächst weiblichen Geschlechts sind. Während sich der Fötus entwickelt, prägen einige männliche Geschlechtsmerkmale aus. So wird es auch in tibetischen medizinischen Texten beschrieben. Der Unterschied besteht demnach darin, dass bei einem Jungen das Sexualorgan nach außen entwickelt wird, während es bei einem Mädchen im Inneren des Körpers verbleibt.

Natürlich könnten wir die Gesellschaft auch nach Kategorien unterteilen, die auf physischen Unterschieden basieren. Doch es gibt keine Notwendigkeit dafür, und unsere Konstruktion von Geschlechteridentitäten ist willkürlich. Wie ich bereits sagte, Geschlechterkonstrukte sind nichts anderes als soziale Produkte und nur die sozialen Bedingungen, unter denen wir leben, sowie unsere eigenen Konzepte lassen sie real und absolut erscheinen.

Schädliche Körperideale

Meines Erachtens bescheren wir uns selbst eine Menge Probleme, indem wir die Bedeutung des Körpers übertreiben. Viele Menschen glauben, ihr Körper könne sie glücklich machen. Diese Erwartung ist absurd. Sie zeigt eine ernsthafte Verwechslung von flüchtiger körperlicher Befriedigung mit umfassendem und dauerhaftem Glück. Diese Verwechslung hat zutiefst ungesunde Beziehungen zu unserem eigenen Körper zur Folge.

Geschlechterideale verführen dazu, dem Körper eine übertriebene Bedeutung für unser Leben und unsere Identität zuzuschreiben. Auch hier verwechseln wir wieder die gemachte Identität mit dem, was wir wirklich sind. Geschlechterkonstrukte beinhalten Vorstellungen davon, wie ein männlicher bzw. weiblicher Körper idealerweise aussehen sollte. So absurd dies auch ist, viele Menschen beginnen tatsächlich zu glauben, dass ihre Identität und ihr Glück davon abhängen, wie sehr sie diesem Ideal entsprechen. Wenn wir unseren Körper als Quelle des Glücks betrachten – oder als etwas, das uns sagen kann, wer wir sind –, sind wir schon in eine vollkommen unrealistische Beziehung zu unserem Körper eingetreten.

Ungesunde Beziehungen zu unserem Körper können wir an vielen Phänomenen erkennen. Menschen unterziehen sich Schönheitsoperationen, um ihr natürliches Alter und dessen unvermeidliche Spuren zu verbergen. Andere entwickeln Essstörungen. Die einen essen zu viel, um ihres eigenen Vergnügens willen, die anderen zwingen sich, immer weniger zu essen, um attraktiv für andere zu sein.

Einige glauben, dünn zu sein, würde sie glücklich machen. Und wenn sie immer mehr abnehmen und dabei nicht glücklich werden, verstehen sie immer noch nicht, woher das Glück eigentlich kommt, sondern glauben, sie seien noch nicht dünn genug. Anorexia ist eine furchtbare Krankheit, die auf selbstauferlegtes Verhungern hinausläuft. Ich habe einen Bericht über ein französisches Model gesehen, das sich zu Tode gehungert hat. Sie war so dünn, dass sie eher einem wandelnden Skelett glich als einem Menschen. Das ist sehr traurig und völlig sinnlos.

Mancher verbringt viel Zeit im Fitnessstudio, um seinen Körper in eine bestimmte Form zu bringen. Auch dies kann, wie eine exzessive Diät, dem Wunsch geschuldet sein, den eigenen Körper einem bestimmten Ideal anzunähern, und diese Ideale sind stark verwurzelt in Geschlechterkonstrukten.

Bitte lassen Sie sich von Geschlechterkonstrukten nicht dazu verleiten zu glauben, ein bestimmter Körper würde Sie glücklich machen und Leid von Ihnen nehmen. Das ist nicht wahr. Glück wird nicht durch Körperform oder -größe definiert. Auch die Hautfarbe ist nicht entscheidend.

Eigentlich sollte dies alles selbstverständlich sein, doch wenn wir uns umsehen, stellen wir fest, dass diese Botschaft noch nicht überall in der Gesellschaft angekommen ist. In Indien gibt es Produkte, die die Haut aufhellen. Im Westen hingegen legen sich die Menschen in die Sonne, um dunkler zu werden. All dies sind absurde Versuche, unseren Körper dafür zu benutzen, um glücklich zu sein. Wenn sie uns nicht glücklich machen, sollten wir beginnen nachzudenken, was das eigentliche Problem ist. Wir sollten uns als Gesellschaft fragen, wie es so weit kommen konnte, dass wir glauben, unser Glück hinge von der Form und der Farbe unseres Körpers ab.

Die inneren Werte finden

Es spielt keine Rolle, wie nah Ihr eigener Körper dem kommt, was die Gesellschaft als Ideal für Ihr Geschlecht ansieht. Ein perfekter Körper kann Sie nicht dauerhaft glücklich machen und er hilft Ihnen auch nicht dabei, die Höhen und Tiefen Ihres Lebens zu meistern. Was Sie tragen kann, sind Ihre eigenen tugendhaften Gedanken und Ihr edles Herz. Wie auch immer die Dinge im Außen scheinen, solange Sie Güte in sich haben, bewahren Sie einen Schatz in Ihrem Herzen. Auch wenn Sie glauben, Gründe zu haben, sich aufgrund Ihres Körpers oder Vorstellungen über ihr Geschlecht nicht zu mögen, können Sie sich an Ihre tugendhaften Gedanken erinnern, und Sie werden immer einen Grund finden, sich selbst zu lieben. Freuen Sie sich an Ihren aufrichtigen Absichten. Alles beginnt mit einer Absicht. Ihre guten Absichten bleiben immer ein Teil von Ihnen, ein schöner Teil.

Der tiefste Grund, sich selbst zu lieben, liegt nicht im Außen – nicht in Ihrem Körper und nicht in den Erwartungen anderer Menschen. Wenn Sie sich in Ihrer eigenen Güte gründen, kann nichts Ihre Selbstachtung zerstören. Erfreuen Sie sich an Ihrer inneren Natur, an Ihren Tugenden, an all Ihren wunderbaren Qualitäten, egal, ob diese nun als weiblich oder männlich gelten! Mit dieser Freude beginnt alles.

Solange Sie mit der Ihnen innewohnenden Güte verbunden sind, kann Ihre Eigenliebe stark genug sein, jeder Herausforderung durch Geschlechterkonzepte, die nicht für Sie realisierbar sind, zu begegnen.

Unrealistische Erwartungen aufgeben

Es gibt einige Gründe dafür, warum es wichtig ist, den eigenen Wert in der inneren Güte zu gründen. Wenn wir erst einmal Geschlechterideale internalisiert haben, wirken sie in uns und verführen uns dazu, nach außen zu sehen, um uns zu definieren. Geschlechterkonstrukte sind Vorstellungen und deshalb beeinflussen sie unser Denken. Sie schaffen Erwartungen und wenn Sie diese Erwartungen zu ernst nehmen, kann in Ihnen leicht ein negatives Selbstbild entstehen. Wenn Ihre Selbstachtung gering und Ihre Ideale hoch sind, kann die Lücke zwischen beidem unüberbrückbar erscheinen.

Dies habe ich selbst erfahren. Vom Karmapa wird erwartet, die erleuchteten Handlungen der Buddhas auszuführen – eine hohe Anforderung! Doch ich halte mich selbst für einen normalen Menschen, der oft genug Opfer der eigenen Gewohnheitsenergien ist. Als Karmapa muss ich eigentlich jemand sein, zu dem man aufblickt und von dem erwartet wird, keinen einzigen Fehler zu haben. Aber ich habe unzählige Fehler. Die Lücke zwischen diesen Erwartungen und meinem Selbstbild ist groß, sodass ich mich nicht immer mit mir wohlfühle. Obwohl ich ehrlich von mir behaupten kann, mich zu bemühen, kann ich doch nicht alles erfüllen, wonach ich strebe.

Die Diskrepanz zwischen dem, was wir tun müssen oder wollen, und dem, was wir schließlich tun, kann leicht der Grund dafür sein, sich schlecht zu fühlen. Diese Situation kennen wir alle. Doch es hilft, solche unrealistischen Erwartungen an uns selbst aufzugeben.

Lassen Sie sich von niemandem sagen, wie Sie aussehen

oder handeln müssten, weil Sie ein Mann oder eine Frau sind! Sie verfügen über ein grenzenloses Potential, das nur dann beschnitten wird, wenn Sie glauben, identisch mit ihrer sozialen Identität zu sein. Sie sind nicht ein maßgeschneidertes Objekt. Sie verfügen über eine unglaubliche Elastizität in dem, wer Sie sein können. Es liegt ganz an Ihnen zu entscheiden, welche Form und Gestalt Sie sich selbst geben.

5 Konsumgesellschaft und Gier

Zufriedenheit ist der größte Reichtum

Identitäten, die wir annehmen, begrenzen uns, wie wir gesehen haben. Unsere Interaktion mit der Welt formt uns ebenso – und sie gestaltet auch die Welt. Unsere Beziehung zu materiellen Dingen hat zu einer Kultur des Konsumismus geführt. Doch wir sind in der Lage, dies zu ändern. Wir können unsere persönliche Beziehung zu unseren Besitztümern genauso modifizieren, wie wir unsere gemeinsame Kultur des Konsumismus verändern können.

Alles, was wir besitzen, wird letztlich aus Ressourcen der Erde und der Meere gewonnen. Diese natürlichen Ressourcen sind begrenzt, doch unsere Gier nach Konsum kennt keine Grenzen. Wir selbst müssen unsere Gier begrenzen. Oft versagen wir dabei, weil wir glauben, Gier sei eine natürliche Eigenschaft des Menschen. Doch diese Annahme möchte ich gern hinterfragen. Ich glaube, ich kann zeigen, dass wir uns unserer Gier entledigen können, denn sie ist uns nicht angeboren. Tun wir dies, können wir eine gesündere Beziehung zu den Dingen entwickeln, die wir besitzen. So kann eine gesündere Gesellschaft entstehen, die weniger auf den Erwerb von Dingen ausgerichtet ist und weniger anfällig dafür, Glück mit materiellem Reichtum zu verwechseln.

Wenn wir uns den Zustand unseres Planeten ansehen, sind wir uns sicher einig, dass wir dringend das Konsumverhalten bereits unserer Generation ändern müssen. Die derzeitige Ausbeutung natürlicher Ressourcen übersteigt, getrieben vom unstillbaren Verlangen nach mehr, alle von der Natur gesetzten Grenzen. Wenn wir so weitermachen, bleibt uns bald noch nicht einmal das, was wir für unsere Selbsterhaltung benötigen.

Der Beitrag unseres Jahrhunderts zur Weltgeschichte scheint im beispiellosen Verbrauch natürlicher Ressourcen zu bestehen. Es ist wissenschaftlich erwiesen, dass wir in den letzten dreißig Jahren ein Drittel dieser Ressourcen aufgebraucht haben. Wenn es in diesem Tempo weitergeht, werden wir die Erde noch vor Ende des 21. Jahrhunderts in ein unwirtliches Gebiet verwandelt haben.

Eine solche Entwicklung würde unweigerlich unser eigenes Überleben auf diesem Planeten in Frage stellen. Auch wenn dieser Prozess länger dauern sollte, unser Konsumtempo führt zu einem rapiden Raubbau an den Ressourcen der Erde. Vielleicht bangt nicht jeder um sein persönliches Überleben, doch die Erde gehört uns nicht allein. Wir teilen sie mit kommenden Generationen. Wir sind verantwortlich dafür, unser Konsumverhalten so zu verändern, dass menschliches Leben auf diesem Planeten nachhaltig gestaltet wird und auch in einigen Jahrhunderten noch möglich ist.

Jede und jeder von uns trägt dafür Verantwortung, denn wir nehmen alle am Konsum teil. Im Namen des Fortschritts oder unseres sozialen Status' meinen wir nur allzu oft, wir bräuchten die neuesten elektronischen Güter, ein neues Auto oder ein neues Haus. Alle Dinge scheinen dann nur nach noch mehr Dingen zu rufen, doch alles muss von irgendwoher kommen. Und alles, was wir durch etwas Neues ersetzen, muss irgendwohin entsorgt werden. Unsere Aufmerksamkeit gehört immer den Dingen, die wir gerade benutzen, und dem Genuss, den sie uns bereiten. Selten beachten wir die kurz- und langfristigen Konsequenzen unseres Konsums. Sie werden meist leider auch kaum sofort offensichtlich. Nur wenn wir uns auf eine umfassendere, längerfristige Perspektive einlassen, wird uns klar, dass diese Art Konsumgesellschaft nicht mehr lange existieren kann. Die Dinge müssen sich ändern.

Wir können selbst für Veränderung sorgen

Eine Auswirkung der Globalisierung besteht darin, dass immer mehr Menschen an einer Konsumgesellschaft teilhaben, die vorher nur von einigen Nationalökonomien betrieben wurde. Die sogenannten entwickelten Gesellschaften geben dabei ein Tempo vor, dem andere Gesellschaften nacheifern. Indem immer mehr Menschen am Wettstreit um Besitz und Konsum teilnehmen, erschöpfen sich die Ressourcen der Erde noch schneller. Den sogenannten entwickelten Gesellschaften kommt daher eine noch größere Verantwortung zu, darüber nachzudenken, welche Entwicklungstrends sie für sich und andere setzen.

Doch wer übernimmt die Verantwortung für die Veränderungen, die wir benötigen? Normalerweise schauen wir auf unsere Regierungen, wenn es um öffentliche Belange solchen Ausmaßes geht. Viele Menschen erwarten von der Politik die notwendigen Veränderungen, denn schließlich sind es immer noch die Regierungen, die die zentrale Rolle für das Wohlergehen und die Zukunft von Nationen spielen.

Doch diejenigen Regierungen, die mächtig genug für Herausforderungen dieser Art sind, nehmen sie nur sehr selektiv an. Vielleicht beginnen sie, einige ihrer eigenen natürlichen Ressourcen zu schützen, erlauben aber den Import der gleichen Ressourcen aus dem Ausland, ohne nachzufragen, wie sie dort gewonnen werden. Oder sie entledigen sich ihres Mülls, indem sie ihn in andere Länder verfrachten. Dieser Müll schädigt die Gesundheit der Menschen, die nun mit diesem Müll leben müssen, doch auf Umwegen kehrt der Schaden auch zu den Verursachern zurück. Die Welt ist eine große Familie geworden, die ein gemeinsames Haus bewohnt. Auch wenn wir unseren Müll in eine andere Ecke werfen, bleiben wir alle mit einem schmutzigen Haus zurück. Beschädigen wir die Stützpfeiler eines Raums, gerät das ganze Haus in Gefahr.

Auf Regierungen können wir wohl nicht zählen, wenn es um nachhaltigen Wandel geht, doch vielleicht auf multinationale Konzerne, denn sie bestimmen weltweit den Entwicklungskurs. Doch wir wissen bereits, dass das erstrangige Ziel solcher Konzerne nicht Frieden und Glück für alle, sondern der eigene Profit ist.

Offensichtlich können wir die Verantwortung für den Wandel nicht anderen zuschieben. Erstens funktioniert es nicht, zweitens tragen wir selbst eine Verantwortung. Für wen produzieren die Konzerne all die Güter? Für uns Konsumenten. Wir spielen eine Schlüsselrolle in diesem Problemfeld. Wir besitzen viel mehr Macht, als wir normalerweise glauben. Wenn wir unsere Macht erkennen und sie nutzen, können wir gemeinsam Teil der Lösung werden.

Ein Planet, viele Helden

Um richtige Entscheidungen zu treffen, müssen wir nicht auf andere warten. Wir können uns zusammenschließen und gemeinschaftlich unseren Konsum vernünftig gestalten. Wenn wir das System verändern wollen, müssen wir Konsumenten ein klares Zeichen gegenüber Regierungen und Konzernen setzen, dass wir gewillt sind, unser Konsumverhalten und unsere Einstellungen zu ändern. Wir sind diejenigen, die entscheiden, ob und was wir kaufen. Wir können unseren Beitrag zur Veränderung leisten, indem wir nur noch bestimmte Produkte kaufen, und wir können von der Option Gebrauch machen, gar nichts zu kaufen.

Uns steht eine Menge Arbeit bevor und wir tragen eine große Verantwortung. Die Zukunft der Welt hängt tatsächlich von uns ab. Wir können dabei nicht auf andere warten, die für uns handeln sollten. Wo ist der Held, der die Welt retten wird? Wir selbst sind es. Jede und jeder von uns ist es. Wenn Sie diese Verantwortung annehmen, ist das heroisch. Sie sind dann ein altruistischer Held, eine wahre Heldin.

Ein Held allein wird die Welt allerdings nicht retten. Das passiert nur in Filmen. Wenn alles nur von einer Person abhinge und diese Person würde ermordet werden oder sie würde ermüden, dann wäre es um die Welt geschehen. Wir können nicht auf jemanden warten, der uns an der Hand nimmt. Jeder von uns verfügt bereits über das Rüstzeug, Veränderung in Gang zu setzen. Und wir müssen dabei zusammen arbeiten, denn die Arbeit, die uns bevorsteht, ist zu umfangreich für einen Helden. Nachdem ich aus Tibet geflohen und nach Indien gekommen war, nannte mich eine asiatische Zeitschrift »asiatischer Held des Jahres«. Aber nicht nur mein Name wurde genannt; sie wählen jedes Jahr einige »Heldinnen und Helden«. Sie haben verstanden, dass Asien und die Welt viele Helden brauchen. Wir brauchen so viele, wie es die Aufgabe verlangt.

Um wahrhaftig heroisch zu sein, müssen wir edle Bestrebungen entwickeln. Dazu gehört, mit dem ganzen Herzen für das Wohl anderer einzutreten. Ein wahrhaftiges Streben kann zu einem ebensolchen Verhalten führen. Diejenigen, die edle Bestrebungen in ihrem Herzen hegen und sich entsprechend verhalten, nennen wir Bodhisattvas. In Tibet sehen wir diese Bodhisattvas als Helden, denn edle Bestrebungen und edles Verhalten machen einen Menschen zum Helden. Jeder von uns kann sein Verhalten im Edelmut des eigenen Herzens verankern und ein Held, eine Heldin werden.

Den Kurs ändern

Wir können alle zu Pionieren eines neuen Kurses werden, der uns von der globalen Konsumkultur des ständigen Kaufens und Verkaufens wegführt. Der erste Schritt besteht darin, uns selbst zu erziehen. Wir müssen verstehen lernen, warum der Wandel notwendig ist und wie wir ihn in Gang bringen.

Um die Gewohnheiten unserer Konsumgesellschaft zu verändern, müssen wir die Bedeutung, die Natur und die Destruktivität von Gier klar verstehen. Gier und der Konsumismus, zu dem sie führt, verursachen großen Schaden – sie schaden uns persönlich, unserer Gesellschaft und unserem Planeten. Gier zerstört die Natur. Sie macht uns blind für die

Konsequenzen unseres Strebens nach immer mehr Besitz und sie stellt ein ernsthaftes Hindernis für unser persönliches Glück dar. Gier richtet unsere Aufmerksamkeit auf das, was wir noch nicht haben, und macht uns blind für all das, was wir bereits besitzen. Sie sorgt dafür, dass wir niemals genug haben. Eine Gesellschaft, die auf Gier basiert, trägt das Rezept für Unzufriedenheit in sich.

Ein Hindernis, dem Problem der Gier zu Leibe zu rücken, besteht im fest verankerten Zweifel, sie jemals eliminieren zu können. Wir meinen, sie wäre ein Teil der menschlichen Natur. Doch Gier ist dem Menschen nicht angeboren. Sie entsteht aus ganz bestimmten Bedingungen und Gründen. Wenn Gier ein Teil der menschlichen Natur wäre, müsste sie immer und überall präsent sein, doch wir wissen, dass dem nicht so ist. Sie kommt und geht und einige Menschen zeigen mehr Gier als andere. Wie wäre das möglich, wären Menschen von Natur aus gierig?

Das müssen Sie mir nicht glauben. Wir haben viele Gelegenheiten, bei uns selbst zu sehen, wie Gier ins uns aufkommt und wieder verschwindet. Wir können beobachten, wie Gier in uns schrittweise wächst und wie sie aus einer Haltung des Anhaftens und des Habenwollens entsteht. Werbung erzeugt äußerst effektiv Gier. Innerhalb Asiens ist Indien besonders bekannt für seine Werbeclips. Ich habe einmal einen Werbeclip mit Jackie Chan und buddhistischen Mönchen gesehen. Darin flogen sie zusammen auf dem neuesten Motorradmodell in den Himmel. Beim ersten Hinsehen sind solche Clips so irrwitzig, dass man sie für lustig hält. Doch am Ende führt das Lachen dazu, dass wir das Motorrad wirklich haben wollen.

Wie kommt das? Wir wollen alle glücklich sein, doch normalerweise haben wir keine klare Vorstellung davon, woher wahres Glück kommt. Werbung transportiert ganz bestimmte Ideen davon, was wir brauchen, um glücklich zu sein. Wenn wir ihren Botschaften immer wieder ausgesetzt sind, formen sie unsere geistigen Gewohnheitsenergien. Wir beginnen zu glauben, dass die Dinge, die beworben werden, der Schlüssel zu unserem Glück sind, und wollen sie natürlich haben. Schließlich sagen wir uns, dass wir dieses neue Motorrad unbedingt haben müssen, um stylisch, erfolgreich und glücklich zu sein.

Mit der Zeit entwickeln wir die Gewohnheit, uns nach Dingen zu sehnen, die wir noch nicht haben. Wenn wir uns nicht vergegenwärtigen, woher diese Gewohnheit kommt, ergreift sie vollständig Besitz von uns und verwandelt sich in Gier. Wie andere Gewohnheiten entsteht Gier schrittweise in uns. Wir bemerken sie kaum in ihrem Entstehen, denn die Kultur, in der wir leben, unterstützt uns darin, ihr zu folgen. Je stärker sich Gier in uns verwurzelt, umso mehr geraten wir unter ihren Einfluss – und umso natürlicher erscheint sie uns. Hat sie sich in uns breit gemacht, fühlen wir uns ständig bedürftig und sind für immer auf der Suche nach Dingen, die uns fehlen. Kurz gesagt, Gier macht uns unglücklich.

Ich möchte diesen Punkt unterstreichen: Gier ist nicht deshalb so schwer zu kontrollieren, weil sie natürlich wäre, sondern weil sie sich über einen langen Zeitraum als unreflektierte Gewohnheit in uns entwickelt hat. Es ist wichtig, das zu verstehen, denn es mag schwer sein, mit alten Gewohnheiten zu brechen, aber alle Gewohnheiten können letztlich verändert werden.

Menschliche Leichtgläubigkeit und der Zauber der Dinge

Buddhistische Texte verweisen meines Erachtens auf zwei wichtige Faktoren, die uns verstehen lassen, wie Gier in uns entsteht. Ein Faktor wird als »schillerndes und trügerisches Erscheinen der Phänomene« beschrieben. Phänomene können eine Vielzahl von Erscheinungsformen annehmen, die uns in die Irre führen und nichts mit der Wirklichkeit zu tun haben. Der zweite Faktor ist unser leichtgläubiger Geist. Kommen beide Faktoren zusammen, wird es gefährlich. Wir sind einfach hinters Licht zu führen, denn unsere Leichtgläubigkeit sorgt dafür, dass wir den verführerischen Erscheinungen glauben.

Werbung führt uns vor, wie dies funktioniert. Die Werbeindustrie bedient sich des gesamten menschlichen Erfindungsreichtums und nutzt die menschliche Leichtgläubigkeit sowie die Verführungskraft der Erscheinungen aus. Als Ergebnis entstehen die verheißungsvollsten Güter.

Bedeutende Meditierende wiesen in der Vergangenheit bereits auf die Nutzlosigkeit des Strebens nach Sinnesfreuden, inklusive Konsumgütern, hin. Sie lebten in wahrhafter Entsagung und waren frei von Begierden und Gier. Manchmal erlaube ich mir den Scherz, dass sogar diese großen Meditierenden in Verwirrung geraten würden, müssten sie im 21. Jahrhundert leben und wären den ausgefeilten Marketingstrategien von heute ausgesetzt. Mag sein, dass sie mit ihrer eisernen Entschlossenheit einem Smartphone widerstehen würden Aber was würde passieren, wenn ihnen jemand ein iPad anbieten würde? Eine Zeit lang wäre alles wunderbar, doch dann hörten sie von der nächsten Version mit vielen neuen Features. Das würde sie möglicherweise wirklich in Schwierigkeiten bringen!

Produkte werden speziell so angefertigt, dass sie die Aufmerksamkeit auf sich ziehen und den Geist in Besitz nehmen. Weil wir gewohnt sind, nach dem Ausschau zu halten, was wir bekommen können, achten wir nicht darauf, was wir schon haben. So verfangen wir uns im endlosen Spiel der Upgrades. »Die Funktion, die Sie brauchen, erhalten Sie mit dem nächsten Upgrade! Das neue Design ist attraktiver und wird in Ihrer Lieblingsfarbe angeboten!« Solche Produkte entstammen der Massenproduktion und sind gleichzeitig maßgeschneidert, um unsere Gier und unser Verlangen nach Besitz zu bedienen. Sie sollen uns durch ihre Erscheinung täuschen.

Doch ich glaube, das größere Problem ist die Leichtgläubigkeit unseres Geistes. Sie macht uns für den Zauber der Dinge anfällig. Anders gesagt, wir selbst sind das größere Problem. Wir können wie kleine Kinder sein; wenn es darum geht, unsere Bedürfnisse einzuschätzen, zeigen wir oftmals keinerlei Anzeichen von Reife. Wenn ein Kind schreit, lässt es sich am einfachsten beruhigen, indem man ihm ein Spielzeug gibt. Wir baumeln damit vor seinen Augen herum, um seine Aufmerksamkeit darauf zu lenken, bis es zugreift. Wenn wir ihm das Spielzeug geben, beruhigt es sich rasch. Es geht uns nur darum, dass das Kind aufhört zu weinen; die dahinter liegenden Bedürfnisse interessieren uns in dem Moment nicht. Wir richten seinen Wunsch auf etwas anderes und bringen es dazu, still zu sein.

Doch auch mit uns selbst gehen wir so um. Wir benutzen Elektronik und andere »Spielzeuge«, um uns davon abzulenken, was uns wirklich umtreibt. Wir sagen, es ginge uns um Spaß und Unterhaltung. Unser Konsum ist oft auf diese kurzfristige Bedürfnisbefriedigung gerichtet und lässt uns die langfristigen Gewohnheiten, die wir auf diese Weise entwickeln, und die weiteren Konsequenzen unseres Tuns vergessen. Oft vergessen wir sogar, uns zu fragen, warum wir eigentlich unzufrieden oder bedürftig sind.

Wir müssen verstehen, dass es fatal ist, uns in dieser Weise von unserer Gier antreiben zu lassen. Gier macht uns blind und wir selbst sind dafür verantwortlich, die Augen zu öffnen. Wir müssen handeln. Die Gier kennt selbst keine Grenzen. Wir müssen die Gier verstehen, sie begrenzen und ihr entgegenwirken.

Natürlich sollten wir dabei die vielen Kräfte mit in Betracht ziehen, die um uns herum wirksam sind und uns zu unreflektierter Gier verführen. Wir werden mit Werbung bombardiert, die uns glauben machen möchte, dass unser Glück von materiellen Gütern abhängt. Die heutige, global wirkende Kultur erzählt uns, dass der Besitz solcher Güter ein Zeichen für unseren Erfolg und sogar für unseren eigenen Wert als Person ist. Diese Botschaft erreicht uns auf vielen Wegen und in mannigfaltiger Form. Deshalb brauchen wir ein klares Verständnis davon, wie Gier funktioniert, um uns gegen ihr Wirken zu schützen. So können wir ihr mit innerer Weisheit widerstehen, denn wir wissen, wo tatsächlicher Erfolg und persönlicher Wert zu finden sind. Auch wenn es immer eine grundsätzliche menschliche Empfänglichkeit für Erscheinungen und die sozialen und kommerziellen Kräfte, die diese ausbeuten, geben mag, können wir doch unsere eigene Leichtgläubigkeit reduzieren.

Es geht um uns

Vor dem Hintergrund dieser auf uns einwirkenden Kräfte sind unsere Anstrengungen, unser Konsumverhalten zu ändern, tatsächlich bewunderungswürdig oder heroisch zu nennen. Um darin nicht nachzulassen, ist es notwendig, unsere Einsichten über das Wirken von Gier direkt mit unseren persönlichen Erfahrungen zu verbinden. Manch einer wird sich verwundert fragen: »Ist es denn wirklich so schlimm, Dinge haben zu wollen?« Meines Erachtens ist das eigentliche Problem unser Glaube daran, dass wir glücklich sind, wenn wir alles bekommen, was wir wollen. Dieser Glaube verführt uns zum Habenwollen aller uns begehrenswert erscheinenden Dinge. Trotz all unserer Intelligenz und Kultiviertheit handeln wir schließlich so, als ob Geld uns buchstäblich Glück brächte. Diese Einstellung steckt hinter unserem konsumistischen Lebensstil und den Idealen unserer Gesellschaft.

Unsere persönliche Erfahrung sagt uns, wo die Grenze zwischen denjenigen Dingen liegt, die wir wirklich brauchen, und anderen, die wir nur begehren. Die Gier kontrolliert uns immer dann, wenn wir diese Unterscheidung aus den Augen verlieren.

Sehen wir uns ein Beispiel an: Sie möchten eine Uhr kaufen. Sie betreten ein Uhrengeschäft und Ihnen wird ein Modell nach dem anderen gezeigt, jedes mit mehr Ausstattungsmerkmalen und schöner als das andere. Was Sie eigentlich brauchen, ist ein Objekt, das Ihnen die Zeit anzeigt. Doch was Sie bald begehren, ist die schickste und teuerste Uhr. Sie wollen sie mit all dem Schnickschnack, den sie bietet, der nichts mit der bloßen Zeitanzeige zu tun hat. Bald kommen Sie an den Punkt, an dem Sie viele Uhren haben wollen, weil alle so schön sind.

Gier ist lächerlich. Sie lässt uns nach Dingen greifen, wie ein Baby nach einer Rassel! Wenn Sie sich in einer solchen Situation wiederfinden, können Sie für einen Moment innehalten und das folgende Gedankenexperiment durchführen. Sie gehen innerlich einen Schritt zurück und betrachten aufmerksam Ihr aktuelles Bedürfnis. Fragen Sie sich, ob Sie dieses Objekt wirklich benötigen oder ob Sie es einfach nur haben wollen. Im Falle der Uhr könnten Sie sich fragen: »Brauche ich wirklich noch eine Uhr?« Sie könnten sich einen Spaß daraus machen und sich fragen: »Was kann ich mit mehr als einer Uhr anfangen? Kann ich an jeder Hand und an beiden Füßen eine tragen? Brauche ich an meinen Knöcheln Uhren, damit an mir heraufkletternde Insekten mir die Zeit ansagen können?« So kommen Sie vielleicht zu dem Schluss: »Ich will viele Uhren besitzen, doch ich brauche nicht mehr als eine.« Der Unterschied zwischen einem aktuellen Begehren und einem wirklichen Bedürfnis kann Ihnen dadurch deutlich werden.

Wenn Sie auf diese Weise herausgefunden haben, dass Sie das Objekt tatsächlich kaufen müssen, können Sie als Nächstes einschätzen, welche Funktion daran Sie wirklich benötigen. Das Einkreisen des Notwendigen leitet dann Ihren Kauf. Im Falle der Uhr geht es darum, dass sie Ihnen die Tageszeit anzeigen und bequem am Handgelenk anliegen soll. Das sind die praktischen und physischen Notwendigkeiten. Alles darüber Hinausgehende ist nur Ihrem auf Konsum ausgerichteten Geist geschuldet, der verrücktspielt.

Durch diese zwei Schritte der Reflektion können Sie Ihren

Geist gesund erhalten! Ansonsten kann der Wahnsinn, der von der Gier ausgeht, Sie zunehmend unter seine Kontrolle bringen und schon eine so simple Handlung, wie der Kauf einer Uhr, wächst sich zu einer qualvollen Erfahrung aus.

Wir alle können aus Erfahrung lernen, wie irrwitzig wir agieren, wenn uns die Gier im Griff hat. In Tibet war für uns früher bei der Wahl eines Objektes das Kriterium der Haltbarkeit wichtig. Ein Gegenstand war dann von guter Qualität, wenn er seine Funktion erfüllte und lange hielt – egal, wie eindrucksvoll er aussah. Als wir Tibeter dann ins Exil gingen, wurden wir empfänglich für die vielfältigen Erscheinungsformen der Dinge, und die Achtung, die wir ihrer Haltbarkeit entgegengebracht hatten, ging uns verloren. Wir wurden von der Gier übermannt und wurden zu ihrer Marionette. Ein ernster Fall von Gier – wir wurden von ihr angetrieben, dem nachzujagen, was wir begehrten, statt zufrieden zu sein, wenn unsere Bedürfnisse gestillt waren.

Doch wenn wir uns einmal entschieden haben, nicht länger wie Marionetten der Gier zu leben, haben wir die Möglichkeit, unsere Bedürfnisse in dem zu verankern, was wir wirklich brauchen. Wir müssen uns nicht von unseren Begierden kontrollieren lassen. Intelligenz und Selbstbeobachtung sind machtvolle Verbündete, wenn wir die Gier herausfordern. Wenden wir sie an, können wir den Moment identifizieren, in dem uns die Gier suggeriert, wir »bräuchten« etwas dringend, wenn dies tatsächlich gar nicht der Fall ist.

Dafür müssen wir uns angewöhnen, zwischen Wünschen und Bedürfnissen zu unterscheiden. Es geht um viel mehr als nur um unser persönliches Wohlbefinden. Konsumismus zerstört auch unsere natürliche Umwelt. Verschmutzte Flüsse, entwaldete Berge und zunehmender Smog führen uns vor Augen, was unreflektierter Konsumismus anrichtet. Durch Kurzsichtigkeit und tiefverwurzelte Ignoranz haben wir uns und die Welt in eine missliche Lage manövriert. Wir haben die wechselseitige Abhängigkeit zwischen unserem Handeln und der Welt, die wir miteinander teilen, ignoriert. Beginnen wir, langfristig und kritisch zu denken und diese wechselseitige Abhängigkeit zu verstehen, kann es uns gelingen, unsere Probleme zu lösen.

Kaufen verbindet

Wenn wir uns unsere wechselseitige Abhängigkeit vergegenwärtigen, können wir der Gier widerstehen, denn sie breitet sich nur dann aus, wenn wir uns selbst als etwas von anderen Getrenntes und Unabhängiges betrachten. Wir wähnen uns in einem Wettkampf mit anderen. Wörter, wie »mein« oder »mich« drücken dies aus. Hinter der Gier steckt immer eine Fixierung auf sich selbst und die eigenen Interessen.

Gier sperrt uns in den Käfig unserer eigenen Selbstsucht ein. Wir befinden uns darin wie in einem Gefängnis, zu dem nur einige wenige Zutritt haben – Familienmitglieder oder enge Freundinnen und Freunde –, ansonsten sind wir, die Inhaftierten, von der Außenwelt abgeschnitten. Unsere Selbstbezogenheit lässt nur diejenigen in unsere Nähe, die uns bedeutsam erscheinen – »meine« Familie oder »meine« Freundinnen und Freunde. Alle anderen Menschen werden auf Distanz gehalten, und dies macht uns einsam. Das Kreisen um uns selbst hindert uns daran, andere wahrzunehmen. Es verhindert ein Gefühl der Nähe zu anderen Menschen, und wir werden blind für die wechselseitige Abhängigkeit, die uns immer mit anderen verbindet.

Bleiben wir im Gefängnis unserer Selbstfixierung, handeln wir, als ob der Rest der Welt nicht existieren würde. Doch er existiert. Selbst Gefangene in Einzelhaft sind abhängig von der Außenwelt. Wir hängen alle von anderen ab und sind ständig mit ihnen verbunden. Das ist eine unabweisbare Tatsache unserer Existenz auf diesem Planeten. Sind wir uns dessen nicht bewusst, schaden wir uns selbst. Unser gewohnheitsmäßiger Egoismus lässt uns die Augen vor dieser Tatsache verschließen, doch wir können unsere Augen öffnen und uns darin üben, über unsere kurzfristigen Wünsche hinaus zu blicken.

Jeder einzelne Kauf kann uns die Realität wechselseitiger Abhängigkeit offensichtlich werden lassen. Eine einfache Analyse zeigt uns, dass kein einziges Objekt für sich allein existieren oder entstehen kann. Jedes Konsumprodukt wird aus mehreren Teilen hergestellt. Wenn es vor uns liegt, mag es wie eine einzige, vollständige Sache erscheinen, doch es wurde aus verschiedensten Materialien und kleineren Teilen zusammengesetzt.

Eine einfache Übung kann uns dabei helfen, uns von unserem gewohnheitsmäßigen Egoismus zu befreien, der hinter der Gier steckt, und zu unserer Verbundenheit mit anderen und unserer wechselseitigen Abhängigkeit aufzuwachen.

Sie können jedes denkbare Objekt dafür hernehmen, aber lassen Sie es uns am Beispiel eines Rucksacks veranschaulichen. Es könnte, der Rucksack sein, in dem Sie dieses Buch mit sich herumtragen. Sie nehmen den Rucksack in die Hand und betrachten ihn aufmerksam.

Denken Sie zunächst über die Materialien nach, aus denen er hergestellt wurde. Sie stammen aus unterschiedlichsten Gegenden auf der Welt, aus dem Süden, Norden, Osten oder Westen. Der Rucksack als solcher ist das Ergebnis zahlloser Beiträge aus den verschiedensten Ecken der Welt. Der Stoff, jeder einzelne Faden, die Färbung, das Design, die Firma, die ihn produzieren ließ, und der herstellende Betrieb – all dies spielte zusammen, damit es diesen Rucksack geben kann. Tausende von kleinen Schritten mussten unternommen werden, bis dieses eine Objekt, das vor Ihnen liegt, verfügbar war, und in all diese Schritte waren zahllose Menschen involviert.

Ihr nächster gedanklicher Schritt besteht darin, sich alle in diesen Ablauf involvierten Menschen vorzustellen – die Designer, die Arbeiterinnen in den Betrieben, diejenigen, die den Rucksack per Schiff und LKW hierher brachten, die Ladenbesitzerin, die Verkäuferin – so viele Menschen waren nötig, damit dieser Rucksack nun für Sie verfügbar ist. Versuchen Sie sich, deren Präsenz und Ihre eigene in dem Objekt, das Sie in Händen halten, zu vergegenwärtigen. Sie können den Rucksack mit sich herumtragen, dank all dieser Menschen – dank der zahllosen anderen Wesen.

Schließlich können Sie sich ihnen, dieser Beziehung eingedenk, in Dankbarkeit zuneigen. Durch diesen Rucksack sind Sie nun eng miteinander verbunden, denn Sie benutzen etwas, das Ergebnis von deren Anstrengungen und sicher auch deren Leiden ist. Anders gesagt, Sie sind mit ihnen durch Glück und Schmerz verbunden. Sie können sich entscheiden, den Rucksack fortan mit einem Bewusstsein für die Verantwortung, die diese Beziehung beinhaltet, zu tragen.

Diese kleine Übung zeigt Ihnen, wie Sie anhand jedes Objekts, das Sie besitzen, Ihre Verbundenheit mit der Welt erleben können, statt dass es Ihnen die Sicht auf andere versperrt. So können Sie eine gesündere Beziehung zu materiellem Besitz entwickeln.

Beim Kauf neuer Dinge hilft Ihnen diese Perspektive der wechselseitigen Abhängigkeit, Ihre Haltung zu reflektieren und zu sehen, dass es nicht nur darum geht, ob Sie sich etwas leisten können. Es geht auch darum, die »Kosten« dieses Produkts für den Planeten Erde in Betracht zu ziehen und die Arbeit der Menschen, die es hergestellt haben, zu sehen. Unser Glück ist von ihnen abhängig und sie sind abhängig von uns.

Ich halte es für sehr wirkungsvoll, beim Erwerb eines Objekts jeden dieser Schritte als Erinnerungsstütze zu nutzen, um unsere wechselseitige Abhängigkeit zu erfahren. Wenn wir es zulassen, kann uns jeder einzelne Kauf auf die vielen Menschen aufmerksam machen, die an der Produktion des Objekts beteiligt waren. Das Bewusstsein davon lässt unsere Liebe und Zuneigung für andere wachsen. Es macht uns aufmerksam auf die Folgen unseres Konsums für andere und für die Erde. Wenn wir mit anderen Menschen und unserem Planeten in Liebe und Zuneigung verbunden sind, fühlt sich die Verantwortung, die wir für den notwendigen Wandel haben, nicht mehr so schwer an. Wir tragen sie gern.

Geld und Glück

Nehmen wir die Beziehung zu den Dingen, die wir besitzen, einmal näher unter die Lupe. Was erwarten wir von ihnen? Häufen wir Dinge an, um Spaß zu haben und auf diese Weise glücklich zu werden? Oder geht es schon gar nicht mehr um

Glück, sondern nur noch um das Habenwollen? Wollen wir reich oder glücklich sein?

Ich möchte Ihnen gern eine Geschichte erzählen, die mit diesen Fragen zu tun hat. Vor langer Zeit lebte an einem fernen Ort ein sehr reicher Mann. Gleich neben seinem stattlichen Haus lebte ein Bettler in einer einfachen Hütte. Was der Bettler tagsüber erbettelt hatte, aß er auf. Abends kehrte er dann ohne jede Habseligkeit in seine Hütte zurück. Der reiche Mann hingegen brachte jeden Tag Taschen voller Geld nach Hause. Er verbrachte den Abend damit, das Geld zu zählen, während der Bettler in seiner heruntergekommenen Hütte saß und sang.

Jeden Abend hörte der Reiche den Armen singen und eines Tages fragte er sich: »Wie kann das sein? Woran kann er sich denn wohl erfreuen, er besitzt nichts und doch hört man ihn ständig singen. Wie kann er so fröhlich sein?«

Der reiche Mann beschloss, der Sache nachzugehen. Eines Tages nahm er einen Barren Gold und legte ihn in die Hütte des Armen, als dieser gerade betteln war. Als der arme Mann zurückkehrte und das Gold sah, dachte er: »Jemand muss es hier liegen gelassen haben. Ich muss herausfinden, wem es gehört und es zurückbringen.« Doch dann hielt er inne und dachte: »Vielleicht hat es jemand mit Absicht hier hinterlegt. Ein reicher Mann hat möglicherweise Mitleid mit mir gehabt und es hier für mich zurückgelassen.«

Diese Idee begann, Besitz von ihm zu ergreifen. Er fing an, das Gold als sein Eigen zu betrachten und Pläne zu schmieden, was er damit anstellen könne. Zuerst würde er es verkaufen. Von diesem Geld würde er ein Haus bauen und eine Familie gründen. Er würde Urlaub an weit entfernten Orten machen und für alles sorgen, was seine Kinder benötigten. In kürzester

Zeit hatten sich seine Pläne so verdichtet, dass er vergaß zu singen. Und er hatte vergessen, glücklich zu sein.

Der reiche Mann stand an seinem Fenster und wartete darauf, dass sein armer Nachbar anfangen würde, fröhlich zu singen. Doch er hörte nichts. Stattdessen sah er ihn angestrengt rechnen. Als er erkannte, was das Gold mit dem armen Mann angestellt hatte, verstand er, dass seine eigenen Anstrengungen, Geld anzuhäufen, mit der Zeit den Zweck zerstört hatten. Auch er hatte immer das Glück gesucht, doch auf dem Weg dahin war es ihm verloren gegangen.

Unsere Beziehung zu Dingen

Es liegt in unseren eigenen Händen, ob wir materiellen Gütern in unserem Leben Priorität einräumen. Das hängt auch davon ab, wie wir uns selbst definieren. Wenn wir von unserer Arbeit und von materiellen Gütern erwarten, dass sie uns mitteilen, wie viel wir wert sind und wo wir in der Welt hingehören, ist das ein Zeichen für eine tiefgreifende Konfusion. Dann haben wir unsere Beziehung als Menschen zur materiellen Welt noch nicht verstanden.

In letzter Zeit ist es in Tibet Mode geworden, Tiger- und Leopardenfelle zu tragen. Einige reiche Leute begannen damit und inzwischen ist es zu einem richtigen Wettbewerb geworden, bei dem jeder mithalten will. Alle wollen einander mit diesen teuren Fellen übertreffen. Früher war es den allermeisten Menschen untersagt, solche Felle zu tragen. Es scheint so, als würden die Tibeter heute von Leuten, denen an der Zerstörung der tibetischen Kultur gelegen ist, ermutigt, solche Felle als Zeichen der Missachtung der alten tibetischen Tradition zu tragen. Seine Heiligkeit der Dalai Lama hat die Tibeter aufgerufen, solche Felle nicht zu tragen. Er hat darauf hingewiesen, dass es sich dabei um eine nicht-tibetische, unmoralische Praxis handelt.

Die gleiche Gruppenmentalität können wir auch im Kleinen beobachten, beispielsweise in einer Familie. Wenn in einem Haushalt alle Fleisch essen, wird jemand, der oder die sich vegetarisch ernährt, auch leicht in Versuchung geraten, Fleisch zu essen. Jeder hat das Recht, zu denken, zu handeln und zu sein, wie er oder sie will. Doch oft denken wir, es reiche aus, es anderen nachzutun, und so opfern wir aus oberflächlichen Gründen unser Recht auf eigene Entscheidungen. Wir sollten unser Konsumverhalten daraufhin überprüfen, ob wir es bereits einem gedankenlosen Konformismus geopfert haben.

Es ist Zeit, um glücklich zu sein

Ich wuchs in einem sehr abgelegenen Teil Tibets, weit entfernt von der entwickelten Welt auf. Es gab praktisch keine Konsumgüter in dieser Region. Viele Menschen stellen sich ein solches Leben als sehr rückständig vor. Wo wir lebten, arbeiteten die Menschen nur ein paar Stunden am Tag. Wenn es eine Arbeit gab, die erledigt werden musste, erledigte man sie. Gab es nichts zu tun, entspannte man sich. Menschen von außerhalb mochten uns vielleicht für faul halten, aber wir waren im Grunde recht glücklich. Familienmitglieder hatten Zeit, beieinander zu sein und gemeinsam zu essen. Abends trafen wir uns beim Feuerplatz und erzählten einander Geschichten.

Das Leben in der Stadt ist anders. Die Menschen fragen nicht, welche Arbeit getan werden muss; sie befragen die Uhr danach, was sie tun müssen. Wir lassen die Uhr unser Leben bestimmen. Selbst wenn es gar nichts zu tun gibt, werden wir von dem Gefühl getrieben, wir sollten doch vielleicht etwas tun. Wir finden immer etwas, das uns auf Trab hält. Dieses Verhalten zeigt uns, dass es uns gar nicht mehr darum geht, was wir wirklich für unser Glück tun müssen. Es zeigt uns aber auch, dass wir unseren Blick weg von der Uhr und stattdessen in unser Inneres richten sollten.

Wir Menschen haben all die Dinge in der Welt selbst entwickelt und ihnen Namen gegeben. Eigentlich sollte das bedeuten, dass wir federführend sein müssten. Doch haben wir oftmals das Gefühl, wir müssten, solange die von uns selbst entworfenen Maschinen laufen, nebenherrennen. Wie es scheint, sind wir zu Sklaven unserer eigenen Erfindungen geworden. Durch den Missbrauch unserer eigenen Intelligenz fügen wir uns Schaden zu. Wir müssen den Überblick und das Gleichgewicht wiedergewinnen und erkennen, woher all diese fabrizierten Güter und gemachten Identitäten herkommen.

Letztlich bestimmen wir selbst, was uns das Geld und die Dinge, die wir damit erwerben können, wert sind. Wir selbst müssen entscheiden, wie viel Energie wir in den Erwerb von Geld und Besitztümern und wie viel wir in das Erlangen wahrhaftigen Glücks stecken.

Möchten Sie sich wirklich von Ihrer Arbeit und Ihrem Besitz definieren lassen? Das ist eine ernsthafte Frage, denn Sie können sich tatsächlich auf diese Weise damit identifizieren. Oder identifizieren Sie sich mit Ihren inneren Qualitäten und mit dem Glücklichsein? Das hängt wirklich ganz allein von Ihnen ab.

Zufriedenheit ist der größte Reichtum

Wie bereits ausgeführt, gibt es gesunde und ungesunde Beziehungen zum eigenen Besitz. Ich bin zutiefst überzeugt, dass Zufriedenheit der größte Reichtum ist. Jeder kann sie in Anspruch nehmen. Jede kann sie besitzen. Zufriedenheit ist ein unglaublicher Reichtum, der uns nichts kostet und den wir nirgendwo außerhalb von uns suchen müssen. Die natürlichen Ressourcen für diesen Reichtum sind die Qualitäten unseres Geistes. Zufriedenheit sorgt für tiefste Befriedigung. Wir erreichen sie, indem wir unseren Geist gut kennenlernen und seine Ressourcen ausschöpfen. Wir können das Wissen darum, dass wir genug haben, kultivieren, uns vergegenwärtigen, dass wir nicht mehr brauchen, als wir bereits haben, und vollkommen zufrieden damit sein.

Normalerweise glauben wir, wir bräuchten noch dieses und jenes, um glücklich sein zu können. Aber eigentlich ist es doch ganz einfach. Das wurde mir eines Tages während eines Spaziergangs um das Kloster bewusst. Es war ein schöner Tag und es wehte ein leichter Wind. Die sanfte Brise ließ mir meinen Atem bewusst werden, und mir wurden zwei Dinge klar: Ich atme, und das hängt nicht nur von mir allein ab. Es braucht Sauerstoff dafür, und dessen Existenz wiederum hängt von tausend anderen Bedingungen ab. Jeder einzelne meiner Atemzüge hat diese vielen Voraussetzungen.

Diese Erkenntnis ließ mich staunen. Ich wusste auch vorher schon, dass ich selbst keinen Sauerstoff herstellen kann. Doch nun wurde mir noch einmal sehr klar, dass ich praktisch mit jedem Atemzug existentiell von seiner Verfügbarkeit abhänge. Ich habe schon so oft geatmet. Hätte es auch nur einen Moment lang keinen Sauerstoff gegeben, wäre mein Leben beendet gewesen. Doch er war immer da und ist es auch jetzt in diesem Augenblick. Diese Erkenntnis erfüllte mich mit vollkommenem Wohlbehagen.

Die gewöhnlichsten Dinge können so wundervoll sein. Fast nie richten wir unsere Aufmerksamkeit auf die grundlegenden Bedingungen unserer Existenz, obwohl sie immer präsent und frei verfügbar sind. Wenn wir uns das immer wieder einmal bewusst machen, kehrt die Freude in unser Leben zurück.

Wir müssen weder etwas kaufen noch etwas besitzen, um glücklich zu sein. Unsere wechselseitige Abhängigkeit sorgt dafür, dass unser Konsumismus verheerende Folgen für die Umwelt hat, sie sorgt aber auch dafür, dass die natürliche Umwelt eine Quelle grenzenloser Freude für uns ist. Um dies zu erleben, reicht es zu atmen. Wie wir unsere Verbundenheit leben, liegt bei uns.

Letztlich kommt es auf unsere ganz persönliche Einstellung an. Gelingt es uns, die Gier zu stoppen, nicht mehr nach Dingen zu jagen, die wir noch nicht haben, und die Dinge, die wir haben, nicht für selbstverständlich zu halten, dann können wir Wertschätzung und Freude empfinden. Wir haben wirklich alles, was wir brauchen. Zufriedenheit ist ein unerschöpflicher Reichtum. Wir können grenzenloses Glück erfahren, indem wir einfach nur atmen.

6   Soziales Handeln

Allen beistehen

Angesichts unserer Konsumkultur und der Gier, von der sie angetrieben wird, möchten wir sicher vieles in unseren Gesellschaften zum Positiven verändern. Dabei ist es nicht nur wichtig, zu wissen, was wir über Bord werfen wollen. Es ist ebenso wichtig, eine positive Vision zu haben, was wir an dessen Stelle setzen wollen. Nur mit einer solchen Vision kann jeder von uns den spezifischen Bereich finden, von dem aus er oder sie sich daran beteiligen will, die Vision Wirklichkeit werden zu lassen. Ich möchte Wege aufzeigen, wie wir diese bessere Welt erschaffen können, unabhängig davon, welchen Bereich sozialen Handelns der oder die Einzelne für sich persönlich bevorzugt.

Soziales Handeln ist eine besondere Art der Sorge für andere. Menschen leben in Gesellschaften zusammen. Dies beweist, dass wir einander brauchen. Unsere wechselseitige Abhängigkeit hat praktische und ethische Konsequenzen für die sozialen Institutionen, die wir aufbauen. Da wir alle aufs Tiefste miteinander verbunden sind, ist das Wohlergehen eines Menschen eng mit dem aller anderen verknüpft. Gelingt es uns, soziale Systeme zu etablieren, die diese Verbundenheit beachten, entspricht auch unsere Gesellschaft dieser Realität unserer Existenz. Eine solche Gesellschaft ist stabil und schafft eine Ausgangsbasis für menschliches Glück.

Um eine bessere Vorstellung von der Gesellschaft zu entwickeln, die wir gern hätten, möchte ich vorschlagen, das Glück ins Zentrum der Betrachtung zu rücken. Lassen Sie uns damit beginnen, dauerhaftes Glück als das wichtigste Produkt zu betrachten, das das Land oder die Gesellschaft, in der wir leben, produzieren kann. Dieser Denkansatz wirft sogleich Fragen auf: Welche persönlichen Qualitäten sollte eine solche Gesellschaft in den Menschen fördern? Welche Art von Beziehungen sollten in unserer Gesellschaft gepflegt werden, um mehr Glück zu schaffen?

Wir haben bereits erkannt, dass weder Wettbewerb noch Gier zu Glück und Sinnhaftigkeit im Leben führen. Wir können uns eine Gesellschaft versuchen vorzustellen, die primär auf Mitgefühl und Liebe setzt, statt auf unsere Gier; eine Gesellschaft, die uns freundschaftlich miteinander verbindet und vertraute Gemeinschaften entstehen lässt, statt uns als Konkurrenten gegeneinander ausspielt. Teilen wir diese Vision miteinander, besteht der nächste Schritt darin, uns zu fragen, welches konkrete soziale Handeln uns in diese Richtung voranschreiten lässt.

Haben wir einmal eine klare Vorstellung von den Werten, die uns wichtig sind und von der Veränderung, die wir herbeiwünschen, lassen sich viele soziale Bereiche ausmachen, in denen wir sinnvoll wirken können. Unabhängig davon, wohin uns unsere individuellen Talente und Interessen führen, sind doch alle sozialen Probleme miteinander verbunden. Jeder positive Beitrag hat weitreichende Konsequenzen, denn alle Aspekte des Lebens stehen miteinander in Verbindung.

Zuneigung sollte frei von Bedingungen sein

Das Leben in der menschlichen Gesellschaft erinnert uns täglich daran, wie viel wir von anderen erhalten und einander verdanken. Sind wir uns dessen bewusst, gibt uns das ein stabiles Fundament für unser soziales Handeln. Dieses gründet dann darin, anderen mit der gleichen Fürsorge zu begegnen, wie sie uns entgegengebracht wird.

Vielleicht denkt manch einer, er schulde anderen nichts, denn er hat ja für alles bezahlt. Doch alles, was wir besitzen, wurde von anderen Menschen hergestellt und herbeigeschafft. Dessen sollten wir uns stets bewusst sein. Ich selbst habe weder den Baum gefällt, aus dem das Papier und schließlich dieses Buch hergestellt wurde, und ich habe auch nicht dafür gesorgt, dass es nun vor Ihnen liegt. Doch nun können Sie sich an den Früchten dieser Arbeit anderer erfreuen. Als buddhistischer Mönch profitiere ich persönlich in einem großen Maße von anderen. Mein Gelöbnis hat zur Konsequenz, dass mir andere Menschen praktisch alles, was ich brauche, als Spende zukommen lassen – mein Essen, meine Kleidung und auch die Bücher in der Bibliothek.

Momentan verfüge ich über nichts Greifbares, was ich anderen zurückgeben könnte. Oft kommen Menschen mit der großen Hoffnung zu mir, dass ich etwas für sie tun könnte. Meistens kann ich ihnen nur eines geben: meine von Herzen kommende Liebe und meine Hoffnung, sie mögen glücklich werden. Auch wenn das nicht viel ist, möchte ich wirklich eine Antwort auf meine Frage hören: »Wie geht es Ihnen? Wie fühlen Sie sich? Geht es Ihnen gut?«

Früher war die Frage »Wie geht es dir/Ihnen?« ehrlich gemeint. Heute scheint sie nur noch eine Formalie zu sein. Viele Menschen möchten die Antwort auf diese Frage nicht wirklich hören. Stattdessen sind sie eher daran interessiert zu erfahren, wie die Geschäfte des anderen laufen und was er für sie selbst tun kann. Obwohl ich für die Menschen, die ich treffe, nichts Handfestes tun kann, beschäftigt mich ihr Wohlergehen tatsächlich. Vielleicht kann diese ehrliche Sorge in einer Welt, in der wahre Liebe und Mitgefühl so rar geworden sind, doch wertvoll sein. Es bewegt Menschen immer wieder sehr tief zu erleben, dass es da einen Menschen in der Welt gibt, der sich um sie ehrlich und liebevoll sorgt. In einer Welt mit zu wenig Liebe kann, wie ich oft erfahre, dieser einfache Ausdruck von Liebe andere mit wirklichem Glück erfüllen.

Es verlangt nur eine kleine Veränderung im eigenen Verhalten, andere ernsthaft nach ihrem Befinden zu fragen und ihnen zuzuhören. Doch diese kleine Veränderung ermöglicht uns, die neue Gewohnheit zu kultivieren, uns auf der Herzensebene miteinander zu verbinden und füreinander Sorge zu tragen. Im größeren Maßstab gesehen bildet diese Haltung, den Gefühlen und Bedürfnissen anderer Aufmerksamkeit zu schenken, eine gesunde Basis für jedes soziale Handeln. So kann Liebe all unser Tun leiten.

Im Kapitel »Geschlechteridentitäten« habe ich bereits ausgeführt, dass die Welt meines Erachtens einer Veränderung in ihrer Werteordnung bedarf. Zuhören ist in diesem Zusammenhang wichtiger als Erklärungen abgeben. Auch als Aktivisten können wir am Prozess dieser Veränderung beitragen, indem wir zuhören, bevor wir Pläne entwerfen. So stellen wir sicher, dass unser Handeln sich wirklich auf das Wohlergehen anderer und deren Glück ausrichtet und nicht einfach nur Ausdruck unserer eigenen Vorstellungen ist. Wir können ganz klein beginnen, indem wir die Antwort auf die Frage »Wie geht's?« tatsächlich abwarten.

Wir müssen verstehen, dass Liebe, Fürsorge und Zuneigung nicht an Bedingungen geknüpft sind. Liebe und Zuneigung benötigen keinen Grund. Liebe existiert ohne Preis und ohne Vorbedingungen und wir können sie geben, ohne etwas dafür zurückzubekommen. Sie ist eine unendlich erneuerbare Ressource. Für das Wohlergehen unserer Gesellschaft aber auch für unser persönliches Wachstum ist es von grundlegender Bedeutung zu verstehen, dass Liebe keine Begründung und keine Gegenleistung braucht.

Wenn wir wahrhaftige Liebe für andere empfinden, müssen wir handeln. Wir können nicht ruhen, bis wir das Glück aller, die unsere Liebe einschließt, gesichert wissen. Wächst unsere Liebe, schließt sie mehr und mehr Menschen ein und motiviert uns, nicht nur für das Glück einiger weniger, mit denen wir freundschaftlich verbunden sind, zu sorgen, sondern uns um die Gesellschaft als Ganzes und vielleicht sogar die ganze Welt zu kümmern. So wird Liebe zu einer großen Kraft für jegliches soziales Handeln. Im Kapitel »Nachhaltiges Mitgefühl« werde ich darauf zurückkommen, wie die Verwurzelung sozialen Handelns in Liebe und Mitgefühl zu dessen Nachhaltigkeit führt.

Rückständig oder fortschrittlich?

Um der von uns angestrebten gesellschaftlichen Veränderung eine Richtung zu geben, müssen wir zunächst die herrschenden Vorstellungen von Fortschritt in Frage stellen. An dieser Stelle möchte ich einige persönliche Erfahrungen mit Ihnen teilen. Aus Sicht des relativ entwickelten Chinas erscheint der entlegene Teil Tibets, aus dem ich stamme, für gewöhnlich als rückständig. Von den dort lebenden Menschen denkt man, sie hätten es zu nichts gebracht. Und es stimmt: Wir haben keine Fabriken und Geschäfte. Doch wenn ich heute aus der Position der »entwickelten Welt« auf das Leben in Tibet blicke, zweifle ich, ob es wirklich so rückständig war. Die Menschen arbeiteten in einem Maße, das ihnen ermöglichte, genug zu essen, sich zu kleiden und ihre Grundbedürfnisse zu stillen. Sie machten sich keine Sorgen um Dinge, die ihnen vermeintlich fehlten. Nach meiner Beobachtung hatten die Menschen in diesem isolierten Teil Tibets alles, was sie brauchten, und waren glücklich.

Daher frage ich mich, ob nicht vielleicht die sogenannte entwickelte Welt gegenüber der traditionellen, nomadischen Welt, aus der ich komme, was Zufriedenheit im Leben angeht, rückständig ist. Als die ersten Tibeter ihr Land verließen und in die moderne Welt kamen, taten sie dies mit ehrlichen und wohlwollenden Absichten, doch man blickte auf sie herab und befand, sie würden nicht in die moderne Welt passen. Scheinbar passt man umso besser in diese »fortschrittliche« Welt, je cleverer und manipulativer man ist. Auf krummen Wegen kommt man am ehesten an die Spitze. Wir müssen uns fragen, wie gesund ein solches System ist. Wenn unter Fortschritt verstanden wird, auf diese Weise in den Besitz von immer mehr Gütern zu gelangen, stellt das die Dinge meines Erachtens auf den Kopf.

Wollen wir wirklich hinnehmen, dass materieller Reichtum – egal, wie er erlangt wurde – ein Zeichen für Fortschritt ist? Sicher können wir auch anders bemessen, ob wir genug haben, ohne uns mit anderen zu vergleichen, die mehr Geld und Dinge angehäuft haben. Wenn Erfolg daran geknüpft ist, mehr als andere zu haben, müssen wir scheitern. Dieser Wettbewerb mit anderen kann kein Glück hervorbringen. Wenn Glück daran geknüpft wäre, der Beste und Reichste zu sein, könnte immer nur ein Mensch glücklich oder »erfolgreich« sein. Alle anderen wären die Verlierer.

Ich denke, wir müssen darauf achten, ökonomischen Erfolg nicht mit persönlichem Glück zu verwechseln. Nur weil wir eine Marktwirtschaft haben, müssen wir keine Marktgesellschaft haben. Wir können unsere Beziehungen auf anderen Prinzipien aufbauen als auf denen des Marktes. Wir könnten von Weiterentwicklung sprechen, wenn es uns gelingt, Freundschaften und Verbindungen zu vertiefen und sie in den Mittelpunkt unseres Lebens zu stellen. Wenn ich von einer Gesellschaft spreche, die Glück schafft, dann denke ich an eine Gesellschaft, die Wettbewerb und Gier durch Mitgefühl und Liebe ersetzt.

Haben wir erst einmal für uns die Werte neu definiert, die im Zentrum unserer Gesellschaft gelten sollen, können wir die einzelnen sozialen Institutionen und Bereiche betrachten und uns fragen, was verändert werden müsse. So erhält unser soziales Handeln die richtige Orientierung.

Allen beistehen

Mir scheint, dass weltweit betrachtet unsere Prioritäten durcheinander geraten sind. Die wichtigsten Dinge, die wir für unser Leben brauchen, haben sich in Waren verwandelt. Grundbedürfnisse wie Gesundheitsversorgung, Ernährung und Obdach sind zu Luxusgütern für diejenigen geworden, die sie sich leisten können. Das Wohlergehen aller anderen Menschen scheint vernachlässigbar zu sein. Diese verdrehten und auf Ignoranz basierenden Prinzipien bestimmen viele der von uns geschaffenen sozialen Zusammenhänge. Dahinter verbirgt sich eine Missachtung des grundlegenden Rechts eines jeden Menschen auf Glück. In unserem Streben, frei von Leid und glücklich zu sein, sind wir alle gleich.

Gleichheit und wechselseitige Abhängigkeit sind die grundlegenden Prinzipien, die uns als menschliche Wesen ausmachen. Wenn wir dies nicht anerkennen, unterwerfen wir die Beziehungen zu unseren Mitmenschen Geschäftsregeln: Wenn du mir etwas gibst, kümmere ich mich um dich. Wenn ich nichts von dir bekomme, bist du mir egal. Ich beschreibe hier nicht, was passieren könnte, sondern was längst Realität in unserer Gesellschaft ist. Grundrechte werden marktkonform zugeschnitten und dann in den Warentausch integriert. Offensichtlich haben wir jedes Gefühl dafür verloren, dass wir uns frei und glücklich mit anderen verbinden können. Indem wir soziale Institutionen Marktregeln unterordnen, haben wir uns von unserem edlen Herzen abgetrennt.

So arbeiten weltweit beispielsweise viele Gesundheitssysteme nach rein wirtschaftlichen Gesichtspunkten. Ich hörte, dass man in den Vereinigten Staaten, wenn man in die Notaufnahme eines Krankenhauses kommt, nicht zuerst nach seinen Schmerzen, sondern nach der Krankenversicherung gefragt wird. Besitzt man eine Versicherung, wird für einen gesorgt. Besitzt man keine, muss man entweder bar zahlen oder woanders nach Hilfe suchen. Ich behaupte nicht, Antworten auf all die komplexen ökonomischen und politischen Probleme der Gesundheitsindustrie zu haben, und doch frage ich mich, wie wir so weit kommen konnten, dass dies ein akzeptabler Weg erscheint, mit unseren Mitmenschen umzugehen.

Jedes Gesundheitssystem, ob in Amerika, Europa, Afrika, Asien oder Australien, hat seine eigenen Probleme. In Indien verlangen die etwas besseren Krankenhäuser eine Vorauszahlung, bevor man aufgenommen wird. Kürzlich starb hier eine Frau während der Geburt ihres Kindes direkt vor dem Eingang eines Krankenhauses. Man hatte ihr den Zugang verwehrt, weil sie kein Geld hatte.

Gute Gesundheitsversorgung ist oft nicht nur teuer – sie kann unerreichbar sein.

In vielen Ländern kommt man einfacher in den Besitz eines Autos als an eine gute Gesundheitsversorgung. Es wird alles dafür getan, den Preis von Automobilen und Sprit zu drücken, damit sich so viele Menschen wie möglich ein Auto leisten können. Tankstellen und Kfz-Werkstätten finden sich überall. Doch braucht man schnelle medizinische Hilfe, kann es schwierig werden. So einfach es vielleicht ist, ein Auto zu finden, es waschen zu lassen, die Reifen aufzupumpen und den Tank zu füllen, so schwierig kann es sein, eine gute Klinik zu finden, zu der man fahren könnte. Ich würde mir wünschen, dass unsere Gesundheit wichtiger ist als Autos, doch dem scheint nicht so zu sein, wenn man sieht, dass dem Wohl von Autos mehr Wert eingeräumt wird als der Gesundheit von Menschen.

Das Beispiel unserer Gesundheitssysteme zeigt, dass in den meisten Gesellschaften heute ökonomische Interessen regieren. Freiheit besetzt nicht mehr den ersten Platz auf unserer Prioritätenliste. Wirkliches Glück taucht vielleicht nicht einmal mehr auf. Doch wenn wir Glück von dieser Liste streichen, verleugnen wir den Wert des menschlichen Lebens als solchen, denn Menschen haben das Potential, wahrhaftiges und dauerhaftes Glück zu erfahren. Die Gesellschaft, in der wir leben, sollte uns alle darin ermutigen, dieses Potential auszuschöpfen, indem sie die notwendigen Ausgangsbedingungen dafür schafft. Liebe und Mitgefühl sind menschlichem Glück förderlich; Konkurrenz und Gier hingegen nicht. Ich glaube, eine Gesellschaft, die nicht die Grundlagen wahren Glücks schafft, missachtet den Wert menschlichen Lebens.

Wollen wir eine andere Gesellschaft, die den Wert menschlichen Lebens anerkennt, aufbauen, sollten wir uns fragen: Wie sollte ein Gesundheitssystem aussehen, das den Schmerz und das Leid des Kranken in den Mittelpunkt rückt? Es sollte uns nicht schwerfallen, diese Aufmerksamkeit zu schaffen, denn in der Erfahrung von Glück und Schmerz sind wir alle gleich. Freude und Sorge, Vergnügen und Schmerz sowie die Sehnsucht, nicht leiden zu müssen, sind uns allen vertraut. In jedem von uns existiert eine Grundlage, uns in alle anderen Wesen einfühlen zu können.

Auch wenn wir den Schmerz anderer Menschen nicht direkt in unserem Körper spüren, können wir doch eine klare Vorstellung von deren Gefühlen entwickeln und so den physischen Abstand zwischen uns und anderen überbrücken. Wenn wir es uns zur Gewohnheit machen, uns selbst an die Stelle des anderen zu setzen, verstehen wir, was unsere Gleichheit bedeutet. Wir werden es nicht hinnehmbar finden, dass andere leiden, denn wir wissen, wir teilen diese Fähigkeit zu leiden mit ihnen. Ebenso teilen wir die Fähigkeit, glücklich zu sein.

Die grundsätzliche Gleichheit aller Menschen bedeutet, niemand hat ein größeres oder geringeres Anrecht darauf, glücklich und frei von Leid zu sein. Das Bewusstsein dieser Gleichheit sollte unser Leitfaden sein, eine mitfühlende Gesellschaft aufzubauen.

Unterschiedlich und doch eins

Als Menschen sind wir alle gleich und doch gibt es soziale und kulturelle Unterschiede zwischen uns. Nur weil wir gleich sind, sind wir nicht identisch. Kulturelle Unterschiede untergraben jedoch nicht das Recht aller Menschen auf Glück und auf den Zugang zu Gesundheitsversorgung und Bildung. Soziale Systeme müssen sowohl die Gleichheit aller als auch die Unterschiede zwischen Menschen in Betracht ziehen.

Die Vielfalt von Lebensweisen innerhalb einer Gesellschaft stellt kein Problem dar; sie kann die Quelle von Reichtum und Vergnügen sein. Wir können uns an unserer Unterschiedlichkeit erfreuen, doch wir sollten darauf achten, sie nicht zu sehr zu betonen und die Grenzen zwischen uns erstarren zu lassen. Denn geschieht das, verlassen wir den Boden unserer Mitmenschlichkeit und bilden Kategorien wie höher und niedriger oder besser und schlechter, in die wir Menschen einteilen.

In der tibetischen Exilgesellschaft sind diese Kategorien weit verbreitet. Bei den Tibetern in Indien sehen wir große Unterschiede in den Ansichten und Verhaltensweisen von Neuankömmlingen, also solchen, die erst kürzlich angekommen sind, und solchen, die vor fünfzig Jahren herkamen oder außerhalb Tibets geboren wurden. Unter den Tibetern, die aus Tibet hierherkamen, wird zwischen verschiedenen regionalen

Zugehörigkeiten entsprechend der drei tibetischen Provinzen unterschieden. An sich ist unterschiedliche Herkunft kein Problem. Sie wird dann ein Problem, wenn wir sie anderen Menschen wie ein Schild um den Hals hängen und diese dann behandeln, als wäre das Schild Teil der Person.

Wenn wir Tibeter beispielsweise hören, jemand kommt aus der Region Amdo in Tibet, und wir stammen nicht von dort, behandeln wir ihn, als gehörte er nicht zu unserer Gruppe. So verwandeln wir einen Unterschied in ein Mittel der Trennung. Das müsste nicht so sein. Wir könnten uns jemandem, der von woanders kommt, mit größerem Interesse zuwenden. Vielleicht haben Menschen aus Amdo Dinge erlebt, die uns noch nicht widerfahren sind. Ihre Ansichten könnten unser Leben bereichern.

Doch dies wird nicht geschehen, wenn wir meinen, bereits zu wissen, wie Menschen aus Amdo sind. Wenn wir unsere Vorurteile mit den tatsächlichen Aspekten einer Gruppe gleichsetzen, nehmen wir uns die Möglichkeit, etwas Neues von den individuellen Mitgliedern einer Gruppe zu erfahren. Wir sehen sie als »die Anderen«, sperren sie so in eine Schublade, was eine Verbindung zu ihnen erschwert.

Nehmen wir als vielen vertrautes Beispiel Muslime. Denken wir an Muslime, kommt vielen Menschen sofort Terrorismus in den Sinn. Vergessen ist der kulturelle Reichtum des Islam, seine Kunst, Architektur, Literatur und Philosophie – es geht nur noch um Terrorismus. Wir picken einzelne Informationen auf und projizieren sie auf jedes Mitglied dieser Gruppe. Dabei ist die Information, die wir haben, selten die wirklich entscheidende. Sie kann fehlerhaft sein, und selbst wenn sie stimmt, ist sie doch nur Teil des Gesamtbildes. Nie trifft sie auf jedes Gruppenmitglied zu.

Aussagen wie »Die sind völlig rückschrittlich« oder »Sie sind alle Diebe« oder »Alle sind sonst irgendetwas«, sollten wir grundsätzlich misstrauen. Keine Gruppe menschlicher Wesen ist homogen. Selbst ein Individuum beherbergt in sich eine Vielfalt an Gedanken und Emotionen. Bedenken wir dies, können wir uns bewusst entscheiden, größere Weisheit im Umgang mit anderen Menschen und Gemeinschaften walten zu lassen. Wir können damit beginnen, uns zu fragen, wie vollständig und aussagekräftig unsere Vorstellungen von anderen überhaupt sind. Wir können uns bemühen, das Positive in unseren Unterschieden zu sehen. Wir können uns bewusst machen, wie bereichernd es ist, die Perspektive anderer zu erleben. Diese veränderte Sichtweise kann ganz einfach damit beginnen, danach zu fragen, welche besonderen Mahlzeiten andere Menschen normalerweise zu sich nehmen und welche Sehenswürdigkeiten es in ihrem Land gibt. Die Würdigung von Unterschieden fängt so einfach an.

Die Vielfalt schätzen

Meines Erachtens sollten wir menschliche Vielfalt willkommen heißen. Hierfür können wir den menschlichen Körper als Analogie heranziehen. Die Augen unterscheiden sich von der Nase, dem Mund und den Gliedmaßen in ihrem Aussehen und ihren Funktionen. Doch sie gehören alle zum selben Körper. Jeder Körperteil ist wichtig und unterstützt andere Teile des Körpers. Auch, wenn wir uns ihres Zusammenwirkens nicht immer bewusst sind, wissen wir, dass sie nur gemeinsam funktionieren können und jeder seinen Beitrag dazu leistet.

Ich möchte Ihnen eine Geschichte erzählen und hoffe, sie erscheint Ihnen nicht zu derb. Eines Tages trafen sich die wichtigen Teile des menschlichen Körpers, um zu entscheiden, welcher der wichtigste sei. Alle Großen waren eingeladen: die Lunge, die Leber, die Nieren, das Herz, der Darm, die Knochen – alles, was Rang und Namen hatte. Doch sie hatten den Anus vergessen. Als dieser merkte, dass er ausgelassen worden war, fühlte er sich persönlich beleidigt und beschloss, zu streiken.

Da hob ein großes Gejammer an, denn nichts bewegte sich mehr im Körper! Innerhalb kürzester Zeit fühlte sich kein anderer Teil mehr wichtiger. Alle baten den Anus um Vergebung und ersuchten um seine Teilnahme an ihrem Treffen. Am Ende beschloss die Versammlung einstimmig, den Anus zum wichtigsten Körperteil zu küren.

Egal, was Menschen denken: Niemand ist unwichtig.

Der Körper kennt keine Hierarchie. Alle Teile bedürfen und unterstützen einander. So verhält es sich auch mit uns Menschen: Wir alle sind Teile eines Körpers. Nur weil wir die Wichtigkeit eines anderen Menschen nicht beachten, ist dieser Mensch noch lange nicht unwichtig für unser Wohlergehen. Nur weil wir nicht mit anderen teilen wollen, können wir uns nicht einfach von anderen abtrennen. Wechselseitige Abhängigkeit ist eine unentrinnbare Realität unserer Existenz.

Wir sind alle verschieden und können in dieser Vielfalt anderen nützlich sein. Wir können zusammenarbeiten und komplementäre Beiträge leisten. Da wir alle Teile eines sozialen Körpers sind, liegt es in unser aller Interesse, dass wir zusammen funktionieren.

Die globale Gesellschaft

Wir leben heute in einer globalen Gesellschaft. Menschen verlassen ihr Zuhause, um in anderen, weit entfernten Ländern ihr Glück zu suchen. So mischen sich Kulturen und Nationalitäten. Einwanderung wird zu einem weiteren Symptom globaler wechselseitiger Abhängigkeit.

Die Anwesenheit von Einwanderern wird in vielen Gesellschaften zum Testfall für Mitgefühl. Wir erleben in den Vereinigten Staaten genauso wie in Europa und den reichen Golfstaaten, dass die Regeln der Immigration zeigen, ob eine Gesellschaft die Gleichheit aller vor dem Hintergrund kultureller und anderer Unterschiede beherzigt. An dieser Stelle offenbaren sich die ethischen Konsequenzen von wechselseitiger Abhängigkeit und Gleichheit. Wie verhalten wir uns, wenn Menschen ihr Zuhause aufgrund leidvoller Erfahrungen verlassen haben und in unsere Nachbarschaft ziehen, um hier ihr Glück zu finden? Lassen wir ihre ethnische oder nationale Herkunft zu einer Mauer zwischen ihnen und uns werden? Hängen davon unsere Freundlichkeit und unser Mitgefühl ab?

Im Umgang mit Einwanderern können wir die Werte unserer Gesellschaft leben. Sie haben das gleiche Recht auf Glück und sie streben es genauso an wie wir. Auch wenn wir nicht alle Gründe nachvollziehen können, weswegen Menschen ihr Zuhause verlassen, so können wir doch davon ausgehen, dass die meisten von ihnen in reichere Länder fliehen, um bessere Bedingungen für ihr persönliches Lebensglück zu finden.

Ich kenne viele Tibeter, die in der Hoffnung auf bessere Lebensbedingungen in die USA auswandern wollen. Viele von ihnen haben keine höhere Bildung und keine berufliche Ausbildung. Viele sind arm. Ob sie ein besseres Leben finden werden, ist ungewiss, doch sie setzen all ihre Hoffnungen auf Amerika. Ganze Familien legen zusammen, was sie haben, um einem Mitglied die Emigration zu ermöglichen. Jahrelang wird dieser Schritt geplant. Nachdem sich jemand entschieden hat, zu gehen und alles Gewohnte hinter sich zu lassen, geht er ein großes Risiko ein. Einem Flüchtling droht, alles zu verlieren, was er noch hat. Er nimmt große Gefahren auf sich, nur, um an den Ort seiner Hoffnungen zu gelangen. Ich denke, bevor jemand diesen Schritt geht, wird er alle Möglichkeiten in seiner Heimat ausgeschöpft haben.

An einigen Grenzen besteht für Flüchtlinge Lebensgefahr, wenn sie aufgegriffen und in ihre Heimat zurückgeschickt werden. Die Grenze zwischen Nord- und Südkorea gilt momentan als die am besten bewachte der Welt. Viele Nordkoreaner, die ihr Land verlassen wollen, versuchen dies über China zu tun. Wenn China sie zurückschickt, erwartet sie in Nordkorea großes Leid. Auch die Flucht aus Tibet ist mit großen Gefahren verbunden. Als ich Tibet verließ, war mir bewusst, dass mir das Gefängnis oder noch Schlimmeres bevorstehen könnte, würde man mich fassen. Diese Erfahrung war furchtbar und ich teile sie mit zahllosen Einwanderern.

Natürlich ist es für kein Land einfach, alle willkommen zu heißen, die einwandern wollen. Die Ressourcen jedes Landes sind begrenzt. Dazu kommt die Frage der nationalen Sicherheit. Einwanderung ist aber zuallererst eine menschliche Angelegenheit. Das Recht auf Einwanderung kann einem Menschen abgesprochen werden, doch das Recht auf Leben nicht. Es gibt keine einfache Antwort auf das Öffnen oder Verriegeln von Grenzen. Doch die Herausforderung, verzweifelten Menschen zu helfen, bleibt.

Wer sollte in dieser Hinsicht führend sein, wenn nicht Amerika? Die amerikanische Regierung sollte allen Amerikanern ins Bewusstsein zurückrufen, dass alle ihre Vorfahren einst Einwanderer waren. Sie verließen ihre Ursprungsländer aufgrund schlechter Lebensbedingungen und einem Mangel an Freiheit. Diese Ideale verkörpert heute die amerikanische Freiheitsstatue. Sagt sie nicht: »Lasst die müden, armen und bedrängten Menschen zu mir kommen, damit sie frei atmen können«? An dieses edelmütige Ideal könnten sich Amerikaner heute halten, um anderen zu helfen. Dieses Ideal sollte ebenso dem Rest der Welt wichtig sein.

Viele Einwanderer führen Arbeiten aus, die Einheimische selbst nicht verrichten wollen. Auch wenn sie häufig auf der untersten Sprosse der Leiter einer Gesellschaft stehen, zeigt das doch nur, dass Einwanderer mit die Basis ihres Funktionierens bilden. Sie bieten Dienstleistungen an, die die Bürger brauchen und nutzen. Ihre geringer bezahlte Arbeit sorgt dafür, dass die Preise für Güter und Dienstleistungen bezahlbar bleiben. So bleibt die nationale Ökonomie wettbewerbsfähig. Ob sie legal oder illegal ins Land gekommen sind, Einwanderer bilden unbestreitbar einen Teil des sozialen Organismus und tragen in erheblichem Maße zu ihm bei. Gleichzeitig sind sie vollkommen auf die Gnade und das Wohlwollen anderer angewiesen. Ob wir dazu rechtlich verpflichtet sind oder nicht, wir haben eine menschliche Verpflichtung, ihnen beizustehen.

Die hier aufgeworfenen Fragen reichen über den Umgang mit Einwanderern hinaus. Erkennen wir unsere Gleichheit mit denen an, die uns dienen? Wie verhalten wir uns denjenigen gegenüber, die nicht die Macht haben, niedrige Löhne abzulehnen, die wir für uns selbst niemals akzeptieren würden? Wie können wir beginnen, diesen Menschen gegenüber die Schuld daran abzutragen, dass sie uns unseren Lebensstil ermöglichen?

Unabhängig davon, ob ein Land über viele Einwanderer verfügt, hängen doch heute viele Gesellschaften von den billigen Arbeitskräften in anderen Ländern ab. Wir profitieren von ihrer Arbeit, mögen sie in unserer Nähe oder weit entfernt leben. Wir haben alle Teil an der globalen Gesellschaft und ihrer Ökonomie. Unsere Verantwortung für andere sollte ebenso global und universell sein.

Ein weites Betätigungsfeld

Wenn wir uns unserer Werte stets bewusst sind, wo immer wir auch sind, eröffnet sich uns ein weites Feld, um unsere Vorstellungen von einer besseren Gesellschaft Realität werden zu lassen. In den nächsten Kapiteln werde ich zwei Themenfelder erörtern, die viele Möglichkeiten für soziales Handeln eröffnen – Umweltschutz und Ernährungsgerechtigkeit. Doch in welchem gesellschaftlichen Bereich wir auch unser soziales Engagement ansiedeln, sobald wir eine Idee haben, in welche Richtung die Gesellschaft sich entwickeln sollte, können wir beginnen zu handeln. Wir können Ziele definieren und unser Streben darauf richten, zum Nutzen aller zu wirken.

So entsteht sinnvolles Handeln. Es hängt weniger von Resultaten als von der positiven Intention ab. Ganzheitliche Absichten und altruistisches Handeln machen den Unterschied. Der Gedanke, der Gesellschaft nützlich sein zu wollen, ist wichtig. Nähren und wertschätzen Sie dieses Denken und handeln Sie danach. Das wird Sie mit Sicherheit verändern und das kann der Beginn für jene Veränderung der Welt sein, die Sie sich vorstellen und wünschen.

7 Umweltschutz

Neue Gefühle für die Erde entwickeln

Die natürliche Umwelt, in der wir leben, benötigt unsere Aufmerksamkeit in besonderer Weise. Suchen wir nach Aktionsfeldern für unser soziales Handeln, ist der Umweltschutz der direkteste Weg, Sorge für alle Lebewesen in der Welt zu tragen.

Wie wir gesehen haben, entsteht die für unseren Planeten so verheerende globale Konsumkultur aus einer emotionalen Energie, die sich in unsere Herzen schleicht – aus der Gier. Menschliche Einstellungen und Gefühle sind Ursachen für eine umfassende Zerstörung unserer natürlichen Umwelt. Deshalb schützen wir am effektivsten die Umwelt, indem wir unsere Einstellungen und Gefühle verändern.

Wir sind in den letzten Jahren mit umfassenden Informationen über die Konsequenzen unseres umweltschädigenden Handelns konfrontiert worden. Menschen verfügen über eine enorme Intelligenz, doch offensichtlich gibt es immer noch eine Lücke zwischen Kopf und Herz. Es fällt uns nicht schwer, neue Informationen und Ideen zu produzieren, doch mit neuen Gefühlen und Einstellungen tun wir uns schwer. Obwohl unser Gehirn eine neue Situation sofort verstandesmäßig einzuordnen weiß, bewegt dieses neue Wissen noch nicht unser Herz. Unser Intellekt transformiert nicht automatisch Wissen in intelligente Emotionen. Kopf und Herz bleiben getrennte

Welten. Doch was mit all diesen machtvollen neuen Ideen über unsere Umwelt einhergehen muss, sind neue Gefühle, ist eine neue emotionale Intelligenz.

Es gibt bereits Denkansätze, die Erde neu zu begreifen, die über bloße Wissensanhäufung hinausgehen. In ihnen wird das Mitgefühl für unseren Planeten angesprochen. Am Beginn eines solchen Denkens und Fühlens steht die tiefe Wertschätzung für die Wunder und die Schönheit der Natur. Denken wir an unsere natürliche Umwelt, meinen wir damit das gesamte Universum. Die Astronomie zeigt uns, wie großartig unser Sonnensystem ist; die Naturwissenschaften entdecken die Schönheit unseres Heimatplaneten inmitten dieses Universums. Meines Erachtens weisen das Studium der Natur und das des Buddhismus wesentliche Ähnlichkeiten auf. Das eine half mir beim Verstehen des jeweils anderen. Ebenso vertiefte das Studium des Buddhismus meine Gefühle für die natürliche Umwelt und umgekehrt.

Mir ist aufgefallen, dass Menschen von der Natur mitunter wie von einer Sache sprechen. Diese Einstellung verhindert das Entstehen von echter Zuneigung für die Erde, die wir so dringend für ihren Erhalt benötigen. Die Erde ist kein kahler Fels, der im Raum schwebt. Die Erde ist in all ihren Teilen und als ein Ganzes ein lebendiges System. Ich betrachte sie nicht als leblosen Gegenstand, sondern als lebendiges Wesen. Setze ich mich auf die Erde, habe ich das Gefühl, auf einem mütterlichen Schoß zu sitzen. Dank der Erde existiert alles. In diesem Sinne können wir sie als Göttin betrachten – eine lebendige, atmende und immerzu gebende Göttin.

Die Bühne, die uns alle trägt

Wir können der Erde niemals genug dankbar sein. Sie ist unser universelles Zuhause. Auf ihr haben wir jede Lebensphase erlebt, in der Vergangenheit, in der Gegenwart und in der Zukunft. Sie bietet sich uns allen gleichermaßen dar. Sie ist die Bühne, auf der wir unsere Freuden und unsere Sorgen ausleben – in den fröhlichsten Komödien bis hin zu unseren herzzerreißendsten Tragödien. Doch wir sind dabei, sie in rasendem Tempo zu zerstören. Verlieren wir die einzige Plattform, die wir haben, werden alle gegenwärtigen und zukünftigen Schauspiele unseres Lebens für immer vorbei sein.

Die Erde kann uns lehren, wie wir andere behandeln und Sorge für sie tragen sollten. Sie zeigt uns insbesondere, alle und alles als gleichwertig zu betrachten. Im Alltag sprechen wir oft von guten oder schlechten Menschen. Die »Guten« werden von der Gesellschaft geschätzt, die »Bösen« werden gemieden oder vielleicht sogar ausgeschlossen. Die Erde verhält sich nicht so. Für sie sind wir alle gleich. Sie macht keine Unterschiede, sondern versorgt uns alle gleichermaßen mit den Ressourcen, die wir für unser Überleben benötigen.

Selbst wenn wir die »Bösen« unter uns aus der Gesellschaft ausschließen würden, könnten wir sie doch nicht auf den Mond verbannen. Auch die Kriminellsten unter uns können auf die gleiche Unterstützung von Mutter Erde zählen wie die Heiligsten. Die Erde sorgt bedingungslos für die Luft zum Atmen. Sie zeigt uns, was es heißt, ausdauernd, beherbergend und unterstützend zu sein. Sie gibt uns niemals auf.

Ein buddhistisches Gebet drückt unser Streben aus, wie die Erde zu werden:

Möge ich wie die Erde sein
und Luft, Erde und Wasser wie auch alles andere
bereitstellen,
was die heiligen Quellen unseres Lebens sind.

Die Erde inspiriert uns durch ihr Beispiel, selbst eine bedingungslose Quelle des Wohlergehens anderer werden zu wollen. In diesem Bestreben danach müssen wir nicht nur viel *über*, sondern auch viel *von* der Natur lernen.

Tiefenökologie und tiefer Respekt

Die tibetische Kultur, Religion und Philosophie kennt einen tiefen Respekt gegenüber der Natur. Die Natur ist heilig. Unsere Beziehung zur Natur ist vergleichbar mit der der amerikanischen Urbevölkerung. Traditionelle Tibeter glauben, dass Berge und Flüsse von göttlichen Wesen bewohnt seien. Wenn sie einen eindrucksvollen Baum oder Felsen sehen, haben sie das Gefühl, dem Hort eines heiligen Wesens gegenüberzustehen.

Früher war es in Tibet vollkommen ausgeschlossen, eine Wasserquelle zu verunreinigen, die von anderen Menschen oder Tieren mit genutzt wurde. Wir glaubten, wir würden den Unmut der in dem Wasser oder den Bergen lebenden Geister auf uns ziehen. Auch eine Feuerstelle galt als heilig. Nur reines Brennmaterial durfte verwendet werden, noch nicht einmal Wolle. Der Rauch von Wolle mag nicht giftig sein, aber so sagte man, er würde einige Geister stören. Plastik zu verbrennen wäre völlig undenkbar gewesen.

Die Welt, in der ich aufwuchs, war vollkommen von modernen Annehmlichkeiten abgeschnitten – kein Strom, keine Autos, noch nicht einmal Fahrräder. Es war einer jener Orte, wo das Auftauchen von Süßigkeiten bereits große Aufregung verursachte. Wenn man als Kind drei Mal im Jahr eine Süßigkeit erhaschen konnte, war es ein gutes Jahr. Abgesehen von der wenigen Verpackung dieser Süßigkeiten sahen wir niemals etwas aus Plastik. So mussten wir uns keine Gedanken über die Müllentsorgung machen. Es gab praktisch nichts, das nicht kompostierbar gewesen wäre.

Ich vermute, diese nomadische Gegend, in der ich aufwuchs, war einer der letzten Orte, an denen unsere alte tibetische Kultur noch lebendig war. Inzwischen hat sich alles verändert. Seitdem ich Tibet verlassen habe, haben die chinesischen Regierungsbehörden dafür gesorgt, dass die Menschen in Häusern leben, Motorräder besitzen und Teil der Geldökonomie geworden sind. Die Lebensweise, die ich noch kannte, ist verschwunden. Ich bin froh und dankbar dafür, dass ich sie noch selbst erleben konnte.

Ich trage seitdem das Bewusstsein von der Heiligkeit der Natur in mir. Es stärkt in mir das Gefühl der Fürsorge und der Verbundenheit mit der Natur. Als ich vier oder fünf Jahre alt war, begann eine Wasserquelle in unserem Tal auszutrocknen. Das war für die Nomaden, die in dieser trockenen Region große Herden zu Wasserplätzen treiben, ein ernstes Problem mit großen Auswirkungen auf ihr Leben. Die Menschen waren überzeugt, dass das Pflanzen von Bäumen der Bewahrung von Wasserquellen dient. Die Wissenschaft sagt heute das Gleiche;

sie hat ihr Wissen den alten Weisheiten entlehnt. Ich pflanzte nahe dieser versiegenden Quelle einen Baum. Klein wie ich war, übernahm mein Vater das meiste an Arbeit, doch ich erinnere mich daran, Gebete für all jene Lebewesen gesprochen zu haben, die vom Wasser abhängen. Unter den Höhenbedingungen dieser Region mit ihrem rauen Klima ist es für Bäume schwer zu überleben, doch dieser Baum überlebte und mit ihm auch unsere Quelle. Ich glaube, in jener Zeit wurde mein Wunsch geboren, für die Natur Sorge zu tragen.

Die Fürsorge in anderen erwecken

Ich nahm aus Tibet diese tiefen Gefühle für die Natur mit. Später, als Erwachsener, organisierte ich im indischen Varanasi eine Konferenz, die buddhistische Mönche und Nonnen über Umweltfragen unterrichtete. Die meisten von ihnen beschäftigten sich zum ersten Mal mit diesem Thema. Viele waren nicht nur intellektuell, sondern auch emotional von der Auseinandersetzung mit Fragen des Umwelt- und Naturschutzes tief bewegt. Diese positive Erfahrung war so motivierend, dass ich beschloss, mich noch aktiver zu engagieren. Nicht jeder wächst in einer Umgebung auf, in der der Respekt vor der Heiligkeit der Natur von Geburt an vermittelt wird. Doch ich sah, dass diese Ehrfurcht auch später im Leben erlernt werden kann. Das gab mir den Mut, mehr zu tun.

Während Menschen im Westen ganz selbstverständlich über Umweltfragen informiert werden, sucht man in den tibetischen Klöstern des Himalaya vergeblich danach. Im Westen sind umfangreiche Informationen über die Konsequenzen der Verschmutzung von Erde und Wasser, über den Klimawandel und die langfristigen Folgen unseres Missbrauchs der Natur verfügbar. Ich muss an dieser Stelle nicht noch einmal wiederholen, wie dringend die Erde unsere Hilfe braucht.

Wir sollten damit beginnen zu diskutieren, wie diese Hilfe aussehen sollte. Die größte Bedeutung in unserem Bemühen, die Erde zu schützen, spielt unser Mitgefühl. Es sollte alles Lebendige und Nicht-Lebendige einschließen. Manchmal mag es durchaus schwierig sein, beides zu unterscheiden, doch unser Mitgefühl sollte stets sowohl der natürlichen Umwelt als auch den darin lebenden Wesen gelten.

Wahre Furchtlosigkeit

Mitgefühl ist der wichtigste Baustein bei der Entwicklung eines Umweltbewusstseins, denn es bringt uns dazu, andere wertzuschätzen und Sorge für sie zu tragen. Letztlich hängen alle Lebewesen vom Bestand unserer Umwelt ab, von daher ist der Schutz der Umwelt ein wichtiger Schritt, allen Lebewesen beizustehen. Doch Mitgefühl beinhaltet mehr als das bloße Wissen um ein Problem.

Selbst der direkte Anblick von Schmerzen muss nicht Mitgefühl hervorrufen. Ich habe einmal einen Dokumentarfilm gesehen, der zeigte, wie Tiere mit dem Kopf nach unten aufgehängt wurden, um sie zu schlachten. Ihre Hälse wurden durchgeschnitten, das Blut spritzte und ihre Beine zuckten vor Schmerzen. Der Anblick war unerträglich. Doch als die Schlachter ins Bild kamen, sah man sie lachen und Witze machen. Offensichtlich konnten sie dem schrecklichen Sterben der Tiere zusehen – das Leid war sicht- und hörbar – und deren Schmerzen ignorieren. Selbst, als die Schlachter den

Tieren mit eigener Hand Schmerzen zufügten, berührte das Leid sie nicht. Sie behandelten die Tiere, als wenn sie einer Fernsehshow zusähen.

Manche Menschen betreiben das Töten von Tieren sogar als Hobby. In einigen Kulturen wird es als Sport verstanden. Einige glauben, es wäre mutig, Tiere zu töten. Wir haben leider eine negative Art von Furchtlosigkeit entwickelt – die Furchtlosigkeit, anderen weh zu tun. An einem gewissen Punkt wird sich dieser »Mut« gegenüber anderen umkehren und gegen uns wenden. Wenn Menschen sich daran gewöhnen, gedankenlos Tiere zu töten, verliert auch die Angst vor dem Töten von Menschen ihren Schrecken. Sogar unsere Aufmerksamkeit für das Leid der Mitmenschen kann auf diese Weise schwinden.

Wirklicher Mut, der aus Mitgefühl entsteht, hat mit dieser Art Furchtlosigkeit nichts zu tun. Mitgefühl sorgt dafür, dass wir den Schmerz des anderen nicht übersehen. Ein Gefühl der Dringlichkeit, den Schmerz zu beenden, ergreift uns, so, als ob ein Feuer unter uns entzündet worden wäre. Jede Angst und Zögerlichkeit werden hinweggewischt. Wir handeln sofort. Das nenne ich wahre Furchtlosigkeit, die Furchtlosigkeit wahrhaftiger Helden und Heldinnen.

Sieht jemand einfach nur zu, wie ein anderer leidet, fehlt ihm das Bewusstsein von Verbundenheit und das Wissen um die Gleichheit aller Lebewesen. Fehlen ihm diese Qualitäten, kann sein Handeln, selbst wenn es dem Wohle anderer dienen soll, nicht in Mitgefühl verwurzelt sein. Mitfühlendes Handeln zeichnet sich nicht dadurch aus, auf andere, arme Kreaturen herabzublicken und ihnen unsere Wohltaten zukommen zu lassen. Solch ein Handeln nährt nur unser Ego. Es ist Ausdruck eines Helfersyndroms oder falsch verstandenen Stolzes und nicht von Mitgefühl. Auf diese Weise trennen wir uns von anderen und verleugnen unsere Gleichheit.

Wahres Mitgefühl sieht anders aus. Es lässt uns näher an andere Menschen heranrücken, denn wir verstehen, dass sie genauso verletzlich sind wie wir. Unsere eigenen Erfahrungen von Schmerz machen uns zu Verwandten ihres Schmerzes. Ihr Leid sticht uns ins Herz und wird uns so unerträglich, dass wir sofort nach einer Lösung suchen. Wahres Mitgefühl mündet direkt in soziales Handeln.

Mitgefühl richtig verstehen

Mitgefühl ist ein wirkungsvolles Werkzeug in unserem Engagement für die Umwelt. Es verbindet uns persönlich und ausdauernd mit dem Gegenstand unseres Handelns. Einige missverstehen diesen Punkt und meinen, es wäre besser, emotional Abstand zu den Dingen zu halten. Sie möchten kein Mitgefühl entwickeln, weil sie befürchten, die Schmerzen der anderen belasteten sie zusätzlich zu ihren eigenen. Besonders die tiefgehende Analyse der verheerenden Situation, in der sich unsere gesamte Umwelt gegenwärtig befindet, kann dazu führen zu meinen: »Das ist zu viel für mich. Ich habe selbst genug Probleme. Mehr kann ich nicht auf mich nehmen.«

Doch darin drückt sich ein Missverständnis aus. Mitgefühl meint nicht das Gefühl, das wir empfinden, wenn wir lediglich auf das Leid schauen, sondern das Gefühl, das sich einstellt, wenn wir das leidende Lebewesen selbst in den Blick nehmen. Das Objekt unseres Mitgefühls ist die leidende Kreatur. Ob Mensch oder Tier, das Mitgefühl kann uns nicht überwältigen, solange wir es auf das Wesen selbst richten und darauf, was wir für es tun können.

Stellen Sie sich vor, etwas, das Ihnen wirklich am Herzen liegt, fängt Feuer. Würden Sie sich um die Flammen scheren, darum, wie heiß sie sind, und darüber nachdenken, wie furchtbar die Situation ist? Nein, den Wert des Objektes im Sinn habend und den Wunsch, es zu bewahren, würde Sie sofort nach allem greifen lassen, was Ihnen hilft, den Gegenstand aus den Flammen zu retten. Dabei würde Ihre Sorge um das Objekt Sie davor bewahren, selbstsüchtigen Gedanken nachzugehen. Alle verfügbaren Informationen würden Sie direkt in das notwendige Handeln umsetzen.

Es ist entscheidend, anderen so ernsthaft beistehen zu wollen, dass in uns der Mut und die notwendige Zielstrebigkeit entstehen, sie von ihrem Leid zu befreien.

Eine weitere irrige Annahme besteht darin zu meinen, uns würde Mitgefühl fehlen und wir müssten es erst noch bekommen, um es geben zu können. Wenn wir von Mitgefühl sprechen, sprechen wir nicht von etwas, das uns gänzlich fremd wäre und das wir uns aneignen müssten. Mitgefühl wohnt jedem Menschen als integraler Teil an jedem Tag seines Lebens inne.

Unsere Zuneigung zu Familienangehörigen und zu Haustieren, ja, auch der Wunsch, sich um einen Garten zu kümmern, sind Ausdruck eines Mitgefühls, das bereits in uns ist. Wir müssen es nicht erwerben oder uns einpflanzen. Wir müssen nur die Samen hegen und pflegen, die wir bereits haben.

Anderen beistehen

Es gibt gewisse Übereinstimmungen zwischen Mitgefühl und Anhaftung. Beide beinhalten eine Art von Sorge, doch es existieren auch grundsätzliche Unterschiede zwischen ihnen. Anhaftung ist Ausdruck eines egoistischen Interesses und beinhaltet die Sorge für sich selbst. Mitgefühl ist auf die Interessen anderer gerichtet und beinhaltet die Sorge für andere.

Ein Beispiel mag die Gemeinsamkeiten und Unterschiede verdeutlichen: Nehmen wir an, Sie haben drei Stücke Obst. Wenn Sie die alle selbst essen, handelt es sich um Anhaftung bzw. um Begierde. Wir kümmern uns ausschließlich um uns selbst. Wenn Sie ein Stück essen und die anderen beiden verschenken, kann Mitgefühl daraus werden. Anhaftung oder Begierde haben sich in Fürsorge für andere verwandelt. In gewisser Weise bedeutet Mitgefühl, sich selbst an andere zu verschenken.

Natürlich haben wir alle ein gewisses Maß an Begierden oder Anhaftung, doch wir besitzen auch die Fähigkeit, sie in Mitgefühl zu verwandeln. Extreme Anhaftung, die wir als Gier bereits thematisiert haben, stellt ein ernsthaftes Hindernis für die Kultivierung unseres Mitgefühls dar. Ich hoffe, es ist deutlich geworden, wie wichtig es ist, den Bann der Gier zu brechen und wachsam gegenüber ihrem Wiedererwachen zu sein.

Je besser wir verstehen, wie sehr wir alle voneinander abhängen, umso tiefer empfinden wir unsere Verbundenheit mit anderen und mit der Erde. Das Gefühl der Trennung kann geschwächt und schließlich überwunden werden. Unsere Anstrengungen, anhaftende, egoistische Fürsorge in mitfühlende

Sorge für die Welt zu transformieren, erhalten so eine machtvolle Unterstützung.

Das Herz regieren lassen

Wie wir wissen, folgen unsere Gefühle oft genug nicht unseren vielen klugen, neuen Gedanken, wenn es um den Schutz der Umwelt geht. Doch ohne heilsame Emotionen fehlt eine wichtige Ressource, um unseren Planeten zu heilen. Mitgefühl ist eine dieser Ressourcen.

Wir müssen eine engere und gesündere Beziehung zwischen unserer Intelligenz und unseren Gefühlen entwickeln. Mitunter sind wir uns nicht sicher, welcher der beiden Seiten wir den Vorrang geben sollten. Oft siegt der Intellekt. Der Buddhismus betrachtet Weisheit und Mitgefühl als ein notwendigerweise zusammengehörendes Paar. In einer gesunden Beziehung beider stellt das Mitgefühl den König dar und die Weisheit oder Intelligenz ist die Ministerpräsidentin. Der König gibt Anweisungen und die Ministerpräsidentin findet Wege, diese umzusetzen. So sollte auch unser Mitgefühl unserem Handeln den Kurs vorgeben, während unsere Weisheit nach den geeigneten Wegen sucht, wie wir diesem Kurs am besten folgen können. Doch meistens handeln wir genau umgekehrt. Die Intelligenz galoppiert voran und schleift das Mitgefühl hinter sich her.

So gehen wir rückwärts. Wir sollten das Herz regieren lassen. Mitgefühl ist der wichtigste Faktor. Es ist unerlässlich, um die Umwelt wirkungsvoll zu schützen, eine gerechte Gesellschaft aufzubauen und ein gesundes, glückliches Leben zu führen.

Die notwendigen Schritte

Was können wir, ausgestattet mit Mitgefühl und den notwendigen Informationen über den Zustand der Umwelt, tun?

Um vom Ausmaß der vor uns stehenden Aufgaben nicht erdrückt zu werden, ist es wichtig, sich zu vergegenwärtigen, dass eine Gesellschaft immer aus all ihren Mitgliedern besteht. Unsere gegenwärtige Umweltkrise wurde durch viele kleine, oft gedankenlose Schritte verursacht. Sie kann ebenso durch viele kleine Schritte überwunden werden und wenn wir diese bewusst unternehmen, können wir viele Probleme schneller lösen, als sie entstanden sind.

Diese Schritte sollten so definiert sein, dass sie jeder selbst und sofort gehen kann. Auf den eigenen Fleischkonsum kann jeder von uns direkt Einfluss nehmen. Vegetarismus berührt nicht nur viele ethische Fragen, sondern auch die des Umweltschutzes. Unser Fleischverzehr ist eine Ursache für den Klimawandel, für Entwaldung und Umweltverschmutzung. Ca. 20 Prozent der weltweiten Treibhausgas-Emissionen werden durch Viehhaltung verursacht. Das emittierte Methangas der Kühe trägt dazu mehr bei als die CO_2-Emissionen. Ein Wandel hin zum Vegetarismus könnte allein schon die globale Erwärmung drastisch reduzieren.

Vegetarier nutzen die natürlichen Ressourcen der Erde viel effizienter. Riesige Mengen an Futter, Wasser, Land und Treibstoff werden nur für die Viehhaltung eingesetzt – viel mehr, als für eine vegetarische Ernährung gebraucht würden. Wissenschaftliche Studien zeigen, dass das Land, das für einen Fleischesser benötigt wird, zwanzig Vegetarier ernähren könnte. Unser ökologischer Fußabdruck könnte viel kleiner sein, wenn wir kein Fleisch mehr verzehren würden.

Um zu erkennen, welche Umweltverschmutzung von der industriellen Viehhaltung ausgeht, brauchen wir gar keine wissenschaftlichen Studien als Beleg. Es reicht, sich einen Rinderzuchtbetrieb oder einen Milchviehhof anzusehen. Es genügt bereits, daran vorbeizufahren und den Geruch wahrzunehmen, und uns wird klar, was da in unsere Umwelt entsorgt wird. Informationen über den negativen Effekt unseres Fleischkonsums sind im Überfluss vorhanden.

Die Frage ist, was fangen wir mit all diesen Informationen an? Bewegen sie uns dazu, unseren Fleischverzehr zu beenden und damit dazu beizutragen, den Klimawandel zu verlangsamen und die Umweltverschmutzung zu reduzieren?

Ebenso ausreichend sind wir über die Lebensbedingungen des Viehs, über die Schlachtmethoden und die Qualität dessen, was auf unseren Tellern landet, informiert. Doch viele Menschen bleiben von all dem Leid, das in diesem Prozess geschieht, und von dem Schaden, den er anrichtet, unberührt. Wenige nur ziehen die Konsequenzen und ändern ihr Verhalten. Die meisten machen weiter wie bisher, als wäre nichts geschehen. Warum ist das so?

Vom Kopf zum Herzen

Ich möchte Ihnen eine persönliche Geschichte erzählen. Als ich noch klein war, aß ich Fleisch. Ich mochte es sogar sehr. (Glücklicherweise machte CNN damals keine Aufnahmen von mir!) Die lokalen Bedingungen, unter denen ich aufwuchs, führten dazu, dass es für mich ganz selbstverständlich war,

Fleisch zu essen. An diesem entlegenen Ort überlebten die Menschen, indem sie aßen, was verfügbar war, und das waren Fleisch, Butter und tibetischer süßer Käse. Es gab noch ein paar andere Lebensmittel, aber jeder aß Fleisch. So waren die Gewohnheiten.

Dann kam ich nach Indien, und hier hörte ich vor sechs oder sieben Jahren auf, Fleisch zu essen. Ich hatte einen Dokumentarfilm über die industrielle Tierhaltung gesehen. Nach dieser Konfrontation mit dem Leid der Tiere war es mir unmöglich, weiter ihr Fleisch zu verzehren. Ich hatte zwar vorher schon darüber nachgedacht, Vegetarier zu werden, aber erst dieser Film bewegte mich, tatsächlich zu handeln.

Diese Erfahrung wirft eine wichtige Frage auf: Was muss passieren, damit eine Idee unser Herz erreicht? In meinem Fall waren die notwendigen Informationen bereits vorhanden und trotzdem dauerte es noch eine Zeit lang, bis ich das Gefühl hatte, kein Fleisch mehr essen zu können. Was muss passieren, damit jemand diesen Schritt wirklich geht? Wie lange dauert es, bis ein uns bekanntes Leid uns so schmerzt, dass es uns unerträglich wird? Müssen wir warten, bis die Meere sich blutrot färben? Muss es so weit kommen, damit die Mehrheit der Menschen aufwacht? Vermutlich hätte selbst das nicht die notwendige Wirkung, denn wir verfügen bereits über ausreichende Informationen, um zu wissen, wohin sich unser Planet bewegt.

Die meisten Menschen, die sich zwar vorstellen können, kein Fleisch mehr zu essen, aber außerstande sind, dies auch zu tun, sagen, sie könnten es nicht auf Grund des Geschmacks von Fleisch und ihrer Gewohnheiten. Sie meinen, sie mögen einfach den Geschmack von Fleisch und sind begierig, ihn zu schmecken. Diese Macht haben Emotionen über unseren

Intellekt. Auch wenn Menschen wissen, dass es ethisch nicht vertretbar ist, sind sie Sklaven ihrer Begierden und wollen den Fleischverzehr nicht aufgeben. Abgesehen vom Verlangen nach diesem Geschmack können die meisten Menschen keine Gründe für ihren fortgesetzten Fleischkonsum angeben.

Wenn wir diesen einen Grund mit all den anderen Gründen, kein Fleisch mehr zu essen, vergleichen – den ethischen Bedenken, den gesundheitlichen Vorbehalten, den spirituellen Gründen und den Aspekten des Umweltschutzes –, dann überwiegen letztere bei weitem. Es scheint unvorstellbar, dass unser kleiner Geschmacksgrund der Übermacht überzeugender Gründe für den Verzicht standhalten kann. Und doch erlauben wir dieser lächerlichen Ausrede, alles zu dominieren. All unser Wissen um die Ursachen und Wirkungen der Viehhaltung und des Fleischkonsums reicht nicht aus, dass wir dem Gebot der Vernunft folgen. Ich denke, wir brauchen etwas, das uns wirklich berührt und unsere Ideen in Gefühle übersetzt.

Die Brücke schlagen

Ich habe selbst erlebt, wie man eine Brücke zwischen Kopf und Herz schlagen kann. Es geschah im Winter 2004/5 an genau dem Ort in Bodhgaya in Indien, an dem der Buddha erleuchtet wurde. Jedes Jahr kommen drei- bis viertausend Nonnen und Mönche aus den Klöstern des Himalaya dorthin. Auch Laienpraktizierende reisen aus der ganzen Welt an, um während unserer jährlichen Kagyü-Monlam-Zusammenkunft gemeinsam für den Weltfrieden zu beten. Während des letzten Treffens entschloss ich mich, zu allen Anwesenden darüber zu sprechen, den Fleischverzehr aufzugeben.

Dabei sagte ich nichts, was die Anwesenden nicht vorher schon gehört hätten. Vegetarische Ernährung hat im Buddhismus eine lange Tradition und wird ausführlich in vielen Texten des buddhistischen Kanons diskutiert. Doch mir wurde klar, es reicht nicht aus, dass der Buddha und viele große Lamas darüber gesprochen haben. Die Menschen werden sich nicht dauerhaft verändern, nur weil der Buddha ihnen das einst nahegelegt hat. Wenn wir durch die Anwesenheit einer Autorität zu einer Entscheidung getrieben werden, kehren die alten Gewohnheiten zurück, sobald die Autorität nicht mehr in Sichtweite ist. (Im Kapitel 8, »Ernährungsgerechtigkeit«, sage ich mehr dazu, wie es uns gelingen kann, an der Entscheidung für eine vegetarische Ernährung festzuhalten.)

Es reicht nicht aus, dass eine Idee vernünftig ist.

Es ist seltsam – oft denken Menschen, Gedanken wären beständiger als Gefühle, doch wenn wir kein richtiges Gefühl für eine Angelegenheit haben, steht unser Beitrag zur Lösung des Problems auf wackeligen Füßen. Als ich mich mit dieser Angelegenheit an die Öffentlichkeit wandte, nutzte ich die Argumente, die die Nonnen und Mönche aus den Schriften bereits kannten, aber sprach so eindringlich und lebendig davon, wie ich nur konnte.

Ich führte aus, dass der beste Weg, Leben zu schützen, das Aufgeben des Fleischkonsums sei. Ich erinnerte daran, dass Vegetarismus eine hervorragende Möglichkeit sei, Leben zu retten. Ich sprach sehr direkt und appellierte eindringlich an die Mönche und Nonnen. Dann erwähnte ich eine Reihe von Alternativen. Diejenigen, die mehrmals am Tag Fleisch essen, könnten damit beginnen, einmal am Tag oder einmal pro Woche darauf zu verzichten oder vielleicht sogar für den Rest ihres Lebens. Zum Schluss bat ich alle, darüber nachzudenken, ob sie ein Gelöbnis für eine bestimmte Zeit ablegen könnten, kein Fleisch zu essen.

Zu meiner Überraschung legten 60 bis 70 Prozent der Anwesenden ein Gelöbnis ab, sofort ihren Fleischkonsum zu beenden. Einige von ihnen waren alte tibetische Lamas, die ein Leben lang Fleisch gegessen hatten. Ich traf sie später wieder und sie berichteten mir, dass sie damals auf der Stelle und für immer entschieden hatten, mit ihrer alten Gewohnheit zu brechen. Unser Gespräch gelangte auf verschiedenen Wegen nach Tibet. Einige Zeit später hörten wir, dass die Fleischverkäufe in der Gegend um Lhasa, der Hauptstadt Tibets, erheblich gesunken seien. Die Kunde von unserem Gespräch gelangte auch in mein eigenes Kloster und die umliegenden Dörfer. Seitdem haben viele Mönche, Nonnen und Laien mit dem Fleischessen aufgehört, obwohl es so lange selbstverständlicher Teil ihrer Ernährung war.

Ich hatte nicht damit gerechnet, dass ein einziger Vortrag solch eine Wirkung haben würde. Ich glaube, die Überzeugungskraft war so groß, weil mein Appell von Herzen kam. Ich hatte nichts Neues gesagt, doch ich trug meine tiefste Überzeugung vor und ließ meine Gefühle lebendig zu den Menschen sprechen. Dieses kleine Beispiel zeigt, wie eine von Herzen kommende Ansprache überzeugender als bloße Ideen sein kann.

Eine nachhaltige Beziehung zur Erde entwickeln

Unser gegenwärtiges Konsumverhalten vernichtet die Ressourcen der Erde. Wir befinden uns buchstäblich inmitten einer sehr großen Umweltkrise. Eine Analyse unseres Konsumverhaltens kann helfen, dem Problem zu Leibe zu rücken. Sie können für sich selbst jetzt entscheiden, Ihren Fleischkonsum zu reduzieren oder ganz aufzugeben, und bewirken damit sofort etwas. Wir können intelligenter mit den materiellen Gütern in unserer Umgebung umgehen und sie mehr zu schätzen lernen. Produzieren und kaufen wir haltbarere Güter, reduzieren wir die Verschmutzung der Umwelt.

Doch es reicht nicht, achtsamer im Gebrauch natürlicher Ressourcen zu sein. Vollständige Nachhaltigkeit entsteht nur, wenn wir auch unsere Beziehung zur Natur nachhaltig gestalten.

Zunächst sollten wir uns fragen, ob uns dieser Planet wirklich gehört. Oft denken wir Menschen: »Dieses Land ist mein Land« und werfen andere aus »unserem Land« hinaus. Doch wer war vor uns hier? Bevor Menschen in Erscheinung traten, bevölkerten Tiere das Land, und immer noch sind sie viel zahlreicher als wir. Wir Menschen sind nur eine von 1,5 Millionen Spezies auf diesem Planeten. Die Tiere könnten mit größerem Recht behaupten, die Besitzer der Erde zu sein. Was macht uns so sicher, dass sie gerade uns gehört?

Selbst wenn uns die Erde tatsächlich gehörte, schlösse dies auch die gesamte Verantwortung ein, die Besitzenden zukommt. Betrachten wir die Situation sorgfältig, verstehen wir, dass wir nicht Besitzer dieses Planeten sein können. Wir können bestenfalls sein Hüter sein und ihn für zukünftige Generationen von Lebewesen aller Art bewahren.

Wir Menschen besitzen die Fähigkeit, weise und mitfühlende Hüter zu sein. Humanität schließt auch die Fähigkeit ein, zwischen heilsamem und unheilsamem Verhalten zu unterscheiden, hilfreich zu wirken und Ungutes abzuwenden. Wir besitzen die einzigartige Möglichkeit, eine Moral zu entwickeln und nach ihr zu leben. Wir sind mit einer Intelligenz ausgestattet, die uns zu unterscheiden ermöglicht, was Glück und was Leid bringt, was gesund für die Welt und was schädlich ist. Ebenso können wir erkenn, was heilsam für Tiere und ihrem Glück zuträglich ist und was ihnen Leid bereitet.

Angesichts dieser Gestaltungsmacht ist es besonders tragisch, dass wir unsere Intelligenz für schädliche Zwecke einsetzen. Gegenwärtig ver- und missbrauchen wir unsere Umwelt in verheerender Weise. Wir werfen Dinge weg, obwohl sie noch einwandfrei funktionieren, nur weil wir etwas Neues begehren und nicht an die Müllberge denken, die so entstehen. Wir töten Tiere, weil wir sie essen wollen oder einfach aus Spaß. Doch was geben wir der Erde zurück?

Wir könnten ihr vieles geben, wenn wir unsere Intelligenz und unseren Einfallsreichtum auf die Sorge für unseren Planeten ausrichten würden. Dafür müssen wir unser Denken mit unseren Gefühlen und besonders mit unserem Mitgefühl verbinden. Wir brauchen ethische Richtlinien, um unsere Intelligenz zielgerichtet einzusetzen. Intelligenz, Gefühle und Ethik müssen zusammenwirken, um zu bestimmen, was gut für alles Lebendige auf dieser Welt, für die Umwelt und für zukünftige Generationen ist. Mit anderen Worten, unsere Moral sollte alle Lebewesen einschließen.

Was gut und was schlecht ist, betrifft nicht nur uns Menschen, es betrifft auch die Tiere, mit denen wir diesen Planeten teilen, sowie die Umwelt, in der wir alle gleichermaßen beheimatet sind. Weniger und dafür haltbarere Güter zu benutzen ist wichtig, aber noch nicht die Lösung des Gesamtproblems.

Nachhaltig ist unsere Lebensweise nur dann, wenn sie von einer Einstellung der Fürsorge für die Welt getragen wird. Dafür müssen Herz und Kopf zusammenarbeiten. Das bildet die Grundlage einer nachhaltigen Beziehung zwischen uns und unserer Umwelt.

Die materiellen Ressourcen der Welt sind begrenzt, doch es werden noch zahllose Menschen und Tiere auf ihr leben und von ihr abhängen. Sie alle hängen von uns und von dem, was wir zurücklassen, ab. Intelligenz und Mitgefühl sind machtvolle Qualitäten. Setzen wir sie ein, um unsere Umwelt zu schützen, tragen wir aktiv Sorge für die große Zahl zukünftiger Lebewesen, die auf uns zählen.

Nachhaltigkeit erfordert unsere mitfühlende und weise Beziehung zur Umwelt. Wir Menschen sind imstande, eine solche Beziehung zu schaffen. Wenden wir uns mit unserem Herzen und unserem Verstand dieser Aufgabe zu, können wir große Ziele erreichen.

8 Ernährungsgerechtigkeit

Den Teufelskreis von Hunger und Elend durchbrechen

Nahrungsmittel gehören zu einem Bereich unseres Lebens, der uns direkt die Freundlichkeit, die wir von anderen erfahren, erleben lässt. Hier können wir unsere Abhängigkeit von der Erde und von der Gesellschaft, in der wir leben, besonders leicht erkennen.

Immer wenn wir eine Mahlzeit zu uns nehmen, nehmen wir ein Geschenk der Erde und der Menschen, die sie uns ermöglicht haben, an. Mit jedem Bissen schmecken wir, wie wir von allem Lebendigen und deren Wohlwollen abhängig sind.

Nahrungsmittel sind Ausdruck der umfassenden Großzügigkeit, welche die Erde uns entgegenbringt. Sie vereinen alle Aspekte unserer engen Verbundenheit mit der Umwelt in sich. Jede Mahlzeit, die auf unserem Tisch landet, ist das Ergebnis eines langen und komplexen Zusammenwirkens vieler Menschen, Pflanzen und Tiere. Dazu kommen die Wolken und der Boden. Letztlich trägt die ganze Welt dazu bei, das Essen zu produzieren, von dem unser Überleben abhängt. Tag für Tag, unser ganzes Leben lang, hängt jede unserer Mahlzeiten von einer langen Kette von Interaktionen ab.

Leider beinhalten viele daran beteiligter Systeme die Ausbeutung von Menschen, Tieren und Umwelt. Ob wir uns dessen bewusst sind oder nicht, wir essen die Nebenprodukte dieser Ausbeutung. Wir profitieren von ihr. Deshalb tragen wir die Verantwortung für das große Leid, das Tieren in diesem Produktionsprozess geschieht. Wir tragen auch die Verantwortung für das mentale und physische Leid, das Menschen durch Ausbeutung ihrer Arbeitskraft erfahren, und wir sind verantwortlich für den Schaden, der dem Land und den Wasserressourcen durch Dünger und Pestizide zugefügt wird. Darüber hinaus hat diese Art der Produktion zu Nahrungsmitteln geführt, die uns selbst schädigen.

Noch schwerer wiegt, dass diese Art der Nahrungsmittelproduktion und -versorgung viele Menschen auf der Welt hungrig zurücklässt. Auch im 21. Jahrhundert leben wir noch in einer Welt, in der viel zu viele Menschen an Unterernährung und Hunger leiden.

Das heutige Welternährungssystem, das uns eigentlich alle ernähren sollte, schädigt stattdessen sowohl uns als auch andere Lebewesen und die Umwelt bzw. lässt viele Menschen hungern. Es ist höchste Zeit, dass wir darüber nachdenken, was wir essen und wie die Gesellschaft, in der wir leben, Nahrungsmittel produziert und verteilt.

Veränderung ist einfacher als Stillstand

Ob wir nun durch soziale Reformen oder durch eine spirituelle Praxis zur Ernährungsgerechtigkeit beitragen wollen: Beides beginnt mit der Erkenntnis, dass wir Veränderungen herbeiführen müssen. Dahin zu kommen ist vielfach das Schwierigste. Sind wir an diesem Punkt angelangt, können die Reaktionen durchaus unterschiedlich ausfallen. Sowohl soziale Reformen als auch spirituelle Praxis erfordern veränderte

Einstellungen und Verhaltensweisen. Die Einsicht in die Notwendigkeit solcher Selbstveränderungen kann entmutigend sein, besonders dann, wenn wir in unserem tiefsten Inneren nicht an Veränderung glauben. Das lässt uns verharren, noch bevor wir begonnen haben, wenn wir glauben, eine solche Veränderung würde bedeuten, dass wir unser ureigenstes Wesen verändern müssten. Meinen wir, eine Verbesserung der Nahrungsmittelproduktion oder selbst eine Veränderung unserer Ernährungsgewohnheiten käme der Aufgabe gleich, einen Tiger zu bitten, sich seiner Streifen zu entledigen, dann wird die Herausforderung eines solchen Wandels tatsächlich als nicht bewältigbar erscheinen.

Es scheint auf den ersten Blick deshalb so schwierig, die Nahrungsmittelproduktion und -versorgung und unsere Ernährungsgewohnheiten zu verändern, weil all dies mit so vielen Aspekten unserer Gesellschaft und unseres individuellen Lebens zusammenhängt – mit der Ökonomie, der öffentlichen Ordnung, mit den sozialen Normen, der Umwelt und mit unseren persönlichen Gewohnheiten. Das, was wir essen und wie wir essen, ändert sich fortwährend. Die Fleischindustrie arbeitet heute anders als vor hundert Jahren. Damals gab es noch kein McDonalds. Vor einigen Jahrzehnten gab es noch keine chemischen Düngemittel und vor wenigen Jahren existierte noch kein genetisch verändertes Saatgut. All dies sind Erfindungen der jüngsten Zeit.

Unser Ernährungssystem wurde von Menschen geschaffen und es kann von Menschen verändert werden. Es ändert sich bereits in atemberaubendem Tempo und dies ist die Natur aller Dinge. Tatsächlich ist es schwerer für Systeme, zu bleiben, wie sie sind, als sich ständig zu verändern. Wir müssen uns aber fragen, in welche Richtung sie sich entwickeln sollen. Wie wir bereits gesehen haben, erfordert dauerhafte soziale Veränderung zuerst ein Bewusstsein für deren Notwendigkeit und dann eine Vision, wie diese Veränderung aussehen könnte. In einem weiteren Schritt müssen wir uns von der Angelegenheit tief genug berühren lassen, um zu handeln. Und schließlich muss dieses Handeln aus einer ausreichend starken Motivation erwachsen, die auch dann standhält, wenn sich nicht sofort Resultate einstellen.

Veränderungen in der Nahrungsmittelproduktion und -versorgung können nur wir selbst in Gang bringen. Wir sind die Gesellschaft. Deshalb muss der Wille zur Veränderung von jeder einzelnen Person ausgehen. Wir sind diejenigen, die bestellen, bezahlen und essen.

Jede und jeder von uns ist aufgerufen, einen Beitrag zur Veränderung unserer eigenen Ernährungsweise zu leisten. Einige Nahrungsmittelkonzerne scheinen die ganze Welt zu beherrschen, und doch gibt es viele kulturelle und regionale Unterschiede in den Ernährungsgewohnheiten und der Nahrungsmittelproduktion. Unser Essen ist immer noch stark an lokale Gegebenheiten gebunden. Mein Wissen aus erster Hand ist begrenzt auf die Lebensmittelerzeugung und die Ernährungsgewohnheiten hier in Indien, wo ich lebe. So kann ich keine konkreten Vorschläge machen, wie an anderen Orten eine Veränderung der Produktion und Verteilung von Lebensmitteln aussehen könnte. Das muss von jedem und jeder Einzelnen, von Ihnen also, kommen, wo immer Sie leben – und essen.

Der Spiegel des Geistes

Auch wenn wir vielleicht selbst längst wissen, dass wir unsere Konsum- und Essgewohnheiten verändern müssen, tendieren wir dazu, den ersten Schritt von anderen zu erwarten. Ich möchte Ihnen eine Geschichte aus Tibet erzählen, die uns vor Augen führt, wie wichtig es ist, selbst Verantwortung zu übernehmen und nicht auf andere zu warten.

Die Geschichte erzählt von einem König in einem kleinen und abgelegenen Reich im alten Tibet. In diesem Königreich gab es nur sehr wenige Spiegel; den meisten waren sie unbekannt. Irgendwie schaffte es der König, in den Besitz eines Handspiegels zu gelangen. Eines Tages holte er ihn heraus, als er mit seinem treuen, alten Diener sprach. Der König sah sein Gesicht im Spiegel und war von dem Anblick nicht entzückt. Er war nun einmal nicht besonders attraktiv. Als er das Gesicht, das ihn aus dem Spiegel ansah, erblickte, war er zutiefst angewidert. Er warf den Spiegel weg und rief: »Wer ist dieser hässliche Mann? Ich will ihn nicht länger sehen! Schaff diesen Spiegel aus meinem Reich fort!«

Der Diener konnte sich einer Erwiderung nicht enthalten. Nach all den Jahren, in denen er das unansehnliche Gesicht seines Königs hatte ertragen müssen, nutze er die Chance und sagte: »Mein Herr, ich musste Euer Gesicht all die Jahre ansehen. Was mich betrifft, nutzt es mir nichts, nur den Spiegel zu verbannen!«

So wie der König in dieser Geschichte haben auch wir die Neigung, eher auf andere zu sehen als auf uns selbst. Ein tibetisches Sprichwort sagt: »Um andere zu sehen, braucht man

Augen. Um sich selbst zu sehen, braucht man den Spiegel des eigenen Geistes.«

Der erste Schritt, unsere Ernährungsgewohnheiten zu verändern, besteht darin, zu verstehen, was Essen für uns, für andere und für die Welt bedeutet. Dauerhafter und tatsächlicher Wandel geschieht nicht, indem wir anderen unsere Ansichten überstülpen. Wandel geschieht dann, wenn wir in unseren geistigen Spiegel blicken und erkennen, dass Veränderungen hier und jetzt für uns anstehen und dies die Wahl der Lebensmittel, die wir täglich zu uns nehmen, einschließt.

Im 5. Kapitel, »Konsumgesellschaft und Gier«, haben wir bereits gesehen, wie sinnlos es ist, wenn wir unser Leben und unsere Gesellschaft in der Jagd nach materiellem Reichtum gründen. Diese Jagd findet nie ein Ende, denn es gibt kein Maß dafür, wann »genug« auch wirklich genug ist. Doch bezogen auf Lebensmittel gibt es keinen Zweifel, was nicht genug ist. Hunger und Unterernährung sind zweifelsfrei »nicht genug«. Wir und die vielen Menschen, die jeden Tag hungrig bleiben, sind alle Mitglieder einer globalen Gesellschaft. Wir sind durch ein System der Nahrungsmittelproduktion und -versorgung miteinander verbunden. Diejenigen, die genug zu essen haben, müssen ihre Verantwortung für die Hungernden erkennen.

Es gibt keine einfache Lösung für das Problem des weltweit herrschenden Hungers. Doch letztlich setzt sich diese Situation aus vielen einzelnen Faktoren zusammen und kann durch viele kleine Anstrengungen auch verändert werden.

Wo der Hunger herkommt

Das weltweite Ernährungssystem sorgt nicht nur für die Nahrungsmittel, sondern auch für den Hunger. Wie andere Systeme auch – etwa das Bildungs- oder das Gesundheitssystem – kommt auch dieses System zuallererst den Reichen zugute. Ernährung ist Teil der globalen Ökonomie, die wiederum die Reichen bevorzugt. Diejenigen, die mehr haben, profitieren von der Arbeit der weniger Privilegierten.

Die Reichen behaupten, die Armen wären mittellos, weil sie verantwortungslos und faul seien. Meines Erachtens ist es genau anders herum. Die Ursache für Armut ist Marginalisierung. Wir sperren Menschen in das Gefängnis der Armut ein, weil wir davon profitieren. Gerade im Bereich der Ernährung profitieren wir in großem Maße von der Ausbeutung der Armen – armer Einwanderer, die den ganzen Tag bei brennender Hitze auf den Feldern arbeiten, und armer Fabrikarbeiterinnen und -arbeiter, die unter den erbärmlichsten Bedingungen arbeiten, während sie kaum genug verdienen, um ihre Familien zu ernähren.

Vor dem Hintergrund des technischen Fortschritts unserer Zeit ist es nicht zu verstehen, warum es noch immer so viel Hunger in der Welt gibt. Was ein Reicher im Restaurant für ein Essen ausgibt, kann einen Armen mehrere Tage lang ernähren. Im 6. Kapitel, »Soziales Handeln«, haben wir bereits besprochen, was es bedeutet, eine wirklich fortschrittliche Gesellschaft zu sein. Luxus und Gier sowie die Bereitschaft, auf Kosten anderer zu leben, sollten als Anzeichen einer zurückgebliebenen Gesellschaft angesehen werden.

Es scheint mir nicht richtig, jemanden als »arm« zu bezeichnen. Wir sollten besser davon sprechen, dass wir diesen Menschen haben verarmen lassen. Das ist die Kehrseite des »amerikanischen Traums«. Wir klagen die Armen an, selbst an ihrer Armut Schuld zu sein, weil sie nicht hart genug gearbeitet hätten. Doch die Armen haben meist weniger, weil die Reichen sich mehr genommen haben. Arme Menschen sind oft überarbeitet und haben trotzdem kaum das Geld, um ihre Lebenshaltungskosten zu tragen. So können sie nicht in eine bessere Bildung ihrer Kinder investieren. Viele haben keine Krankenversicherung. Wenn jemand in der Familie krank wird, müssen sie oft bis ans Ende ihrer Tage Arztrechnungen begleichen. Auf diese Weise sperrt unsere Gesellschaft Menschen in das Gefängnis der Armut. Und wir sind so dreist, sie rückständig und faul zu nennen!

Diese Zusammenhänge sollten wir im Kopf behalten, wenn wir einen hungernden Menschen sehen. Wenn wir daran denken, dass unser Überfluss an Nahrung mit ihrem Hunger zusammenhängt, erkennen wir unseren Anteil an ihrem Leid und unsere Verantwortung, und wir fühlen uns nicht mehr getrennt von ihnen.

Sie können Einfluss auf diesen Zusammenhang nehmen, indem Sie Ihren Wohlstand bewusst als Verantwortung verstehen. Wenn Ihr Teller voll ist, sollte Sie das daran erinnern, dass Sie die Welt mit jenen teilen, die weniger haben. Ihre Lebensmittel und deren Hunger werden vom selben System produziert. Führen Sie sich dies regelmäßig vor Augen, wird Sie das ermutigen, nach Möglichkeiten zu suchen, diese Ungerechtigkeit zu beenden. Sie sollten sich einfach bewusst machen, dass immer dann, wenn Sie mehr zu essen haben, als Sie brauchen, jemand anderes versorgt werden könnte, der es wirklich nötig hat. Wenn Sie lernen, diesen Zusammenhang mit dem Herzen zu verstehen, werden Sie handeln wollen. Das ist ein erster großer Schritt.

Noch einmal: Fleisch

Wenn wir unsere Ernährungsgewohnheiten verändern wollen, bietet uns unser Fleischkonsum dazu eine wertvolle Lektion und Gelegenheit. Wie in Kapitel 7, »Umweltschutz«, bereits angesprochen, hat das Maß unseres Fleischkonsums äußerst schädliche Wirkungen. Wollen wir den Hunger in der Welt beenden, kann vegetarische Ernährung einen großen Beitrag leisten, denn sie ernährt viel mehr Menschen als der Fleischkonsum. Selbst wenn Tiere in enge Käfige oder Ställe gesperrt werden, um Land einzusparen, ist die Fläche, die für die Herstellung ihres Futters benötigt wird, ungleich größer als die für den Anbau von Obst und Gemüse mit dem gleichen Nährwert. Wie bereits erwähnt, kann ein Morgen Land einen Fleischesser bzw. zwanzig Vegetarier ernähren. Das heißt, durch eine vegetarisch lebende Weltbevölkerung könnten wir zwanzigmal mehr Menschen als heute ernähren. Wenn es uns ernst ist mit der Beendigung des Hungers in der Welt, sollten wir diesen Tatsachen Beachtung schenken.

Die Ressourcen dieses Planeten zur Viehwirtschaft zu nutzen reduziert in dramatischer Weise die Ressourcen, die wir viel effektiver für die Ernährung von viel mehr Menschen einsetzen könnten. Daher müssen wir uns selbst kritisch befragen, ob Fleischverzehr zukunftsfähig ist, wenn wir den Welthunger bekämpfen wollen.

Ob wir der Auffassung, Fleischkonsum sei schädlich, nun zustimmen oder nicht, wir sind uns sicher einig darin, dass er nicht unsere klügste und mitfühlendste Wahl ist.

Wir sind, was wir essen

Vegetarische Ernährung ist ein wichtiger Beitrag zur Ernährungsgerechtigkeit in der Welt. Einige von Ihnen meinen vielleicht, all die vorgetragenen Argumente seien theoretisch überzeugend, aber leider nicht umsetzbar. Möglicherweise denken Sie: »Ich verstehe das schon, aber ich selbst finde diesen Schritt schwierig.« Oder Sie haben bereits versucht, sich vegetarisch zu ernähren, haben es aber wieder aufgegeben. Ich möchte Sie persönlich darin unterstützen, ihren Fleischkonsum zu reduzieren, und zu diesem Zweck einige Gedanken mit Ihnen teilen.

Bitte bedenken Sie den Nutzen, den Sie selbst davon haben. Die Fleischindustrie schädigt nicht nur die Tiere und unsere gemeinsame Umwelt, sondern auch unseren eigenen Körper. Viele Menschen in den Vereinigten Staaten und in anderen Ländern kümmern sich heutzutage umfassend um ihre Gesundheit. Sie gehen ins Fitnessstudio, besuchen Yoga-Kurse und so weiter. Doch wie kann es dann gesund sein, Fleisch zu essen? Wenn wir Fleisch essen, essen wir auch all das, was in dem Tier steckt, die Wachstumshormone, Antibiotika und Impfmittel, die ihnen gegeben wurden. Auch das Pestizid, das für die Erzeugung ihres Futters verwendet wurde, steckt darin. Industrielle Massentierhaltung bringt keine Bio-Nahrung hervor!

Die Methoden des Schlachtens haben weitere schädliche Konsequenzen. Es ist bekannt, wie Adrenalinausstoß, Stress und Angst sich auf den Körper auswirken. Tiere spüren die Panik ihrer Artgenossen, wenn sie zum Schlachten geführt werden, und sie riechen das Blut derjenigen, die vor ihnen getötet wurden. Essen wir ihr Fleisch, nehmen wir nicht nur all die Chemie in uns auf, mit der sie vollgepumpt wurden, sondern auch ihren physischen und emotionalen Stress, den sie zu Lebzeiten und im Moment ihres Todes erlebt haben. Auch dieser Stress ist Teil des Fleisches, das Sie essen.

Oft berichten Menschen, die tibetischen wie chinesischen Joghurt gegessen haben, dass ersterer viel besser schmeckt. Der Grund dafür ist, dass Kühe in Tibet freien Auslauf haben. Wenn Tiere sich frei bewegen können, schmeckt ihre Milch auch besser. Doch wie können Milch und Fleisch schmecken, wenn sie von gequälten Kreaturen stammen?

Einige Menschen behaupten, man bräuchte Fleisch als Proteinquelle für die Gesundheit. Doch das ist nicht wahr. Millionen von gesunden Vegetariern auf der ganzen Welt beweisen täglich das Gegenteil. In Hülsenfrüchten und anderen Nahrungsmitteln stecken ausreichend Proteine, die unserem Körper und der Umwelt keinen Schaden zufügen. Wir können selbst die Entscheidung treffen, woher wir unser Protein beziehen, und wir treffen sie mit jeder Mahlzeit.

Die Freiheit, die im Essen liegt

Die Kultur, in der wir aufwachsen, beeinflusst unsere Essgewohnheiten. Doch wir können diese Gewohnheiten verändern. Wir sind vollkommen frei, Fleisch zu essen oder davon abzusehen. Die Tibeter leben in einer trockenen Region der Welt auf einem Hochplateau, wo Tierhaltung und Fleischverzehr seit Jahrtausenden Teil der Ernährung sind. Wenn die Tibeter aufhören können, Fleisch zu essen, können es all die Menschen, die Zugang zu Gemüse und alternativen Proteinquellen haben, erst recht.

Wenn es Ihnen persönlich schwerfällt, auf Fleisch zu verzichten, schreiben Sie alle Gründe, die für den Verzicht sprechen, auf und vergleichen Sie sie mit den Gründen, die dagegen sprechen. Ich bin mir sicher, dass erstere bei weitem überwiegen werden. Die Gründe, Fleisch zu essen, sind von oberflächlicher Natur und befriedigen ein kurzfristiges Begehren. Die Gründe für eine vegetarische Ernährung basieren auf langfristigem, vernünftigem Denken. Sie berücksichtigen die Schäden fleischlicher Ernährung für Ihren Körper, für die Umwelt und die in ihr lebenden Tiere.

Stärken Sie Ihren Geist und übernehmen Sie Verantwortung für Ihren Körper! Entwickeln Sie Weisheit, stärken Sie Ihre Entschlusskraft und lassen Sie Ihren Geist gut auf Ihren Körper aufpassen.

Es ist Ihre Entscheidung!

Niemand kann Sie zwingen, Fleisch zu essen oder sich vegetarisch zu ernähren. Jeder von uns muss selbst darüber nachdenken und gemäß der eigenen Werte Entscheidungen treffen. Es gibt eine Geschichte über einen chinesischen Herrscher, der die vegetarische Ernährung seines Volkes unterstützen wollte. Er verbot, Fleisch zu essen, und drohte bei Vergehen harte Strafen an. Eines Tages erwischte seine Ehefrau ihren Mann dabei, wie er Fleisch aß, und sie meldete sein Vergehen den Autoritäten. Natürlich kann das Vermeidenwollen von

Gesetzesverstößen keine geeignete Motivation sein, mit dem Fleischverzehr aufzuhören! Die Gründe müssen so überzeugend sein, dass unsere Einstellung sich ändert. Nur neue Einstellungen können unser Verhalten langfristig verändern.

Die Wahl müssen wir selbst treffen. Wir kennen die Realität der industriellen Tierhaltung. Doch alle Informationen bewirken nichts, wenn sie unser Herz nicht erreichen. Unser Herz muss uns sagen, dass wir kein Fleisch mehr essen wollen; dann sind unsere Gefühle und Entscheidungen authentisch.

Wir können mit zeitweiligem Verzicht beginnen und wir können auch nach einem Rückfall in alte Gewohnheiten immer wieder von neuem beginnen und es wieder und wieder versuchen.

Wenn wir das Fleischessen aufgeben wollen, aber nicht davon lassen können, sollten wir ausprobieren, eine Weile selbst in einem Tierkäfig zuzubringen. Versuchen Sie einfach einmal, eine Zeit lang in einem Hühnerkäfig oder einem Schweinestall zu sitzen; vielleicht auch nur als Vorstellung. Beobachten Sie, wie sich das anfühlt, und treffen Sie dann Ihre Entscheidung.

Bewusste Entscheidungen treffen

Fleisch zu essen oder nicht zu essen ist eine Entscheidung und es ist am besten, sie bewusst zu treffen. Entscheiden Sie sich für Fleischkonsum, sollten Sie anerkennen, dass dies eine bewusste Entscheidung und nicht die einzige Wahlmöglichkeit ist.

In Tibet aßen wir Fleisch lange Zeit auf Grund der isolierten Lage und des trockenen Klimas, das den Anbau von Pflanzen erschwert. Doch weil wir in einer buddhistischen Kultur lebten, war uns klar, dass wir uns damit nicht richtig verhielten. Wir fühlten uns einfach nicht berechtigt, Tiere nach Belieben zu töten und zu verspeisen. Wir hatten gewisse moralische Bedenken, die Körper anderer Lebewesen zu töten, und wir aßen entsprechend.

Es gibt in Tibet das Sprichwort: »Iss Fleisch mit Mitgefühl.« Das mag widersprüchlich klingen. Es bedeutet nicht, dass wir Fleisch als Nahrungsmittel wählen, um unser Mitgefühl zu zeigen, sondern dass wir, wenn wir in einer Situation sind, in der wir Fleisch essen, es in vollem Bewusstsein und mit Mitgefühl für das Tier tun. Wir sprechen Gebete und drücken unsere Dankbarkeit gegenüber dem Tier aus. So haben die Tibeter eine Kultur des Mitgefühls für die Tiere, die sie verzehren, entwickelt.

Ich möchte Ihnen eine Geschichte erzählen, die schockierend sein mag, aber aufzeigt, wie wir Fleisch mit Mitgefühl essen können. Die Geschichte spielt in einer Region, die mit fruchtbaren Böden und reichen Ernten gesegnet war. Doch dann wurde der Landstrich von einer schrecklichen und lang andauernden Dürre heimgesucht. Zu dieser Zeit lebte dort ein älteres Ehepaar mit seinem Sohn. Die Familie war immer daran gewöhnt gewesen, ausreichend zu essen zu haben, doch nun musste sie beginnen, ihre Nahrungsmittel klug zu rationieren. Mit der Zeit erschöpften sich ihre Vorräte aber und schließlich hatten sie nichts mehr zu essen.

Den Hungertod vor Augen, sagten die Eltern zu ihrem Sohn: »Sollten wir sterben, musst wenigstens du überleben. Dann iss unser Fleisch.«

»Auf keinen Fall«, erwiderte der Sohn. »Ihr müsst mich überleben. Ich werde darüber wachen. Mein Fleisch darf nicht verschwendet werden.«

In der gleichen Nacht tötete sich der Sohn, um den Eltern das Überleben zu sichern. Er bot ihnen seinen Körper mit Liebe und Mitgefühl dar. Seiner Worte gewahr, zwangen sich die trauernden Eltern widerwillig, das Fleisch seines Körpers zu verzehren. Mit jedem Bissen empfanden sie eine tiefe Schuld gegenüber ihrem Sohn und dessen Selbstaufopferung.

Wenn wir Fleisch essen, sollten wir an diese Geschichte denken. Sie zeigt uns, mit welcher Einstellung wir Fleisch essen sollten. Es geht in dieser Geschichte nicht um einen Aufruf zum Selbstmord und auch nicht darum, Fleischkonsum mit Kannibalismus auf eine Stufe zu stellen. Es geht darum zu verstehen, dass Fleischverzehr auf Kosten des Lebens anderer Wesen geschieht. Zwar verfügen Tiere nicht über die Option, sich selbst das Leben zu nehmen, und doch haben sie das Wertvollste hingegeben – ihr Leben –, um unser Begehren zu stillen. Wir sollten ihr Opfer würdigen, indem wir ihr Fleisch wertschätzend verzehren, es nicht herunterschlingen oder achtlos wegwerfen.

Zwei Hindernisse: Verlangen und Gewohnheit

Wie ich bereits erwähnte, aß auch ich viel Fleisch, als ich noch in Tibet lebte. In der Gegend meines Klosters gab es Trockenfleisch, das nicht nur ich sehr mochte. Dieses Fleisch aus der Gegend des Tsurphu-Klosters war so berühmt für seine Qualität, dass Politiker aus Lhasa extra deswegen anreisten. Ich kann mich noch an den Geschmack dieses Fleischs erinnern, das ich allein wegen seines Aromas aß. Es war eine Gewohnheit, der ich als Kind blind folgte und an der ich sehr hing. Obwohl ich seit vielen Jahren Vegetarier bin, vermisse ich dieses Aroma getrockneten Fleischs manchmal heute noch.

Viele unserer Essgewohnheiten gründen in unbewussten Gewohnheiten. Wir essen, womit wir aufgewachsen sind. So entsteht unser Appetit. Doch wir können gesündere Begierden und Gewohnheiten entwickeln.

Buddhistische Schriften sprechen von drei verschiedenen Arten des Verlangens oder Begehrens – positives, negatives und gemischtes. Positives Verlangen bezieht sich auf den Wunsch nach Dingen, die uns gut tun. Negatives Verlangen bezieht sich auf den Wunsch nach Dingen, die uns schaden. Gemischtes Verlangen weist das eine wie das andere auf. Wenn Sie Ihre Essgewohnheiten auf Begierden gründen, sollten Sie solche entwickeln, die positiv und gesund sind. Das ist möglich, doch nur wenn Ihr Verlangen von Weisheit und nicht von Anhaftung geleitet wird. Ihr Verstand sollte Ihr Verlangen regieren. Negatives Verlangen sollten Sie als schädlich erkennen und aufhören, ihm nachzujagen.

Dafür müssen Sie sich und Ihr Tun aufmerksam beobachten. Sie können einen Rückfall in alte Gewohnheiten genauso umgehen, wie Sie Hindernissen beim Autofahren ausweichen. Sie bleiben die ganze Zeit wachsam, sodass sie angesichts einer potentiellen Gefahr in eine andere Richtung steuern können. Lassen Sie nicht unheilsame Gewohnheiten und Begierden Ihr Gefährt sein. Reißen Sie das Steuer herum, sobald Sie sie kommen sehen. Entledigen Sie sich alter Essgewohnheiten und entwickeln Sie einen neuen und gesunderen Appetit!

Giftiges Essen

Ein Blick in die Regale eines Supermarktes reicht, um zu verstehen, wie wichtig vernünftige Entscheidungen bezüglich unserer Nahrungsmittel sind. In den letzten Jahrzehnten ist eine Menge menschlicher Kreativität in die Entwicklung neuer Lebensmittel geflossen. Pestizide, genetisch verändertes Saatgut und neue Herstellungsmethoden haben dazu geführt, dass die Herstellung von Nahrungsmitteln einfacher und profitabler geworden ist. Gleichzeitig sind diese Nahrungsmittel immer schädlicher für die Menschen und die Umwelt geworden.

Was können wir tun? Wir können nicht aufhören zu essen. Wenn wir einmal verstanden haben, wie unsere Nahrungsmittel erzeugt werden, wollen wir vielleicht gar nichts mehr kaufen. »Fortschritte« in der Nahrungsmittelproduktion haben offensichtlich zur Verschlechterung der Lage beigetragen. Wir mögen davon träumen, uns unabhängig von dieser Produktion zu machen und wieder unsere eigene Nahrung anzubauen. Dies mag eine gute Idee sein, doch für die meisten Menschen ist sie nicht praktikabel. Die meisten von uns werden auch weiterhin nicht Produzenten, sondern Konsumenten von Nahrungsmitteln sein. Deshalb müssen wir, die Konsumenten, vernünftige Entscheidungen treffen und dafür sorgen, dass künftige Generationen bessere Wahlmöglichkeiten haben.

Nicht jeder von uns kann sich Bionahrung leisten und selbst diejenigen, die sie sich leisten können, werden nicht immer alles, was sie brauchen, in ihrer Umgebung finden. Dazu kommt, dass biologische Nahrungsmittel nicht immer in der näheren Umgebung angebaut worden sind, sondern aus fernen Ländern importiert werden. Das verursacht einen hohen Benzin- oder Kerosinverbrauch, was sich ebenfalls negativ auf die Umwelt auswirkt. Es gibt keine Ideallösung für diese komplexen Probleme. Doch bewusstes Essen lässt Sie in jedem Fall bessere Entscheidungen im Rahmen Ihrer persönlichen Möglichkeiten treffen. Bleiben Sie dagegen einem unbewussten Verhalten verhaftet oder weigern sich, über diese Dinge nachzudenken, sind Sie Teil des Problems und schädigen Ihren eigenen Körper, die Umwelt, andere Menschen und Tiere, die ausgebeutet werden, um Ihre Nahrung zu produzieren.

Eine Übung für den Supermarkt

Sie können bewusst darauf hinwirken, ein aufgeklärter Teilnehmer des weltweiten Ernährungssystems zu werden. Eine einfache Übung, die Sie ausprobieren können, besteht darin, vor dem Eingang eines Supermarktes oder Geschäfts zunächst einmal eine kurze Pause einzulegen.

Dieser Moment des Innehaltens dient dazu, sich der eigenen Einstellungen bewusst zu werden. Anstatt wie gewöhnlich einfach nur einzukaufen, sollten Sie sich vergegenwärtigen, dass Sie hier sind, um eine Auswahl zu treffen. Und diese hat Konsequenzen für andere. Beim Betreten des Marktes können Sie daran denken, dass Sie eine von vielen sind, die versuchen, eine kluge Auswahl vorzunehmen. Beim Durchstreifen des Supermarktes behalten Sie im Blick, dass Ihre Wahl ein wichtiger Teil des Ernährungssystems ist. Die Waren in den Regalen zeigen, was Menschen in der Vergangenheit entschieden haben, zu kaufen. Jeder Kauf stützt bestimmte Segmente der Nahrungsmittelindustrie und sendet ein kleines Signal der Zustimmung.

Während des Einkaufs können Sie sich überlegen, von welchen Nahrungsmitteln Sie sich wünschen, sie mögen jedermann zugänglich sein. Diese legen Sie in Ihren Korb. Andere, deren Produktionsbedingungen Sie ablehnen, lassen Sie beiseite. Während Sie so Ihre Auswahl treffen, nähren Sie in Ihrem Herzen die Hoffnung, dass Sie sich dabei mit vielen gleichgesinnten Käuferinnen und Käufern treffen und so langfristige Veränderungen zum Nutzen aller geschehen.

Handeln Sie in diesem Bewusstsein, werden Sie sich sicherlich nach nützlichen Informationsmöglichkeiten umsehen wollen. Es sind bereits viele Informationen über die kommerzielle Nahrungsmittelproduktion in Umlauf. Eine App, die uns alles über ein Produkt im Supermarktregal verrät, wäre hilfreich. Wir müssen über die Inhaltsstoffe Bescheid wissen, aber auch darüber, wo jeder Bestandteil herkommt, wie weit der Transportweg war, welche Konsequenzen das Produkt für unsere Gesundheit hat, wie es produziert bzw. geschlachtet wurde und wie der Hersteller seine Arbeitskräfte behandelt. Vor dem Regal stehend, könnten Sie mit dieser App diejenigen Produkte identifizieren, die weniger Schaden anrichten.

Es liegt in unserer Verantwortung, über unsere Nahrungsmittel Bescheid zu wissen. Dieses Wissen lässt uns besser die kurz- und langfristigen Folgen unserer Ernährung erkennen. Bessere Informiertheit sorgt für Alternativen. Unser Konsumverhalten sendet die klare Botschaft an die Produzenten, dass wir wissen, was sie tun, und dass wir bewusste Entscheidungen treffen.

Die Tatsache, dass es heute in vielen Städten vegetarische

Restaurants gibt und auch in konventionellen Restaurant immer öfter vegetarische Angebote zu finden sind, verdeutlicht, dass unsere Konsumentscheidungen die Macht besitzen, einen Wandel in Gang zu bringen. Als ausreichend viele Menschen nach vegetarischer Kost verlangten, stellten sich Restaurantbetreiber in ihrem eigenen Interesse darauf ein und setzten entsprechende Angebote auf die Speisekarte. Das Gleiche passierte mit Bionahrung in Supermärkten. Wir sollten unsere Macht, Veränderung zu bewirken, nicht unterschätzen.

Die Gefahr, es sich zu leicht zu machen

Die derzeitige Lebensmittelproduktion bietet uns eine große Auswahl an Nahrungsmitteln. Das beinhaltet auch alternative Proteinquellen. Doch viele neue Waren kommen nicht auf den Markt, weil sie nahrhafter sind oder ihre Produktion mitfühlender ist, sondern weil sie ansprechender aussehen und vielleicht eine neue Geschmacksnote verkörpern. Wir haben bereits darüber gesprochen, wie wichtig der verantwortliche Umgang mit unseren Begierden ist. Dinge sollten uns nicht ködern können, nur weil sie leicht verfügbar sind.

Wir sind ständig geschäftig und leben nach der Uhr, als wären wir Maschinen. Doch Maschinen müssen nichts essen und brauchen auch keine Pause. Unsere Maschinenmentalität lässt uns Effizienz und Produktivität hochschätzen. Diese Mentalität hat zu einer Lebensmittelproduktion und zu Ernährungsgewohnheiten geführt, die großen Schaden anrichtet.

Es gibt eine Geschichte über einen großen Meditierenden, der es sich zu leicht machte und dabei die Orientierung verlor. Sie spielt zu einer Zeit, als viele Tibeter in die Vereinigten

Staaten emigrierten. Unter ihnen war ein hoch verwirklichter Meditierender. Seine Englischkenntnisse waren nicht besser als die vieler seiner Landsleute, er besaß keine Berufserfahrung und konnte froh sein, schließlich eine einfache und recht gut bezahlte Arbeit gefunden zu haben. Er hatte keine klare Vorstellung davon, was die Firma eigentlich herstellte, doch der Job schien ideal für ihn zu sein, denn alles, was er dort tun musste, war, ruhig vor einer Maschine zu sitzen und ein paar Knöpfe und Hebel zu drücken.

Er verbrachte seine Arbeitsstunden damit, Gebete zu sprechen, über universelles Mitgefühl zu meditieren und die Knöpfe und Hebel so oft zu drücken, wie man es ihm beigebracht hatte. Eines Tages erhielt er Besuch von einem Cousin, der sehen wollte, welcher Arbeit sein Verwandter nachging. Der Cousin war wissbegierig und fand heraus, dass die Maschine Hühner tötete. Sein Verwandter überwachte die Maschine. Immer wenn eine Reihe von Hühnern aufgehängt worden war, kam ein Signal. Dann musste er ein paar Knöpfe drücken und Hebel in Bewegung setzen, durch die eine Maschine in Gang gesetzt wurde, die die Hühner schlachtete, ohne dass er es sehen konnte.

Als der Meditierende begriff, was er tat, war er entsetzt. Er bereute sein Tun so sehr, dass er seinem Chef den Lohnscheck zurückgab. Der Chef dachte, sein Arbeiter sei verrückt. Der Meditierende kündigte seinen mörderischen Job und zog sich daraufhin in ein Retreat zurück.

Oft erkennen wir nicht, was um uns herum wirklich los ist und wie wir Teil eines größeren Systems sind. Wir sind Mitläufer und sehen unsere Rolle in der umfassenden Nahrungsmittelproduktion nicht. So lange wir uns in unserer kleinen

Nische wohlfühlen, wie dieser Meditierende, fragen wir noch nicht einmal, was da geschaffen oder zerstört wird. Doch diese Ignoranz hat verheerende Folgen für uns heute und für die Zukunft.

Dinge sind nicht schlecht, nur weil sie einfach zu haben und praktisch sind. Doch wenn wir ihre einfache Verfügbarkeit zum wichtigsten Kriterium unserer Mahlzeiten machen, beginnen die Probleme. Denn langfristig betrachtet ist einfache Verfügbarkeit oftmals eine kurzsichtige und törichte Grundlage für unsere Entscheidungen.

Wir sollten an die Kinder von heute und an zukünftige Generationen denken. Was wollen wir ihnen hinterlassen? Jahrhundertelang haben Menschen ihre Weisheit und Erfahrung an die nächste Generation weitergegeben. Diese Qualitäten galten als wertvoll, klug und nützlich und hatten den Herausforderungen der Zeit standgehalten.

Die Beherrschung der Kochkunst ist ein Beispiel dafür. In letzter Zeit gilt es als altmodisch, kochen zu können. (Ich sollte mich vielleicht besser nicht dazu äußern, denn ich kann selbst nicht kochen!) Der erste Schritt, es zu erlernen, kann darin bestehen, ein einziges Gericht ohne Verwendung von Fertigprodukten zuzubereiten. Gemeinsames Kochen ist eine gute Möglichkeit, Menschen zu treffen, Wärme, Nähe und gesundes Essen miteinander zu teilen.

Kleine Schritte sind wichtig

Die Verbreitung von Wissen über Ernährung und das Streben nach Ernährungsgerechtigkeit in der Welt sind langfristige Ziele. Es muss uns nicht entmutigen, dass wir sie nicht mit einem Mal verwirklichen werden. Auch kleine Schritte in diese Richtung sind wichtig. Der Hunger in der Welt lässt sich nicht auf einen Schlag beseitigen.

Kleine Schritte können eine große Wirkung entfalten. Unsere Existenz auf dem Planeten Erde hängt ständig von vielen kleinen Schritten ab. Durch zahllose kleine Vorgänge wird unser Leben erhalten. Unzählige Samen sind ausgesät worden und zahllose Hände haben sich um das Gedeihen der Pflanzen gekümmert. Jeder Samen ist winzig und jede Hand klein, doch zusammen produzieren sie eine riesige Ernte, die all unser Tun auf dieser Erde ermöglicht.

Jede und jeder von uns hängt von der Präsenz zahlloser Ursachen und Bedingungen ab. Wechselseitige Abhängigkeit bedeutet, dass das Glück und Wohlergehen anderer Wesen wiederum von uns abhängt. Unser Leben findet in einem Umfeld fortwährender, gegenseitiger Verbundenheit statt. Alles, was wir tun, kann Konsequenzen für andere haben. So funktioniert auch unser Ernährungssystem.

Wenn es hier in Nordindien kalt wird, hülle ich mich oft in eine Decke oder schlinge sie um meine Knie. Dann denke ich an die Menschen in den ärmeren Gegenden von Bodhgaya, die nichts haben. Viele leben auf der Straße und haben nichts als ihre Bettelschale. Wenn ich meine Decken in den Händen halte, bete ich, dass auch sie Decken haben mögen, und beschließe, welche mitzunehmen, wenn ich das nächste Mal wieder nach Bodhgaya reise. Mit dieser Geisteshaltung können wir auch unser Essen mit all jenen teilen, die hungern. Natürlich beseitigt eine Decke noch nicht das Frieren und eine Mahlzeit noch nicht den Hunger in der Welt. Aber es fördert eine Einstellung, die sich langfristig auswirkt.

Wenn Sie Ihr Tun wahrhaftig in der Verantwortung und Sorge für andere verwurzeln, handeln Sie ganz von selbst in einer Leid lindernden Weise. Anstatt idealistisch zu sein oder auf die große Chance zur Veränderung zu warten, können wir heute schon kleine Schritte gehen. Langfristig wirkt diese Haltung weit über unsere kleinen Schritte hinaus.

Doch allein schon für das Leben einer einzigen Person Positives zu bewirken ist bereits ein wertvoller Beitrag. Den Schmerz eines leidenden Menschen zu mindern ist etwas Bedeutsames. Wenn Sie im Leben einiger Menschen eine Veränderung bewirken können, ist das etwas Großes. Das Wichtigste ist die Aufrichtigkeit, mit der Sie sich Ihrer Verantwortung für das, was Sie essen, stellen.

Und dann müssen Sie einfach irgendwo beginnen. Sie können aufhören, Fleisch zu essen. Sie können einen bestimmten Prozentsatz Ihres Einkommens wohltätigen Zwecken zukommen lassen. Bilden Sie sich weiter. Seien Sie anderen ein Beispiel. Öffnen Sie Ihr Herz. Teilen und geben Sie. Inspirieren Sie andere, es Ihnen gleich zu tun. Damit beginnt jede große Veränderung.

9   Konfliktbewältigung

Wut ist das Problem

Wir hängen alle voneinander ab. Wann immer wir nur unseren eigenen Interessen folgen, werden unsere egoistischen Ziele mit denen anderer Menschen, von denen wir abhängen, um unsere Ziele zu erreichen, kollidieren. Wenn das geschieht, sind Konflikte unausweichlich. Je besser es uns gelingt, auch die Interessen anderer wertzuschätzen, umso seltener werden wir uns in solche Konflikte verstricken. Auf dem Weg zu einem besseren Gleichgewicht sollten wir uns bewusst machen, dass Konflikte das logische Ergebnis der Kombination von Egoismus und wechselseitiger Abhängigkeit sind. Konflikte müssen uns nicht überraschen oder schockieren. Wir können uns ihnen in Gleichmut und mit Weisheit zuwenden.

Das Wirken wechselseitiger Abhängigkeit bringt uns in Konflikt mit anderen, wenn wir egoistisch handeln, doch es stellt auch die Harmonie wieder her, sobald wir das Wohlergehen anderer in unsere Perspektive mit einbeziehen. Die wechselseitige Abhängigkeit ermöglicht es auch einer dritten Partei, helfend in einen Konflikt einzugreifen. In diesem Kapitel möchte ich Wege aufzeigen, wie wir Konflikte beenden können, in die wir oder andere involviert sind.

Es gibt viele Arten von Konflikten, doch die unheilvollsten sind diejenigen, die von Wut genährt werden. Konflikte müssen nicht per se verletzend sein, doch sobald Wut ins Spiel kommt, entsteht Leid. Denn in jedem Fall ist ein Mensch, in dem sich Wut regt, aufgewühlt. Wollen wir Konflikte entschärfen, müssen wir die dabei mitwirkenden destruktiven Kräfte verstehen.

Konflikte, die von Wut genährt werden

Wut entsteht aus einer aufgebrachten, unglücklichen Geistesverfassung. Ist sie einmal da, nährt sie weiter das Unglück und den geistigen Aufruhr. Die Erfahrung zeigt, dass Wut sich selbst nährt. Verärgern wir andere, schaffen wir die Voraussetzungen, dass bei ihnen Wut aufkommt oder sich steigert. So sollten wir nicht miteinander umgehen.

Wut fügt auch all denjenigen Schaden zu, die sich im Umfeld einer wütenden Person bewegen. Eine ganze Familie, eine Gemeinschaft, ja sogar die ganze Gesellschaft kann von schwelender Wut betroffen sein. Manche Menschen reagieren auf die Wut einer Person mit Angst, andere werden selbst wütend. Wächst in einer Gemeinschaft die Feindseligkeit, führt dies zu Stress, Konflikten und vielleicht sogar zu Gewalt. Deshalb ist es von entscheidender Bedeutung, dass wir selbst frei von Aggression und Wut agieren, wenn wir versuchen, einen Konflikt zu beenden. Ob wir selbst Teil des Konflikts sind oder als dritte Partei agieren – heilsam können wir nur dann wirken, wenn wir den Konflikt nicht mit unserer eigenen Wut anheizen.

Wut verletzt andere. Doch sie verletzt auch die wütende Person selbst. Wut wirkt immer auf die gleiche Art. Zuerst glauben wir, jemand hat uns nicht richtig behandelt. Das ist für uns unakzeptabel. Ergreift die Wut von uns Besitz, sind wir von der Richtigkeit unseres Grolls vollkommen überzeugt.

Jetzt soll der andere bekommen, was er verdient. Wir sind in einer finsteren Gemütsverfassung und heizen unsere Wut an, indem wir nach noch mehr Fehlern beim anderen suchen. Wir sind nicht mehr in der Lage, irgendetwas Gutes an ihm oder ihr zu entdecken. Rachegefühle und andere negative Gedanken machen sich in uns breit. Bald haben wir kaum noch Appetit und schlafen schlecht. Bevor wir uns vielleicht der anderen Person, der wir etwas anhaben wollen, überhaupt genähert haben, haben wir bereits uns selbst geschadet. Das ist wirklich töricht.

Wut vernebelt unser Urteilsvermögen. Wir können nicht mehr vernünftig denken und handeln, wenn wir von ihr ergriffen werden. Wir können nicht mehr die guten Seiten an einem Menschen sehen – doch genau dies wäre notwendig, um die Situation aufzulösen. Wut macht uns blind und wir sind mehr mit Rachegedanken befasst, denn damit, den Konflikt freundschaftlich zu lösen.

Eine Geschichte aus dem alten Tibet erzählt von einer alten Frau, die sich über die Herrschenden im Land aufregte. Drei Jahre lang schmorte sie in ihrem Hass auf die Regierung. Doch die Regierung wusste nichts von der Frau und ihrer Wut. So bescherte sie sich selbst ein leidvolles Dasein. All der Ärger hatte nur ihr selbst geschadet.

Uns allmählich selbst vergiften

Oft wirkt Wut ins uns wie in dieser alten Frau. Sie verursacht Leid. Sie ist giftig. Geben wir Wut und Groll Raum in uns, vergiften wir uns selbst. Weil wir dies so selten verstehen, nehmen wir das Gift weiter zu uns und bemerken es erst, wenn seine

Wirkungen so schmerzhaft geworden sind, dass wir sie nicht mehr ignorieren können.

Stellen wir uns folgende Geschichte vor: Ein Mann streitet sich frühmorgens zu Hause mit einem Mitglied seiner Familie. Er macht sich auf den Weg zur Arbeit und holt sich unterwegs noch schnell einen Kaffee. Doch der Streit hat ihn so aufgewühlt, dass der Kaffeebecher ihm aus der Hand rutscht und der Kaffee auf seinem Jackett landet. Das macht ihn noch wütender. Der Straßenverkehr ist ihm viel zu langsam. Er flucht vor sich hin und schlägt auf das Lenkrad. Seine Wut überträgt sich auf das Gaspedal und das hat einen Blechschaden am Auto zur Folge. Jetzt gerät er so richtig in Rage. Als er schließlich im Aufzug zu seinem Arbeitsplatz ist, fühlt er sich wie ein eingesperrtes Tier, das jeden anspringen will, der sich ihm nähert. Er blickt die anderen im Aufzug mürrisch an. Als er sein Büro erreicht, begrüßt ihn sein Chef mit den Worten: »Hey, Sie kommen zu spät.« Dieser Satz bringt das Fass zum Überlaufen. Er schreit seinen Chef an: »Warum gucken Sie immer auf mich? Was glauben Sie eigentlich, wer Sie sind?« Er wirft seinen Aktenkoffer hin und rennt hinaus.

Aus einem kleinen Streit am Morgen ist im Verlauf kurzer Zeit ein großer Schaden entstanden, denn dem Mann wird gekündigt. Ein paar Tage später sitzt er arbeitslos zu Hause und denkt darüber nach, wie die Dinge so schnell so schief laufen können.

In dieser Geschichte können sich bestimmt viele von uns wiedererkennen. Immer wieder gibt es Situationen, die uns verärgern können, doch wir müssen den Ärger nicht Besitz von uns ergreifen lassen. Der Mann in der Geschichte ließ sich von jedem kleinen Ärgernis vollständig einnehmen. Er hatte keine Bodenhaftung mehr und geriet vollständig aus dem Gleichgewicht. Wenn wir in einer Situation Wut in uns aufsteigen spüren, sollten wir uns nicht vollständig der Situation ausliefern. Wir haben immer die Möglichkeit, mit uns selbst verbunden zu bleiben. Selbst mitten in einer sehr belastenden Situation sollten wir in uns selbst zentriert bleiben und uns nicht der Situation zur Gänze überlassen.

Ich glaube, wir können Wut durchaus eine Krankheit nennen – eine Krankheit, die unseren Geist befällt! Wir gehen vielleicht einmal im Jahr zu einem ärztlichen Gesundheitscheck. Doch wir sollten auch unseren Geist einer regelmäßigen Untersuchung unterziehen. Er kann in einem ernsteren Zustand sein als unser Körper. Im Umgang mit Wut verhalten sich viele so wie Menschen, die sich erst dann um ihre Gesundheit kümmern, wenn sie krank geworden sind. Doch wir sollten nicht warten, bis sich die Symptome zeigen. Regelmäßig sollten wir unseren Geist auf geistige Erkrankungen wie Wut und Ärger hin untersuchen. So schützen wir unsere geistige Gesundheit und unser Glück. Der richtige Umgang mit Wut reduziert Konflikte und das aus ihnen resultierende Leid für uns und andere.

Die Ursachen erkennen

Wenn wir uns selbst ehrlich betrachten, erkennen wir, dass wir gelegentlich selbst zu Konflikten beitragen. Wir sind Teil des Problems und wollen doch Teil der Lösung sein.

Oft entstehen Konflikte, weil wir zu sehr auf Ergebnisse orientiert sind und außer Acht lassen, welche Bedingungen dafür notwendig sind. Wir wollen glücklich sein, doch wir vernachlässigen die Voraussetzungen des Glücks. Jeder weiß, dass Wut nicht glücklich macht. Und doch halten wir an Sichtweisen fest, die Leid und Unglück verursachen. Anstatt vor allem an Resultaten interessiert zu sein, sollten wir den Ursachen und Bedingungen mehr Beachtung schenken.

Eigentlich ist es ganz einfach. Unsere Intelligenz erlaubt uns, die Beziehung zwischen Ursache und Wirkung zu erkennen. Da wir von anderen abhängen, können wir unsere Ziele nur dann erreichen, wenn wir nicht gegen sie agieren. Die Sorge für das Wohlergehen anderer ist ein viel effektiverer und klügerer Weg, sich um das eigene Wohlergehen zu kümmern, als ausschließlich die eigenen Wünsche im Blick zu haben. Haben wir einmal diesen Zusammenhang zwischen Ursache und Ergebnis verstanden, können wir lernen, uns auf Ursachen auszurichten, die zu uns wünschenswert erscheinenden Resultaten führen, und von Bedingungen Abstand nehmen, die zu unerwünschten Resultaten führen.

Säen wir nicht die Saat unseres eigenen Leids, sondern schaffen wir die Bedingungen für gesundes Wachstum. Wenn wir Unglück verhindern wollen, müssen wir dessen Ursachen vermeiden. Gegen andere zu kämpfen macht unglücklich. Sie mögen Konflikte in der Hoffnung vorantreiben, dadurch ein wenig zufriedener zu werden, doch in Wahrheit säen Sie so nur zahllose Samen von Leid und Sorgen.

Mit denen sprechen, die nicht zuhören

Vielfach entstehen Konflikte, wenn wir auf Menschen treffen, deren Ansichten unseren grundlegend widersprechen. Vielfalt an Meinungen muss nicht notwendigerweise zu Konflikten führen. Es hängt davon ab, wie flexibel wir im Umgang mit unseren eigenen Ansichten sind. Wenn jemand nicht gewillt ist, andere Meinungen zu hören und strikt an seiner Sichtweise festhält, wird er nur schwer erreichbar sein.

Die Tibeter in der Region, aus der ich komme, werden Khampas genannt. Sie gelten als stur und unzugänglich, wenn es um die Ansichten anderer geht. Ein tibetisches Sprichwort sagt: »Khampas sitzen auf ihren Ohren.« Das bedeutet, sie hören nur zu, wenn man sie verprügelt. Auch wenn es nach einem Scherz klingt, es liegt doch ein Fünkchen Wahrheit darin. In der Kultur der Khampas gibt es eine Abneigung gegen die Ansichten anderer. Aber das trifft nicht nur auf sie zu. Wir treffen immer wieder auf Menschen, die so taub zu sein scheinen, wenn es darum geht, andere Meinungen zu hören, dass wir uns fragen können, wo sich wohl ihre Ohren befinden – und das gilt nicht nur für uns Khampas!

Begegnen wir solchen Menschen, wollen wir ihre Ignoranz oft gewaltsam brechen. Genauso verhält es sich mit Wut. Begegnen wir einem wütenden Menschen, denken wir, es sei besser, nicht zu weich und höflich zu sein, denn das könnte als Schwäche verstanden werden und er könnte uns dann angreifen wollen. Doch ich denke, wir sollten genau überlegen, ob das wirklich der richtige Ansatz ist. Wenn wir unseren eigenen Ärger dem eines anderen hinzufügen, entsteht noch mehr Wut und es wird immer schwieriger, einen gemeinsamen Weg zu finden.

Unterschiedlichste emotionale Beweggründe können dazu führen, dass Menschen andere Ansichten nicht hören wollen. Starrsinn ist ein Grund. Ein Wutausbruch ein anderer. Wir müssen Wege finden, mit Menschen umzugehen, die unwillig oder unfähig sind, von ihrem Denken abweichende Perspektiven einzunehmen. In solch einer Situation liegt es an uns, einen gesunden Weg zu finden, uns mit ihren Ansichten in Beziehung zu setzen.

Rechthaberei loslassen

Geraten wir in einen Konflikt mit einem anderen Menschen, gehen wir seltsamerweise immer davon aus, wir seien im Recht. Egal, welche Meinung jede Seite vertritt, beide halten an der unhinterfragten Überzeugung fest, dass die andere im Unrecht sei. Ist das vernünftig?

Das Gleiche gilt, wenn es um unsere Interessen geht. Wir sind oft so überzeugt von unseren Zielen, dass wir davon ausgehen, was gut für uns ist, sei auch gut für die Welt. Doch jeder Mensch hat seine eigenen Ansichten und Ziele, auch wenn jeder von sich glaubt, die eigenen Ziele seien die wichtigsten und die eigenen Ansichten die vernünftigsten. So verstricken wir uns in unsere Überzeugungen und werten die der anderen ab. Das ist einfach egoistisch.

So sind wir schnell bereit, jemanden hinwegzufegen, wenn er sich unseren Interessen in den Weg stellt – selbst Menschen, die uns nahestehen und uns wohl gesinnt sind. Die Überzeugung, unsere Ziele und Ideen seien die besten, ist schlicht unvernünftig. Und selbst wenn es so wäre, müssten wir uns immer noch fragen, ob wir das Recht haben, sie gegen den Willen anderer durchzusetzen.

Meines Erachtens sollten wir gerade wütenden und sturen Menschen sehr viel Verständnis entgegenbringen. Je verschlossener und starrköpfiger andere sind, umso offener und einfühlsamer sollten wir ihnen gegenüber sein. Wenden wir uns anderen auf diese Weise zu, können wir erkennen, wie schwierig und leidvoll es ist, in starren Ansichten und Wut zu verharren, und so werden wir Mitgefühl für sie entwickeln.

Ich sprach von Wut als einer Art geistiger Erkrankung. Unsere Reaktion auf geisteskranke Menschen bietet uns eine Analogie, wie wir mit extremer Engstirnigkeit umgehen sollten: mit noch größerer Freundlichkeit. Wenn wir Menschen begegnen, die sich vollkommen verrückt verhalten, erkennen wir, dass sie nicht bei Verstand sind, und wir verhalten uns entsprechend. Wir beharren nicht darauf, dass sie unsere Ansichten teilen müssten. Wir werden nicht wütend, wenn wir mit ansehen, dass sie keine Kontrolle über ihren Geist haben. Wir bleiben gelassen und gleichmütig und wir sehen, wie sie leiden. Wenn sie uns überhaupt nicht zuhören oder uns anschreien, obwohl wir ruhig mit ihnen sprechen, deuten wir dies als Zeichen des Verlusts ihrer geistigen Gesundheit, und dies wird unser Mitgefühl und die Sorge um ihr Wohlergehen noch anwachsen lassen.

Ich glaube, der gleiche Geist des Mitgefühls kann uns auch im Umgang mit Menschen helfen, die zwar geistig gesund, aber dennoch unwillig oder unfähig sind, unsere Ansichten zu hören. Wir müssen ihre Sturheit nicht persönlich nehmen, sondern können ihnen mit Aufmerksamkeit und Zuwendung begegnen.

Mein Vorschlag lautet: Nutzen Sie Ihr Verständnisvermögen. Verständnis füreinander ist der Kern jeder menschlichen Kommunikation. Sind Sie mit Menschen konfrontiert, die in Ihren Ansichten sehr unbeweglich sind, ist das die Gelegenheit für Sie, besonders flexibel und entgegenkommend zu sein und dabei all Ihre Weisheit und Ihr Mitgefühl einzusetzen.

An Problemen festhalten

Manchmal scheint mir, wenn ich mir einige unserer Verhaltensweisen anschaue, dass wir Menschen leiden wollen. Von unserem Verhalten her zu urteilen, scheinen wir am Glücklichsein gar nicht so interessiert zu sein. Stattdessen greifen wir mit beiden Händen nach Leidvollem und halten es fest. Wir handeln nicht auf eine uns Glück bringende Weise. Wir handeln so, als würden wir im Glück schwimmen, es uns aber sehr an Unglück und Leid mangelte, nach dem wir dann ernsthaft suchen müssten. Das ist wirklich verrückt.

In Wahrheit fehlt uns wirkliches Glück. Wir halten fest an dem, was wir fälschlicherweise für Glück halten. Sind wir wütend und jemand spricht uns freundlich und versöhnlich an, möchten wir gar nicht hinhören. Anscheinend wollen wir die schmerzvolle Erfahrung der Wut lebendig und nah bei uns haben und Freundlichkeit und Glück von uns fernhalten. Wir agieren, als wenn der Schmerz ein Schatz wäre; wo immer wir ihn finden, wollen wir ihn behalten.

Es ist einfach die Frage, an was wir festhalten. In solchen Situationen halten wir an einem irrigen Selbstverständnis fest. Wir handeln aufgrund der falschen Annahme, wir seien ausschließlich dieser wütende, verärgerte Mensch. Doch wir müssen nicht dieser Mensch sein. Es existiert keine Identität, die uns vollständig definiert. Zu jeder Zeit haben wir die Wahl, auch anders zu sein. Wir können eine Person sein, die nicht wütend oder aufgewühlt ist. Seien Sie diese andere Person – eine Person, die Glück, Freundlichkeit und Ruhe wertschätzt.

Sie, ich, ein jeder von uns ist in seinem Leben immer wieder auf die Freundlichkeit anderer gestoßen. Warum halten Sie nicht an dieser Erfahrung fest und wertschätzen sie? Betrachten Sie Ihre Erfahrungen und erkennen Sie all die Liebe, die Sie schon erfahren haben. Betrachten Sie sorgsam Ihre Handlungen und Ihre Gesten, um Ausdrucksmöglichkeiten für Ihre Liebe zu finden. Schaffen Sie dafür Raum in Ihrem Herzen, dadurch verlieren schmerzhafte Konflikte ihren Stachel.

Ungefragten Rat bekommen

Nicht alle Konflikte basieren auf gegenteiligen Interessen. Manchmal geraten wir in einen Konflikt mit Menschen, die eigentlich unsere Interessen teilen, aber ein anderes Verständnis davon haben, was das Beste für uns wäre. Es gibt Abschnitte und Situationen im Leben, in denen wir besonders anfällig dafür sind, Ratschläge zu bekommen, nach denen wir eigentlich nicht gefragt haben. Als junge Erwachsene sind wir von Menschen umgeben, die uns sagen, was wir tun sollten – Eltern, Verwandte, Großeltern, ältere Geschwister, Lehrer und Chefs. Sie alle haben unterschiedliche individuelle und generationentypische Ansichten. Wenn die Kluft im Denken und Alter groß ist, können schon kleine Kommentare Streit und Zwietracht hervorrufen.

Ob ein solcher Disput aufgrund eines größeren Altersunterschieds oder grundlegender unterschiedlicher Sichtweisen entsteht, das Muster ist immer ähnlich: Sie heißen die Ratschläge des anderen nicht willkommen und weichen dem Ratgeber vielleicht sogar aus. Sie verübeln es dem anderen, dass er Ihr Verhalten kritisiert, Fehler in Ihrem Lebensstil und vielleicht sogar Ihrer Persönlichkeit findet. Vielleicht bauschen Sie die Auseinandersetzungen mit ihm auch auf und halten an Ihren verletzten Gefühlen fest.

Doch es nutzt Ihnen nichts, andere für den Groll verantwortlich zu machen, den Sie in sich tragen. Es hilft Ihnen nicht, wenn Sie sich selbst zu überzeugen versuchen, dass Sie nur so und nicht anders in der Situation fühlen oder handeln könnten. Das hält Sie nur in dieser unglücklichen Geistesverfassung gefangen und Sie werden den anderen weiterhin nur in dunklem Licht wahrnehmen können.

Ich möchte Ihnen von einer persönlichen Erfahrung erzählen. Ich bin mir nicht sicher, ob dies in einem anderen Kontext auch funktionieren würde, aber mir half es, diese Art Konflikte hinter mir zu lassen. Ich erwähnte bereits, dass ich mit sieben Jahren mein Zuhause verließ und ins Kloster ging. Verschiedene Menschen kümmerten sich um mich. Ein älterer Mönch hatte die Eigenheit, besonders pingelig zu sein, und er korrigierte mich ständig bei den trivialsten Dingen. Wir lebten auf engstem Raum zusammen und ich musste lernen, damit umzugehen. Ich entwickelte eine Strategie: Wann immer er mit mir schimpfte, stellte ich mir vor, er spreche über eine andere Person, nicht über mich, sondern über jemand anderes. Dann nahm ich in meiner Vorstellung den Platz des Mönchs in der Auseinandersetzung mit dieser dritten Person ein. Ich stimmte dann nickend der Kritik des Mönchs zu und sagte zu mir: »Meine Güte, wie schrecklich dieser Karmapa wieder ist. Guck dir an, was er getan hat. Ist es noch zu glauben? Wie kann man so zerknitterte Kleidung tragen?« Das Ganze wurde zu einem Spiel, auf das ich immer dann zurückgreifen konnte, wenn ich von ihm zurechtgewiesen wurde. Ich begann, es zu mögen. Doch am wichtigsten war, dass ich auf diese Weise meine Zuneigung und Wärme, die ich für den Mönch empfand, aufrechterhalten konnte. Egal, was zwischen uns geschah, ich dachte daran, dass er auf seine Weise versuchte, sich gut um mich zu kümmern.

In bestimmten Lebensphasen kommen wir selbst in die Lage, für andere zu sorgen, und dafür, wie wir es tun, erfahren wir nicht immer Wertschätzung. Als Erwachsene tragen wir Verantwortung für Kinder und versuchen, sie von unguten Situationen fernzuhalten und schädliches Verhalten zu unterbinden. Bis wir die Weisheit guter Ratschläge erkennen, empfinden wir sie selbst als Erwachsene noch oft als aufdringlich oder beleidigend.

Kleine Kinder sind neugierig. Sie versuchen, alles zu verstehen, deshalb kann es sehr hilfreich sein, wenn wir ihnen die Gründe für unsere Anweisungen und Ratschläge erklären. Sehen sie die Folgen ihres Verhaltens selbst, ist das hilfreicher, als wenn wir von ihnen ein bestimmtes Verhalten oder Disziplin fordern. Sie sollten langfristig bestimmte Werte als ihre eigenen erkennen und nicht als ihnen von außen auferlegte.

Wenn wir mit Kindern sprechen, sollten wir nicht nur ihren Verstand, sondern auch ihre Herzen zu erreichen suchen. Dafür braucht es Geduld. Kinder sollten lernen, ihren eigenen Prinzipien zu folgen. Unser Ziel sollte es sein, ihnen zu selbstständigem Denken und Fühlen zu verhelfen.

Eingreifen bei Konflikten anderer

In der Familie, im Freundeskreis oder in Gemeinschaften, denen wir angehören, werden wir immer wieder mit Konflikten konfrontiert, in die wir nicht direkt involviert sind. Wenn wir uns sicher sind, dass wir dem Streit nicht noch unseren Ärger hinzufügen, können wir nach Wegen suchen, den Konfliktparteien zu helfen. Sehen wir die Möglichkeit, einen konstruktiven Rat zu geben, sollten wir nicht zögern. Der beste Rat trifft genau ins Schwarze und deckt auf, was hinter einem Problem steckt. Wir wissen von uns selbst, dass wir in Konflikte oft so sehr verstrickt sind, dass wir unseren eigenen Beitrag zum Problem nicht mehr erkennen können. Manchmal braucht es dann jemanden, der uns unsere eigenen Fehler aufzeigt.

Doch eine solche konstruktive Intervention benötigt besondere Fähigkeiten und den ehrlichen Wunsch, anderen zu helfen. Noble Absichten müssen an dieser Stelle mit einem klaren Urteilsvermögen und mit Weisheit zusammengehen. Wir müssen die Umstände und den richtigen Moment des Eingreifens überdenken. Die betreffende Person muss willens sein, uns zuzuhören, und die grundsätzliche Bereitschaft mitbringen, etwas zu verändern. Wenn jemand wirklich bereit ist, sich zu verändern, ist es sehr hilfreich, seine Fehler direkt anzusprechen. Doch hat jemand diesen Wunsch gar nicht oder will überhaupt nichts hören, wird ihn das, was wir ihm sagen, nur noch mehr verärgern, selbst wenn wir die besten Absichten haben.

Wenn wir uns bei Konflikten anderer einmischen und ohne Weisheit nur unseren guten Absichten folgend handeln, kann das gefährlich sein. Wenn wir nicht aufpassen, kann sich ein Gefühl der Rechthaberei einschleichen. Wir meinen dann, unsere guten Absichten legitimierten uns dazu, Ratschläge zu geben, ob die Situation dafür gerade geeignet ist oder nicht.

Globale Konflikte, globale Lösungen

Bisher sprach ich über zwischenmenschliche Konflikte. Doch viele Faktoren gelten ebenso für Konflikte zwischen Gemeinschaften oder Staaten. Unabhängig davon, wie groß die betroffene Gruppe der Konfliktparteien ist – die Gründe für Konflikte und ihr Verlaufsmuster sind vergleichbar mit Konflikten im zwischenmenschlichen Bereich. Deshalb gelten für größere, mächtigere Staaten, die bei Konflikten zwischen anderen Staaten intervenieren, auch viele der Regeln, die für das Schlichten zwischenmenschlicher Konflikte gelten. Unabdingbare Grundvoraussetzung ist eine ehrliche Motivation und darüber hinaus muss das Eingreifen mit Sensitivität und Geschick erfolgen.

In dieser kleinen Welt sind alle Nationen wechselseitig voneinander abhängig. Alles, was ein Land tut, hat Konsequenzen für andere Länder. Mächtige Länder üben mehr Einfluss auf andere aus. Ich denke, dass mit dieser Macht große Verantwortung einhergeht und das schließt die Verantwortung ein, die eigene Macht über andere nicht zu nutzen, um nur die Interessen der eigenen Nation zu verfolgen.

In globalen Konflikten werden die Vereinigten Staaten von Amerika oft als Weltpolizei betrachtet. Die USA sind ein ständiges Mitglied im Weltsicherheitsrat. Diese Rolle beinhaltet eine hohe moralische Verantwortung. Obwohl ich die derzeitige Lage nicht zur Gänze einschätzen kann, scheint es mir, dass die Meinungen darüber, wie die USA dieser Rolle gerecht wird, inzwischen weit auseinandergehen.

Ich empfinde herzliche Gefühle für die Menschen in den

Vereinigten Staaten. Seit ich in Indien lebe, hatte ich zwei Mal die Gelegenheit, ins Ausland zu reisen, und beide Male flog ich in die USA. Mein Vorgänger, Seine Heiligkeit der sechzehnte Karmapa, besuchte auch einige Male die USA und verstarb schließlich in Chicago. Dies betrachten wir Tibeter als Zeichen besonderer Verbundenheit mit den Menschen dieses Landes. Ich fühle mich selbst eng mit Amerika verbunden, auch wenn ich den Eindruck habe, dass die USA genauso bekannt für ihre guten wie berüchtigt für ihre schlechten Seiten sind. Die Vereinigten Staaten tun viel Hilfreiches, aber sie stehen auch dafür, sich ungefragt in die inneren Angelegenheiten anderer Ländern einzumischen. Mir scheint, es liegt einige Wahrheit in der weit verbreiteten Wahrnehmung, die Wirtschaft diktiere der amerikanischen Regierung, was die Interessen des Landes sind.

Obwohl ich glaube, dass mächtige Länder eine Verantwortung tragen, ihre Position und ihre speziellen Ressourcen für das Wohlergehen anderer einzusetzen, denke ich doch, dass die Mediation von Konflikten eine neutrale Position benötigt. Das Eingreifen in einen Konflikt anderer Mächte sollte niemals mit Blick auf die eigenen Interessen geschehen, sondern einzig den involvierten Konfliktparteien dienen. Es sieht oft so aus, als ob die großen Weltmächte nur zum Schutz eigener ökonomischer oder politischer Interessen in Konflikte einzugreifen gewillt sind.

Nicht alle Weltmächte billigen ihren Bürgern Mitbestimmung bei politischen Entscheidungen zu. Doch als Bürgerin oder Bürger in einem demokratischen Land hat man die Pflicht, sich aktiv an der öffentlichen Diskussion über die Politik zu beteiligen, die im eigenen Namen gemacht wird. Es reicht nicht, Nachrichten und Entscheidungen einfach hinzunehmen. Die dahinter verborgenen Motive müssen aufgedeckt werden.

Ob man nun als einzelne Person oder als Land bei einem Konflikt interveniert, es gelten die gleichen Regeln: Man sollte ehrlich die eigene Motivation reflektieren. Man sollte sich sicher sein, die Situation unparteiisch betrachten zu können, und sich nicht auf die Ansicht nur einer Seite verlassen. Stimmen Sie den vorgeschlagenen Aktionen nur dann zu, wenn Sie davon überzeugt sind, dass dies nicht nur im Interesse Ihres Landes, sondern im Interesse der ganzen Welt geschieht. Als bewusster und verantwortungsvoller Bürger ist es wichtig, dass Sie eigenständig denken und universellen Frieden, Stabilität und Wohlergehen berücksichtigen. Nutzen Sie Ihre Urteilskraft und beziehen Sie Stellung zum Wohle der ganzen Welt und nicht nur eines Teils von ihr!

Auch wenn wir von unserer ehrlichen Motivation überzeugt sind, zum Wohlergehen der Welt beitragen zu wollen, müssen wir die Mittel hinterfragen, mit denen wir unsere Ziele erreichen wollen. So werden zum Beispiel im Namen der Freiheit Waffen exportiert und Kriege geführt. Mächtige Staaten vergrößern ihre Waffenarsenale und führen mehr Kriege. Sie riskieren auf diese Weise die Sicherheit und Stabilität ihres eigenen Landes sowie das der ganzen Welt.

Auch hier gilt wieder: Eine reine Motivation muss mit Weisheit einhergehen. Ich bin der festen Überzeugung, dass Kriege und gewaltsame Auseinandersetzungen keine geeigneten Mittel sind, um Frieden, Wohlstand, Stabilität und Freiheit zu erreichen. Ich bin mir sicher, die Geschichte wird zeigen, dass Kriege langfristig erfolglos und kontraproduktiv sind.

Ich habe bereits viele Menschen aus mächtigen Nationen getroffen, die zutiefst unzufrieden darüber sind, wie ihre politischen Führerinnen und Führer auf der internationalen Bühne mit ihrer Macht umgehen. Die Wut auf Regierungen ist besonders dann groß, wenn es Menschen nicht gelungen ist, politische Vertreter zu einer vernünftigeren, mitfühlenderen und geschickteren Politik zu bewegen.

Wenn Sie feststellen, dass Sie auf Regierungen wütend sind, sollten Sie sich daran erinnern, wie schädlich diese Wut für Sie selbst und andere ist, und dann den festen Entschluss fassen, sich zu beruhigen. Lassen Sie nicht zu, dass Ihr Geist aufgewühlt wird. Ruhen Sie unerschütterlich in einer friedvollen Geistesverfassung.

Jede Herausforderung annehmen

Es gibt ein buddhistisches Sprichwort, das Ihnen helfen kann, im Gleichgewicht zu bleiben, egal, wie groß die Herausforderung ist. Es lautet: »Wenn du etwas tun kannst, um die Dinge zu ändern, warum sich über sie ärgern? Und wenn du nichts tun kannst, um die Dinge zu verändern, warum sich über sie ärgern?«

Dieses Sprichwort gilt für alle Lebenssituationen. Wenn Sie etwas zum Guten wenden können – wunderbar. Dann gibt es keinen Grund, betrübt zu sein. Ebenso wenig ist es sinnvoll, sich über etwas zu bekümmern, das man nicht ändern kann. Dieser Rat gilt, wenn Sie zu beeinflussen versuchen, wie Ihre Regierung bei Konflikten anderer interveniert. Er gilt auch, wenn Sie persönlich versuchen, die Konflikte anderer Menschen zu lösen oder Sie selbst in Konflikte mit anderen geraten.

Es gibt viele Situationen, die wir beeinflussen können, und andere, auf die wir keinen Einfluss haben. Doch nichts muss Sie beunruhigen oder unglücklich machen. Wenn Sie zulassen, aufgebracht oder unglücklich zu sein, können Sie schwerlich sagen, jemand anderes würde Sie ärgerlich und unglücklich machen. Sie selbst sind die Ursache Ihres eigenen Unglücks. Warum halten Sie an unerträglichen Situationen fest? Wenn Sie in Situationen etwas verändern können, tun Sie es; wenn nicht, akzeptieren Sie diese Tatsache und handeln Sie im Rahmen des Möglichen.

Es gibt keinen Grund, aufgewühlt und unglücklich zu sein. Sie schaden sich damit nur selbst; Sie verändern die Situation nicht zum Besseren und Sie sind anderen nicht von Nutzen. Sie machen es sich nur noch schwerer, auf die eigenen heilsamen Ressourcen zurückzugreifen. Sie verwehren sich selbst den Zugang zu Ihrem edlen Herzen.

Mit uns selbst beginnen

Aus all den genannten Gründen halte ich es für das Beste, mit uns selbst zu beginnen, wenn es uns darum geht, Konflikte zu lösen. Den besten Rat können wir uns selbst geben und nicht anderen. Die buddhistischen Lehren sprechen davon, dass jeder Mensch sein eigener Beschützer und Retter ist. Dies erinnert uns daran, dass jeder und jede von uns für das eigene Handeln verantwortlich ist und herausfinden muss, wo der heilsame Weg entlangführt.

Erteilen wir lieber anderen Ratschläge, kann das dazu führen, nur in anderen Fehler zu sehen und blind für die eigenen zu werden. Vielleicht beginnen wir sogar, unsere Mängel vor uns und anderen zu verstecken. Dann werden wir kaum noch wahrnehmen, wo wir an uns arbeiten müssen, bis uns jemand darauf hinweist. Doch darauf zu warten, dass uns jemand kritisiert, ist sicher keine geeignete Strategie, herauszufinden, wo unsere Probleme liegen! Sobald wir ein Problem bemerken und herausfinden, was in uns der Grund dafür ist, sind wir bestens motiviert, es anzugehen.

Viele Konflikte sind nicht in einem Schritt zu lösen. Manche Konflikte dauern sehr lang. Ob Sie einen Konflikt, den Sie wahrnehmen oder in den Sie selbst verstrickt sind, lösen können oder nicht, Sie haben immer Optionen. Was auch immer um Sie herum geschieht: Sie können an sich selbst arbeiten. Kultivieren Sie Ihre eigenen inneren Qualitäten, dann kann ein bestehender Konflikt Sie weder bedrängen noch verstören. Wenn Sie Ihre eigenen Qualitäten entwickeln und Ihren reinen Absichten treu bleiben, werden Sie stets Zuflucht zu der Gewissheit nehmen können, dass es zumindest eine unheilvolle Person weniger auf der Welt gibt.

Vertrauen

Ist ein Konflikt gelöst, geht es darum, das verloren gegangene Vertrauen wieder herzustellen. Oft ist es nicht einfach, offene und vertrauensvolle Beziehungen zwischen früheren Streitparteien wieder zu etablieren. In uns sitzt die Erfahrung der Verletzung und das Vertrauen ist beschädigt. Konfliktlösung allein, ob auf zwischenmenschlicher, gemeinschaftlicher oder globaler Ebene, reicht nicht aus. Eine neue Vertrauensbasis muss geschaffen werden, damit ein langfristiger Heilungsprozess zwischen zwei Parteien stattfinden kann.

Ich selbst habe schon ganz unterschiedliche Erfahrungen damit gemacht, anderen zu vertrauen. Immer wieder haben sich andere mir gegenüber nicht so verhalten, wie ich es erwartet hatte, und das hat mich sehr zum Nachdenken darüber gebracht, was Vertrauen für mich bedeutet. Ich bin zu der Überzeugung gelangt, dass ich mein Vertrauen in andere nicht darauf gründen möchte, ob sie meine Erwartungen erfüllen. Ich möchte Vertrauen nicht zu einem Geschäft machen, wie zwei Parteien, die einen Vertrag abschließen: »Du vertraust mir und dafür vertraue ich dir. Wenn du dich entsprechend verhältst, vertraue ich dir weiter.« Nein, mein Vertrauen ist ein Geschenk, das ich frei geben möchte.

Ich verstehe, dass Vertrauen grundsätzlich nur funktioniert, wenn es von beiden Seiten getragen wird. Doch ich möchte mein Vertrauen nicht vom Verhalten der anderen Person abhängig machen, sondern von meinen Gefühlen der Zuneigung. Ich mag jemanden, es ist ein Gefühl der Zuneigung da, und ich entscheide mich, diesem Menschen zu vertrauen.

Dieses Verständnis von Vertrauen ist nicht einfach anzunehmen. Es umfasst eine Neudefinition dessen, was Vertrauen bedeutet. Diese Neudefinition ist möglich, wenn wir unsere Aufmerksamkeit auf die Liebe richten, die wir für den anderen Menschen empfinden, und nicht darauf, wie er sich uns gegenüber verhält. Wir richten unsere Aufmerksamkeit nicht mehr auf das, was wir wollen, sondern auf das, was wir geben.

Es ist wahr, dass uns das Verhalten anderer Menschen manchmal verletzen kann. Doch selbst wenn wir aufgebracht sind, muss das unser Vertrauen nicht untergraben, solange unser Vertrauen in Liebe gründet und wir es bedingungslos verschenken können. In Kapitel 3 über »Gesunde Beziehungen« sprach ich darüber, wie wir lieben können, ohne einen besonderen Grund dafür zu haben. Wenn unsere Liebe nicht davon abhängt, etwas von der geliebten Person zu bekommen, kann sie uns niemals einen Grund dafür liefern, mit der Liebe aufzuhören. Solange wir der grundsätzlichen Güte eines Menschen vertrauen und seinem Wert als menschlichem Wesen, wird unser Vertrauen so tief verankert sein, dass es jedem Sturm standhält.

Hängt Vertrauen dagegen von Bedingungen ab, kann es nur schwer aufrechterhalten werden, denn Bedingungen ändern sich ständig. Eine kleine Enttäuschung und schon ist die Vertrauensbasis erschüttert. Ich denke, wir sollten nicht zu viele Erwartungen an andere haben. Auch wenn wir mit jemandem nicht mehr in Kontakt sind, sollten wir anerkennen, dass die andere Person, der wir einst unser Vertrauen aus Liebe geschenkt haben, weiterleben muss. Auch sie will glücklich sein. Nur weil sie uns wehgetan hat, sollten wir ihr kein Leid wünschen. Auch wenn das Vertrauen zerbrochen ist, kann unser Fokus weiterhin auf unseren Wunsch ausgerichtet bleiben, der andere Mensch möge glücklich sein, statt darauf, was wir vom anderen zu bekommen erhofft haben. Das verleiht unseren Langzeit-Beziehungen ein stabiles Fundament, Konflikte durchzustehen.

Unser Wunsch, der anderen Person möge es wohl ergehen, kann bestehen bleiben, unabhängig davon, was zwischen uns passiert ist. Beziehungen entwickeln und transformieren sich im Laufe eines Lebens in vielfältiger Weise. So sehe ich das. Mein Vertrauen ist ein dauerhaftes Geschenk. Wenn ich es einmal verschenkt habe, gilt es für immer.

Wenn wir aufmerksamer werden für das, was wir geben,

statt für das, was wir bekommen, kann uns das bei vielen Beziehungsaspekten dienlich sein. Es hilft uns, wenn wir mit anderen in Konflikt geraten oder anderen beistehen wollen, ihre Konflikte zu lösen. Vielleicht erscheint es uns schwierig, das vollständig umzusetzen, doch schon mit kleinen Schritten in Richtung einer allmählichen Prioritätsverschiebung zugunsten des Wohlergehens anderer können wir uns von Konflikten wegbewegen. Die Sorge für das Wohlergehen anderer, von denen unser Glück abhängt, ist das wichtigste Werkzeug, um Konflikte zu lösen. In einer Welt wechselseitiger Abhängigkeit ist es sicherlich auch eines der weisesten Werkzeuge, derer wir uns bedienen können.

10 Spirituelle Wege

Leben und Spiritualität miteinander verbinden

In diesem Buch lege ich die Grundzüge einer Art humanistischer Spiritualität dar. Natürlich beziehe ich mich dabei auf das, was ich aus den buddhistischen Lehren gelernt habe. Doch alles, worüber ich spreche, ist eine logische Konsequenz der wechselseitigen Abhängigkeit, die uns mit anderen und mit unserem Planeten verbindet. Jeder kann selbst diese Schlussfolgerungen ziehen, denn sie gründen, unabhängig von jeglicher religiösen Orientierung, auf Beobachtung und Erfahrung. Wenn eine Wahrheit universell ist, kann sie weder einer Religion noch einer säkularen Sichtweise allein gehören.

Ich möchte Wege aufzeigen, die Welt zu betrachten und in ihr zu leben, ohne dass dies erforderte, einer bestimmten religiösen Tradition anzugehören. Ich tue dies in der Hoffnung, mein Buch möge jeden inspirieren, der ein erfüllteres, mitfühlenderes und sinnvolleres Leben führen möchte. Doch es gibt auch Menschen, die danach streben, sich tiefer auf einen bestimmten spirituellen Weg einzulassen. Dieses Kapitel ist ihnen gewidmet.

Ich selbst wurde in eine buddhistische Familie hineingeboren. Wir waren eine sehr spirituelle Familie. Ich spreche lieber von »spirituell« als von »religiös«, denn wir hatten große Ehrfurcht gegenüber dem, was jenseits der uns zugänglichen, materiellen Welt ist, und doch wussten wir wenig von religiösen Lehren und Ideen. Wir waren nicht vollkommen unwissend, doch unsere Ansichten und die Prinzipien, denen wir folgten, waren recht überschaubar und einfach. So wuchs ich auf.

Eines Tages, ich war ungefähr sieben Jahre alt, tauchte eine Gruppe von Mönchen meines Klosters in unserem Dorf auf und überbrachte meiner Familie die Nachricht, ich sei der Karmapa. Dieses Ereignis bestimmte, dass ich Buddhist sein würde. Was konnte ich tun? Für mich gab es keine Wahl, welche Religion ich annehmen würde. Ich wurde einfach zu einem Buddhisten gemacht. Wenn Ihnen plötzlich gesagt würde, Sie seien der Karmapa, müssten Sie auch akzeptieren, Buddhist oder Buddhistin zu werden!

Obwohl ich selbst keine Alternativen erforschen und mir dann einen bestimmten spirituellen Weg aussuchen konnte, dem ich folgen wollte, haben Sie selbst diese Möglichkeit. Früher übernahmen Menschen einfach die Religion ihrer Eltern. In traditionelleren Kulturen ist es immer noch so. Doch in modernen Gesellschaften ist Religion eine Angelegenheit der individuellen Wahl geworden, die oft nach einer Phase des persönlichen Kennenlernens verschiedener Angebote getroffen wird. Die Wahl eines religiösen oder spirituellen Weges ist eine bedeutende Entscheidung im Leben. Einige von Ihnen haben sich vielleicht schon vollständig gegen jegliche Religion und Spiritualität entschieden. Andere bleiben bei der Religion, in die sie hineingeboren wurden, doch mit einem vertieften Verständnis für die in ihr enthaltenen Werte. Und dann gibt es Menschen, die einen anderen spirituellen Weg als passender für sich, ihr Herz und ihren Geist empfinden.

Heutzutage wendet sich eine beträchtliche Anzahl von Menschen den buddhistischen Lehren zu, die nicht in eine buddhistische Kultur oder Familie hineingeboren wurden. Ich betrachte dies als ein Zeichen für den Geist der Zeit, in dem wir leben, eine Zeit wachsenden Gewahrseins für die vielfältigen Möglichkeiten, den Sinn des Lebens und unseren Platz darin zu erklären.

Wissenschaft und Religion

Die Geschichte zeigt uns, dass seit Jahrtausenden Religionen praktiziert werden, vielleicht sogar, seit es menschliche Gesellschaften gibt. Offensichtlich befriedigt die Kultivierung eines geistigen Lebens ein fundamentales menschliches Bedürfnis; sonst wären religiöse Praktiken nicht zu einem festen Bestandteil menschlicher Kulturen geworden. Heutzutage finden zwar immer noch viele Menschen einen Sinn im religiösen oder spirituellen Leben, doch viele andere glauben, dass Religion nicht mehr wichtig sei. Sie halten Religion für ein Relikt der Vergangenheit.

Einige meinen, die Wissenschaft solle den Platz der Religion einnehmen, doch viele andere, darunter sogar berühmte Wissenschaftler, lehnen dies ab. Albert Einstein hat einmal gesagt: »Wissenschaft ohne Religion ist lahm, Religion ohne Wissenschaft blind.« Wir brauchen die Wissenschaft. Doch wir benötigen auch die Religion. Wissenschaftlicher Fortschritt hat Konsequenzen. Eine davon sind die schrecklichen Kernwaffen, mit denen wir umgehen müssen. Darüber hinaus hat der materielle Fortschritt zum zunehmenden Auseinanderdriften von Arm und Reich bis zu einem Punkt geführt, wo dies kaum noch überbrückbar erscheint. Ohne Bewusstheit und eine von Herzen kommende Ausrichtung können Technologie und Wissenschaft vielleicht sogar mehr Unheil anrichten als Gutes vollbringen.

Ich denke, die Wissenschaften sind unsere Gliedmaßen – unsere Arme und Beine –, während Spiritualität uns zu sehen hilft. Unsere Arme und Beine allein können uns nicht sagen, in welche Richtung wir gehen sollen. Es ist sogar gefährlich, sich vorwärts zu bewegen, ohne zu überblicken, was vor uns liegt. Wir müssen die Folgen des wissenschaftlichen Fortschritts einschätzen. Wissenschaft ist nicht einfach nur Fortschritt. Wir müssen uns fragen: Fortschritt in welche Richtung?

Äußeres Wissen, innere Weisheit

Technologische und wissenschaftliche Forschung waren immer weitgehend auf äußere Probleme fokussiert. Das Wissen, das unsere Generation daraus gewonnen hat, ist auf einer äußeren Ebene geblieben – als wenn alles, was wir über das Leben wissen müssen, außerhalb von uns existieren würde. Auf diese Weise haben wir eine stark nach außen gerichtete Orientierung entwickelt. Im Zuge all unserer großartigen Entdeckungen haben wir es versäumt, Weisheit und Selbsterkenntnis zu kultivieren. Wir fragen nicht: Wer macht diese Entdeckung? Wer erlangt Wissen und wofür? Welche Welt wollen wir erschaffen und wo ist ein sinnvoller Platz für uns darin? Diesen Fragen widmen sich die Religionen.

Damit möchte ich nicht sagen, dass wir uns der Untersuchung der äußeren Welt nicht länger widmen sollten, sondern, dass wir einen gleichermaßen neugierigen Blick in unsere innere Welt werfen sollten. Dann können wir uns selbst kennenlernen, können Herz und Geist vereinen. Es kostet Anstrengung und Engagement, vertraut mit der Natur des eigenen Geistes zu werden. Wenn wir auf uns selbst gestellt sind, neigen wir dazu, uns sehr schnell ablenken zu lassen. Unser Geist ist so voller Unrat, dass wir keine klare Sicht auf seine Natur gewinnen können. Wir müssen erst Platz schaffen, um auf uns selbst zu schauen. Manchmal müssen wir auch für Abstand von der Geschäftigkeit des Lebens und der Ansammlung von Gütern, mit denen wir es füllen, sorgen. Unsere gewohnheitsmäßige Außenorientierung erschwert uns die Gewöhnung an ein stilles Sitzen mit uns selbst.

Natürlich ist es sehr wichtig, auch andere Menschen aufrichtig zu betrachten. Doch manchmal ist es zunächst notwendig, sich selbst erst einmal wirklich zu sehen und kennenzulernen. Jede religiöse Tradition bietet gewisse Ideen von einem sinnerfüllten Leben an und hat Methoden entwickelt, sich selbst besser kennenzulernen. Zunächst kann man verschiedene Wege erkunden und herausfinden, welche Philosophie oder Tradition für einen selbst die geeignete ist. Eine religiöse Philosophie oder Tradition gibt Ihnen eine Art Einführung in wichtige Fragen des Lebens. Die Philosophie, Erkenntnistheorie und Metaphysik der buddhistischen Tradition zum Beispiel sind äußerst umfangreich und reich. Das Studium einer Philosophie oder Religion kann faszinierend sein. Doch es reicht nicht, nur daran Interesse zu haben. Sie müssen selbst aktiv nach der Wahrheit suchen, um sie für sich zu finden.

Es gibt eine Geschichte von einem Supercomputer. Er sollte den Sinn des Lebens berechnen. Der Computer benötigte Jahre für diese komplexe Frage und lieferte schließlich eine Antwort. Der Sinn des Lebens ist … die Zahl 42. Die Geschichte war lustig gemeint und sie ist tatsächlich zum Lachen. Niemand kann die Frage nach dem Sinn des Lebens für uns klären – am allerwenigsten eine Maschine.

Wir selbst müssen den Sinn unseres Lebens entdecken. Er wird uns nicht gegeben – weder von einer Maschine noch von einem anderen Menschen. Religion allein kann ohne unser persönliches Engagement nicht die großen Fragen des Lebens für uns lösen. Deshalb nimmt persönliche Erfahrung auch einen so wichtigen Platz auf unserem spirituellen Weg ein. Ich glaube, ein spiritueller Weg ist dann besonders wirkungsvoll für uns, wenn wir auf dieser Reise all unsere Erfahrungen mitnehmen.

Einem Außenstehenden mag ich extrem religiös erscheinen. Manch einer meint vielleicht, der religiöse Glaube wurde mir übergestülpt, da ich meine ersten Lebensjahre in einer traditionellen Gesellschaft verbracht und später intensive Unterweisungen in einem Kloster erhalten habe. Doch ich selbst empfinde das gar nicht so. Ich habe eine umfangreiche Ausbildung in verschiedensten Aspekten buddhistischer Philosophie erfahren, doch mein Gefühl für Religion ist erst später entstanden und vertiefte sich dann durch persönliche Erfahrung. So funktionierte es für mich, doch ich denke, für die meisten Menschen ist es wohl kein erfolgversprechender Weg, gesagt zu bekommen, wie die Dinge sind, bevor sie eigene Erfahrungen gemacht haben. Ich denke, unser religiöses Verständnis sollte auf persönlichen Erfahrungen gründen.

Wie kann das geschehen? Wenn wir eine bestimmte Religion oder spirituelle Tradition kennenlernen, können wir uns fragen, was sie uns über uns selbst lehrt. Sie sollte uns helfen, tiefgründig über das Leben nachzudenken, und uns lehren, wie wir glücklich werden können. Wir können uns fragen, wie ihre Lehren uns helfen, unsere bislang im Leben gemachten Erfahrungen zu verstehen. Auch nachdem wir uns für einen bestimmten spirituellen Weg entschieden haben, können wir alles, was wir im Leben erfahren, in unsere religiöse Praxis einbringen. Ist Spiritualität tief in unserer Lebenserfahrung verankert, kann sie zu einer treibenden Kraft werden.

Authentische Erforschung

Wenn mich jemand fragen würde: »Welcher Religion gehören Sie an?«, wäre es schon merkwürdig, wenn ich nicht sagen würde: »Ich bin ein Buddhist.« Schließlich betrachten mich die Menschen als einen buddhistischen Führer! Um die Dinge nicht zu kompliziert zu machen, ist es für mich am einfachsten zu sagen: »Ich bin ein Buddhist«, obwohl das nicht genau beschreibt, wie ich mich selbst sehe. Ich betrachte mich selbst als einen Anhänger des Buddha. Ich bemühe mich, in die Fußstapfen des Buddha zu treten. Am Label »Buddhist« festzuhalten und es wie eine Fahne zu schwenken ist etwas anderes.

Wenn ich sage, ich möchte in die Fußstapfen des Buddha treten, besteht für mich der entscheidende Punkt darin, dass der Buddha seine eigene Intelligenz benutzte, um den Sinn des Lebens in sich selbst zu entdecken. Er entdeckte diesen Sinn nicht in Texten, die andere geschrieben hatten, oder durch ein formalisiertes Regelwerk. Er fand den Sinn selbst, in seinem edlen Herzen. Wir alle haben das Potential dazu.

Wer Sie wirklich sind, können Sie nicht allein anhand von Texten oder Ritualen erfahren. Auch wenn Sie über Worte nachdenken, die Sie gehört oder gelesen haben, müssen Sie doch deren Bedeutung für sich selbst entdecken. Sie müssen jedes Teil eines Ganzen selbst entdecken und diese Teile dann selbst auch zusammenfügen, denn wonach Sie suchen, werden Sie nicht finden, indem Sie etwas nehmen, was andere bereits zusammengefügt haben.

Im Akt einer solchen Entdeckung steckt eine große transformative Kraft. Kein Gründer einer Religion war ein Mitläufer. Der Buddha wurde zum Buddha, weil er wichtige Wahrheiten für sich herausfand. Viele bemerkenswerte Menschen in seiner Tradition kamen selbst auch zu diesen Einsichten. Das Gleiche gilt für alle Gründer und Anhänger der großen Weltreligionen. Sie alle haben neue Einsichten und Erkenntnisse hervorgebracht. Jeder von uns vermag das; es braucht dazu nur die richtigen Bedingungen. Eine hilfreiche Bedingung kann es sein, sich einer Religion anzuschließen oder ihre Weisheiten zu studieren. Doch ich habe zehn Jahre lang buddhistische Philosophie studiert und muss sagen, dass ich solch ein Studium nicht für ausreichend halte, um wirklichen Sinn zu entdecken. Nur wenn Ihr eigenes Verständnis tief in Ihnen selbst verankert ist, können Sie spirituell erwachen. Nur Sie selbst können Ihr Leben verstehen und seine tiefere Bedeutung finden.

Der historische Moment formt und beeinflusst die Art und Weise, in der spirituelle Lehren präsentiert werden. Etwas zu folgen, was Menschen unter anderen sozialen und geschichtlichen Bedingungen gelehrt wurde, kann niemals so lebendig sein, wie die Spiritualität, die Sie hier und jetzt leben. In Fragen spiritueller Erfahrung muss einfach jeder Mensch zu seinen eigenen Erkenntnissen gelangen. Das heißt, Sie müssen sich selbst als Person aktiv auf Ihrem spirituellen Weg einbringen, welcher Weg es auch immer sein mag. Anders geht es nicht.

Ich möchte klarstellen, dass es bei dem Streben nach persönlicher Erkenntnis nicht darum geht, alle etablierten spirituellen Wege abzulehnen. Viele Menschen empfinden organisierte Religionen als schwierig – oder als hoffnungslos mängelbehaftet. Sie mögen sogar zu dem Schluss kommen, sie könnten sich selbst aus Versatzstücken verschiedener Religionen ihre eigene zusammenbasteln. Ich halte das nicht für realistisch. Es funktioniert nicht. An die Stelle von etwas Ganzheitlichem, das uns transformiert, tritt in diesem Fall ein Flickenteppich, der uns gefällt. Das kann zu einer Art von spirituellem Konsumismus werden.

Schlimmstenfalls kann es gefährlich sein. Teile, von denen Sie denken, sie helfen Ihnen, können wirkungslos oder sogar schädlich sein, wenn sie ohne ihren Kontext angewendet werden. Wenn Sie Übungen aus einem stufenweisen Prozess der Transformation herauslösen, haben sie möglicherweise nicht die gleiche Wirkung wie innerhalb der vorgesehenen Abfolge. Unser spiritueller Weg sollte sich organisch entfalten – und wir sollten uns von ihm leiten lassen, Schritt für Schritt, wohin auch immer er uns führt.

Der spirituelle Lehrer als Freund

Der Prozess der Beseitigung von Hindernissen auf unserem Weg zur Selbsterkenntnis verläuft nicht planlos oder zufällig. Ohne die notwendigen Bedingungen geschieht kein spirituelles Erwachen. Die wichtigste Vorbedingung besitzen wir bereits – unser edles Herz. Doch für alle anderen Ursachen und

Bedingungen müssen wir aktiv sorgen. Spirituelle Unterweisungen sind eine wesentliche Bedingung. Sie können durch spirituelle Lehrer und Lehrerinnen, durch erfahrene Praktizierende oder mit Hilfe von Büchern erfolgen. Die Natur kann uns durch das Wechselspiel ihrer Elemente lehren. Selbst das Geräusch fließenden Wassers in einem Bach kann uns etwas mitteilen. Es vermag uns die Wahrheit ständiger Veränderung bewusst machen. Die Glätte von Kieselsteinen in einem Flussbett kann uns zeigen, wie stetiges Bemühen selbst die festesten Strukturen verändern kann.

Meines Erachtens sollte man bei der Suche nach einem spirituellen Lehrer zuerst darauf achten, dass es sich um einen guten Menschen handelt. Eine Lehrerin sollte nicht nur gebildet und klug, sondern auch ein herzlicher Mensch sein, der Ihnen wirkliche Zuneigung entgegenbringt. Dies lässt sich von außen schwer beurteilen. Niemand trägt ein Zeichen mit der Aufschrift »Ich bin ein gutherziger Mensch« auf der Stirn.

Menschen unterscheiden sich in ihren Persönlichkeiten. Die Wahl eines Lehrers sollte nicht davon bestimmt sein, ob er eine bestimmte Persönlichkeit hat, sondern ob es sich um eine freundliche Person handelt, die eine positive Wirkung auf andere hat. Lehrer können einsiedlerisch oder zurückhaltend sein. Sie müssen also Ihr eigenes Urteilsvermögen nutzen, um zu entscheiden, ob er Sie positiv inspiriert.

Es ist schwer zu sagen, wie lange man sich Zeit nehmen sollte, eine Lehrerin näher kennenzulernen. Es ist auch nicht so, dass sie sich mit einem Mal all Ihrer spirituellen und emotionalen Bedürfnisse annimmt. Die Verbindung muss sich mit der Zeit entwickeln.

Meines Erachtens gibt es zwei wichtige Aspekte, die bei

der Wahl eines Lehrers in Betracht zu ziehen sind. Einer ist der anfängliche Prozess der Untersuchung und Klärung. Der andere ist Vertrauen. Eine Beziehung zwischen Lehrer und Schüler muss kultiviert werden. Sie ist nichts Ausgereiftes, das nur entdeckt werden müsste. Sie lassen zu, dass der Lehrer, die Lehrerin sie mit all Ihren Fehlern kennenlernt. Gleichzeitig wächst so das Vertrauen in Ihnen, dass der Lehrer, die Lehrerin Sie auch weiter mag. Es ist wichtig, dass Sie Ihrer Lehrerin vertrauen können und dass Sie selbst vertrauenswürdig sind. Das Vertrauen in einer spirituellen Lehrer-Schüler-Beziehung muss wechselseitig sein.

Der Ort der Gemeinschaft

Auch Gemeinschaft kann eine wichtige Rolle in Ihrem spirituellen Leben einnehmen. Das heißt nicht, dass Sie sich nun auf den Weg nach der richtigen spirituellen Gruppe machen müssten, um sich ihr anzuschließen. Nähern Sie sich dem Thema mit dem einfachen Gedanken daran, wie gut es wäre, einen Freund, eine Freundin zu haben. Noch besser wäre ein Freund, eine Freundin mit den gleichen spirituellen Interessen. Mehrere solcher Freunde zu haben wäre noch besser.

Anders gesagt, wir brauchen gute Freunde im Leben, Menschen, die uns ermutigen und inspirieren und die wir ermutigen und inspirieren. Wir brauchen vertrauenswürdige Freundinnen. In unserer Welt ist es schwer geworden, Vertrauen zu entwickeln. Wie ich bereits im Kapitel 9, »Konfliktbewältigung«, beschrieb, ist für unser Leben Vertrauen extrem wichtig. Mein Leben ist schwierig gewesen. Ich ließ alles hinter mir zurück und war mit vielen Hindernissen konfrontiert. Doch ich habe immer noch Vertrauen. Anderen zu vertrauen ist lebenswichtig für mich.

Wir sind soziale Wesen. Jedes Individuum ist von anderen abhängig. Es ist wichtig, enge Freundinnen und Freunde zu haben, die uns moralische Unterstützung geben und das Gute in uns befördern. Das ist viel wichtiger, als die gleiche Marke zu tragen oder der gleichen Organisation anzugehören, und es gilt ebenso für Freundschaften wie für Lehrer-Schüler-Beziehungen. Eine spirituelle Lehrerin muss eine gute Freundin sein.

Die Dinge einfach halten

Wenn Sie sich einmal für einen bestimmten spirituellen Weg entschieden haben, empfehle ich Ihnen, nach dem einfachsten Weg Ausschau zu halten, auf dem Sie vorankommen. Was Sie anstreben, sollte durch Ihre spirituelle Praxis und in Ihrer religiösen Gemeinschaft möglich und erreichbar sein.

Halten Sie die Dinge einfach. Der Geist arbeitet an sich sehr einfach. Wir beachten dies oft nicht. Am Anfang erscheint uns der spirituelle Weg vielleicht sehr einfach und vollkommen klar. Doch nachdem wir einige Jahre praktiziert haben, bewegen wir uns manchmal rückwärts und entfernen uns immer mehr von der anfänglichen Einfachheit. Der spirituelle Durchbruch kann auch darin bestehen, wiederzuentdecken, was wir am Anfang erkannt und erlebt haben.

Spirituelle Entdeckungen beinhalten nicht, Weisheit in irgendetwas außerhalb von uns zu finden, sondern in dem, was bereits in uns existiert. Wenn man die Inschrift eines Steins säubert, wird die ursprüngliche Gravur immer besser sichtbar. Wir sind wie diese Steine. Durch spirituelle Praxis erlangen wir nicht etwas, was wir vorher nicht besessen hätten, sondern wir werden für uns selbst immer sichtbarer.

Vorwärtsgehen und zweifeln

Menschen, die einen spirituellen Weg gerade neu beschreiten, neigen dazu, ihn zu ernst zu nehmen und dabei selbstgerechte Auffassungen zu entwickeln und an ihnen festzuhalten. Ich empfehle Ihnen, es langsam anzugehen. Überlassen Sie sich der Freiheit der Entdeckung und Erforschung. Finden Sie ein Gleichgewicht zwischen vollständigem Eintauchen und distanzierter Betrachtung.

Um uns eine weite Perspektive zu erhalten, sollten wir uns vor Dogmatismus schützen. Ich denke, es ist gut, zu zweifeln. Wenn Sie zweifeln, hinterfragen Sie und suchen nach Antworten. Sie fragen andere nach ihrer Meinung. Fragen Sie und hinterfragen Sie alles, was Ihnen unklar erscheint! Das hält den Geist offen. Gehen Sie vorwärts und zweifeln Sie!

Buddhistische Schriften kennen zwei Arten von Zweifel; die eine dient dem spirituellen Wachstum, die andere nicht. Letztere ist ein respektloser, abschätziger Zweifel; erstere ist ein neugieriger Zweifel. Der abwertende Zweifel verrät, Sie haben sich eigentlich schon entschieden, dass etwas falsch ist, doch Sie lassen Ihr Gegenüber noch im Unklaren darüber. Halbherzig hören Sie zu, doch Sie sind längst geneigt, das Gesagte abzulehnen. Im Falle des neugierigen, eher unparteiischen Zweifels haben Sie das Gefühl, es könnte richtig sein, was Sie hören, doch Sie wollen sich der Sache noch weiter versichern. In diesem Fall sind Sie offen, doch ein Teil Ihres Geistes, der aufmerksam zuhört, möchte sich selbst vergewissern.

Wir müssen uns Klarheit über alles verschaffen, um zu wissen, wie wir Neues mit unseren Erfahrungen in Beziehung setzen können. Wenn wir uns erlauben, Fragen zu stellen, und ein aktives Interesse zeigen, treiben wir den Prozess unseres spirituellen Erwachens aktiv voran. Auf diese Weise bleiben wir aufmerksam für die Möglichkeiten geistigen Wachstums. Wir beginnen, unser ganzes Leben mit spirituellem Wachstum zu verbinden.

Aufmerksam für das Glück bleiben

Das vorrangige Ziel eines spirituellen Weges ist wahrhaftiges Glück. Alles andere ist zweitrangig. Wir können uns selbst befragen, wie wir authentisches, wirkliches Glück zu erschaffen vermögen. Unser edles Herz und unsere menschliche Intelligenz sind exzellente Voraussetzungen dafür, wahres Glück im Leben zu finden. Doch Glück entsteht ebenso wie spirituelles Erwachen nicht durch willkürliches Handeln. Wir erlangen kein dauerhaftes Glück, indem wir einfach dem Diktat unserer wechselnden Emotionen folgen. Und wir erreichen es auch nicht durch bewusstlose Wiederholung gewohnheitsmäßigen Verhaltens. Wir müssen die uns innewohnende Intelligenz und unsere Weisheit anwenden, wollen wir den Sinn unseres Lebens entdecken. Doch dies gelingt nicht allein durch intellektuelle Analyse, denn Glück kann nicht nur vom Verstand ausgehen. Wir brauchen unser Herz dafür.

Jeder Schritt im Leben – jede einzelne Erfahrung – ist eine Möglichkeit für spirituelles Wachstum. Wenn wir gegenwärtig sind, kann uns schon das Sich-Wiegen der Grashalme im Wind zur Wahrheit wechselseitiger Abhängigkeit erwachen lassen. Wenn Sie sich die Zeit nehmen, ganz bei sich zu sein, können Sie viele Momente solcher stillen Entdeckungen erleben. Doch dafür müssen Sie aufhören, Dingen, Menschen und Erfahrungen hinterherzujagen, und die Fähigkeit des Innehaltens entwickeln.

Die Gewohnheit, anderem hinterherzujagen, ist stark und das Leben im 21. Jahrhundert unterstützt sie sehr. Wir sind so darin gefangen, all unsere Ziele zu verfolgen und deren widerstreitende Aspekte auszutarieren, dass wir kaum noch dazu kommen, nachzudenken oder zu beten. Wenn wir in unseren vollen Kalender eine Meditation oder ein Reflektieren in Stille reingequetscht haben, ist es schwierig, in dieser Zeit den Geist zur Ruhe kommen zu lassen. Es ist nicht Erfolg versprechend, Spiritualität wie eine Aktivität unter vielen anderen zu behandeln. Die spirituelle Praxis wird sich dann in einer gehetzten Atmosphäre abspielen und zu einer Art Pflichtübung werden – etwas, das wir erledigen müssen, damit wir die anderen Dinge auf unserer »to do«-Liste auch noch schaffen.

Einerseits sollten wir aufpassen, unsere spirituelle Praxis nicht wie andere tägliche Obliegenheiten abzuarbeiten, andererseits sollten wir sie nicht vom Rest unseres Lebens abkoppeln. Wenn sich unser Leben durch die spirituelle Praxis verändern soll, sollte es keine Lücke zwischen den alltäglichen Dingen des Lebens und der Praxis geben. Die Spiritualität muss mit dem Leben verschmelzen.

Spiritualität ist ein Prozess der Selbstentdeckung. Was nicht als Erfahrung in Ihnen ist, können Sie auch nicht entdecken. Spiritualität muss sich in uns entwickeln. Wenn Sie Religion oder Spiritualität als etwas von Ihrem Leben getrenntes betrachten, kann Ihr Leben sehr von der Religion geformt werden. Doch Ihr Leben sollte Ihre Religion formen, und nicht umgekehrt. Sie verstehen Ihre Religion – und vielleicht das ganze Universum – durch Ihr eigenes Leben.

Manche Menschen haben die Erwartung, spirituelle Praxis würde aus bestimmten Techniken bestehen, durch deren Anwendung das Leben spirituell werde. Doch wenn wir das, worum es uns geht, im Blick behalten und wir mit unseren spirituellen Prioritäten verbunden bleiben, sollten sich »spirituelle« und »nicht-spirituelle« Aktivitäten nicht unterschiedlich anfühlen.

Eine der größten Herausforderungen im Leben besteht darin, achtsam dafür zu bleiben, wer wir sind und was wir tun. Dieses Gewahrsein fortwährend lebendig zu halten ist eine große Unterstützung für unser spirituelles Wachstum. Ein Aspekt spirituellen Lebens ist, bewusst zu leben. Dafür müssen wir so gewahr wie möglich sein. Ohne Achtsamkeit werden wir zu Schlafwandlern im eigenen Leben. Wir handeln, ohne zu wissen, was wir tun.

Das Wissen um viele spirituelle Techniken, ohne Achtsamkeit dabei walten zu lassen, entspricht einem hervorragenden Schwimmer, der so plötzlich ins Wasser fällt, dass er nicht mehr weiß, wer er ist und was er tun soll. In seiner Panik vergisst er sogar, dass er ein großartiger Schwimmer ist und an Land schwimmen sollte. All seine Techniken erweisen sich genau in dem Moment als nutzlos, in dem er sie am meisten braucht, denn es fehlt ihm an Achtsamkeit.

Wer wollen Sie sein?

Ich möchte gern noch an einem Beispiel veranschaulichen, was ich darunter verstehe, die eigene Erfahrung mit auf den spirituellen Weg zu nehmen. Eine Möglichkeit besteht darin, den ganzen Tag über gelassen und gleichmütig zu bleiben. Es gibt einen älteren Mönch, der sich um mich kümmert. Er ist in den Siebzigern und ich bin in den Zwanzigern. Seine Absichten sind sehr gut, doch wir gehören vollkommen unterschiedlichen Generationen an und für jeden von uns sind andere Dinge wichtig. Wir leben zusammen und mir scheint, dass er sich wegen jeder Kleinigkeit über mich aufregt. Ich trage jeden Tag Mönchsroben. Doch er wählt immer noch Kleidung für mich aus und sagt mir dann: »Trag nicht diese Roben. Trag dieses hier.« So geht es jeden Tag. Es könnte leicht zu einer ärgerlichen Angelegenheit werden, aber ich habe gelernt, es nicht zu ernst zu nehmen. Ich habe die Wahl, mich zu ärgern oder darüber zu lachen.

Wenn Sie im Rahmen Ihrer spirituellen Praxis Gleichmut kultivieren, kann es hilfreich sein, sich daran zu erinnern, dass niemand Sie zwingt, etwas zu ernst zu nehmen. Sind Sie im Umgang mit Wut und Ärger angespannt und todernst, wird es meist noch schwieriger. Stattdessen sollten Sie es mit mehr Leichtigkeit probieren. Es hilft, eine Situation spielerisch zu betrachten. Selbst Ärger können Sie so in ein Spiel verwandeln, aber damit es funktioniert, müssen Sie mit Körper, Rede und Geist ganz in das Spiel eintauchen. Welchen Sinn ergibt es, mit ärgerlichem Gesichtsausdruck dazusitzen, die Zähne zusammenzubeißen und sich zu sagen: »Ich will mich nicht ärgern!«? Es mag gute Gründe für den Ärger geben, doch Sie müssen daran nicht verbissen festhalten. Sie können ihn jederzeit loslassen. Das Erkennen dieser Option und die Entscheidung, es zu tun, kann als spirituelle Praxis angesehen werden.

Um bei aufsteigendem Ärger gelassen zu bleiben, kann es

hilfreich sein, sich vorzustellen, in Ihnen selbst wären zwei Personen. Die eine will sich ärgern, die andere nicht. Es gibt vieles, was Ihnen helfen kann, sich dies zu veranschaulichen, zum Beispiel auch ein Comic-Held wie Spider-Man. Stellen Sie sich vor, Sie wären Peter Parker und hätten zwei Spider-Man-Kostüme, zwischen denen Sie jederzeit wählen könnten. Das rote Spider-Man-Kostüm steht für Ihr gelassenes, ruhiges Selbst (denken Sie daran, der rote Spider-Man ist der Gute!); das schwarze Kostüm steht für Ihren Ärger. Sie werden der Böse, wenn Sie es anziehen. Welches wollen Sie nun anziehen? Welches Kostüm wollen Sie mit Ihrem Körper, Ihrem Geist und beim Sprechen tragen? Sie haben immer die Wahl zwischen beiden, sie können entscheiden, welches Sie aus dem Schrank holen.

Das ist natürlich ein sehr einfacher Ansatz, und doch bedarf auch er einiger Anstrengung. Sie sollten sich kontinuierlich klar machen, welche Wahl Sie treffen wollen, dann können Sie im entscheidenden Moment klug reagieren. In den unterschiedlichsten Situationen aufmerksam bleiben und weise auf sie reagieren – das ist ein Weg, die eigene Erfahrung mit dem spirituellen Weg zu verbinden.

Hindernisse überwinden

Sie folgen Ihrem speziellen spirituellen Weg inmitten einer Welt religiöser Vielfalt. Es ist wichtig, darauf zu achten, dass Ihre religiöse Bindung Sie nicht davon abhält, sich mit anderen, die nicht den gleichen Weg gehen, eng verbunden zu fühlen. Auch wenn wir alle in einer Welt leben, kann uns das Festklammern an einem religiösen Label von anderen trennen.

Religionen geben uns viel, doch sie können auch zur Ursache von Feindseligkeit und sozialen Konflikten werden, anstatt sie zu beenden.

Wir sind alle durch unser Menschsein miteinander verbunden. Religiöse Lehren versuchen, uns auf dieser universellen menschlichen Ebene anzusprechen. Doch das Festhalten an einer bestimmten religiösen Identität kann Menschen vom Geist dieser Lehren wegführen. Wenn Religionen Menschen am Ende voneinander trennen, ist dies ein sicheres Zeichen dafür, dass etwas sehr schief gelaufen ist. Um uns davor zu schützen, ist es von besonderer Wichtigkeit, die von uns allen geteilte Menschlichkeit immer im Blick zu haben.

So gibt es zum Beispiel Menschen, die den Islam mit Terrorismus gleichsetzen. Sie haben Angst vor ganz gewöhnlichen Menschen, nur weil diese Muslime sind. Jeden Winter fahre ich nach Bodhgaya – zur heiligsten Stätte für Buddhisten – zum Kagyü Monlam, unserer Zusammenkunft, bei der wir für den Weltfrieden beten. Vor kurzem wurde in Nachbarschaft des Bodhi-Baums, wo der Buddha seine Erleuchtung erlangte und wir unsere Gebete verrichten, eine Moschee gebaut. Manchmal während unserer Teepausen hören wir nun den muslimischen Ruf zum Gebet, der über Lautsprecher verbreitet wird. Anfangs fühlten sich einige unwohl und bedroht davon. Doch ist das nicht seltsam, denn wir versammeln uns zum Beten und sie auch? Unweigerlich begegnen wir Muslimen auf der Straße, wenn wir zum Gebet gehen, und ein kurzer Blick genügt, um zu wissen, dass sie Menschen sind wie wir. Aber wenn unsere Labels uns für diese offensichtliche Tatsache blind machen, können eine Menge wilder Vorstellungen über das Trennende zwischen »ihnen« und »uns« entstehen und sich verfestigen. Deshalb müssen wir mit solchen Labels sehr vorsichtig umgehen.

Im Jahr 2001 wurden die riesigen Bamiyan-Buddha-Statuen in Afghanistan vorsätzlich zerstört. Muslime, die innerhalb des Islam eine ganz bestimmte Perspektive einnehmen, vertreten die Auffassung, diese Statuen seien beleidigende Instrumente der Götzenanbetung, während die Statuen Buddhisten an heilige Prinzipien erinnern und an das Beste des uns allen innewohnenden menschlichen Potentials. Wir Buddhisten verwenden grundsätzlich physische Darstellungen in unserer spirituellen Praxis, während Muslime in ihren Gottesdiensten und Praktiken keine bildlichen Darstellungen verwenden. Das Festhalten an der einen oder anderen Position hat eine Mauer zwischen den Menschen entstehen lassen. Doch es handelt sich nur um Statuen. Wenn wir uns wegen einer Statue gegeneinander ausspielen lassen, dann klammern wir uns wirklich an unsere Vorlieben und Voreingenommenheiten.

Ich halte persönlich nichts davon, mit religiösen Konflikten in dieser Weise umzugehen. Kurz nachdem die Bamiyan-Buddhas zerstört worden waren, hatte ich die Gelegenheit, eine Gruppe afghanischer Jugendlicher zu treffen, die für den Frieden arbeiteten. Ich schlug ihnen vor, die Zerstörung der Bamiyan-Buddhas so zu verstehen, dass dadurch die Mauern zwischen allen Menschen zum Einsturz gebracht worden wären. Wenn die Präsenz dieser Statuen uns gegeneinander aufgebracht hatte, könnten wir es vielleicht als sinnvoll ansehen, dass sie niedergerissen wurden. So dachte ich darüber.

Mauern entstehen zwischen Menschen, wenn wir der Form unserer religiösen Identität mehr Bedeutung beimessen als den Inhalten, die uns die Religion lehrt. Wenn spirituelle

Überzeugungen dafür benutzt werden, Mauern zu errichten, wird die Absicht von Spiritualität völlig verfehlt. Spiritualität sollte bedeuten, sich selbst näherzukommen. Wenn dies geschieht, kommen wir auch anderen näher. Spiritualität und Religion sollten eine Diskriminierung anderer nicht unterstützen, sondern abzubauen helfen. Sie sollten keine Grenzen ziehen, sondern zu ihrer Auflösung beitragen.

Die Vielfalt umarmen

Das Leben in einer Gesellschaft, die eine Vielfalt religiöser Überzeugungen beinhaltet, gibt uns die wunderbare Chance, Toleranz, Respekt und Liebe zu praktizieren. Toleranz, Respekt und Liebe sind Werte, die von allen großen Weltreligionen geteilt werden. Und auch die meisten säkularen Menschen vertreten die Meinung, dass Respekt gegenüber anderen Menschen ein wichtiger ethischer Wert ist.

Zu unseren religiösen Differenzen gibt es eine einfache Analogie. Die Tatsache, dass wir ein bestimmtes Essen besonders mögen, bedeutet nicht, dass alle anderen es auch mögen müssten. Wir ärgern uns auch nicht über Freunde, die nicht unseren Geschmack beim Essen teilen. Gehen wir gemeinsam in ein Restaurant, verlangen wir doch auch nicht von ihnen, dass sie das Gleiche bestellen wie wir, oder? Wir möchten, dass sie essen, was ihnen schmeckt.

Wir alle sind menschliche Wesen. Wir sind Nachbarn. Wir teilen einen Planeten und die gleiche Atmosphäre miteinander. Wir werden von der gleichen Sonne gewärmt und erfreuen uns alle am sanften Licht des Mondes. Darum wird es immer Gemeinsamkeiten zwischen uns geben. Spiritualität sollte unsere Aufmerksamkeit für diese Gemeinsamkeiten zu erhöhen suchen. Sie sollte uns darin bestärken, den grundsätzlichen Wert des Lebens in allen Wesen zu erkennen.

Es gibt immer Dinge, die uns unterscheiden. Bei der Betrachtung eines anderen Menschen sollte für uns im Mittelpunkt stehen, ob seine Religion zu seinem Wohlergehen beiträgt, und nicht, ob wir seine Glaubenssätze teilen. Die Unterscheide zwischen religiösen Überzeugungen sind von relativ oberflächlicher Natur. Obwohl sich ihre Abstammung und ihre Schriften unterscheiden, haben das Christentum, der Buddhismus, der Hinduismus, der Islam und die anderen Weltreligionen viele Gemeinsamkeiten. Dies ist leicht daran zu erkennen, welche ethischen Werte sie vertreten und wie sehr sie dafür eintreten, das größte Potential in Menschen zum Erwachen zu bringen.

Es geht nicht darum, ob wir die Glaubensgrundsätze anderer Religionen für wahr halten oder nicht. Wenn wir um das Glück anderer ehrlich besorgt sind, sollten wir uns daran erfreuen, dass ihnen ihre Religion dabei hilft, es zu finden. Wenn ihre Religion oder ihr spiritueller Weg zu ihrem Wohlergehen beiträgt, sollte das für uns ausschlaggebend sein.

Ich habe die heiligen Schriften aller großen Weltreligionen bei mir zu Hause. Ich pflege eine besondere persönliche Praxis mit ihnen. Ich nehme jede heilige Schrift aus dem Regal, halte sie in meinen Händen und äußere den folgenden Wunsch: »Millionen von Menschen verbinden ihre Hoffnung und ihren Glauben mit den Lehren, die in dieser Schrift enthalten sind. Möge sie zu einem wahrhaftigen Instrument für all jene werden, die ihre eigenen Bestrebungen damit verbinden. Möge sie zu einem Werkzeug des Glücks für alle werden.«

11 Nachhaltiges Mitgefühl

Uns selbst in Mut und Freude verankern

Das Herz jedes Menschen auf diesem Planeten sehnt sich danach, jederzeit frei von Leid zu sein. Wir alle wünschen uns dies ein Leben lang. Unser Verlangen, frei von Leid und glücklich zu sein, gehört zu den grundlegenden Bedürfnissen, die wir teilen.

Die spirituelle Praxis des tibetischen Buddhismus zielt in erster Linie darauf ab, die Fähigkeit zu erlangen, alle Wesen von ihrem Leiden zu befreien. Wer daran arbeitet, den nennen wir »Bodhisattva«. Dieses Wort aus dem Sanskrit beschreibt eine Person, die ihr Mitgefühl so weit entwickelt hat, dass sie es jederzeit spontan und ohne Bedingungen jedem Wesen entgegenbringen kann. Bodhisattvas sind wahrhaftige Beispiele von Gutherzigkeit. An ihnen können wir sehen, wie wir sein werden, wenn sich unser edles Herz vollkommen geöffnet hat. Bodhisattvas haben den tiefen Wunsch, alle Wesen glücklich zu sehen. Sie finden ihr eigenes Glück im Beistand für alle Leidenden, sie lindern ihre Schmerzen und helfen ihnen, Wege zu finden, dem Leid zu entrinnen. Solange sie eine Möglichkeit sehen, anderen zu helfen, sind sie selbst mit den misslichsten Bedingungen zufrieden – im Grunde sogar darüber erfreut –, um für das Wohlergehen anderer sorgen zu können. Auch wir können danach streben, diesen Mut und diese Großherzigkeit in unseren Beziehungen und Aktivitäten aufzubringen. Der einzige Unterschied zwischen uns und den Bodhisattvas besteht darin, dass sie ihr Leben bereits vollständig auf ihr edles Herz gründen.

Früher verschloss sich Tibet weitgehend vor der Welt außerhalb des Landes. Einige wenige Leute hatten das Wort »Amerika« schon einmal gehört, aber »Amerika« hätte eine Stadt oder ein Kontinent sein können. Es existierte noch keine Vorstellung von seiner Größe oder der Bedeutung des Namens. Der Name »Russland« war bekannter. Unsere Vorstellung von »Russland« war, dass in kommenden schlechten Zeiten die Russen kommen und uns bei lebendigem Leibe auffressen würden! Es hört sich wie ein Märchen an, das Kindern erzählt wird, aber genau dies erzählte man sich in Tibet über die Russen.

Doch abgesehen von dieser sehr begrenzten, engen Sicht auf die Welt hatten die Menschen in Tibet ein großes, weites Herz, das so offen wie der Himmel sein konnte. Sie stellten sich vor, dass überall da, wo es blauen Himmel gab, auch fühlende Wesen waren. Und wo immer fühlende Wesen waren, gab es, so wussten sie, Leid und die Sehnsucht nach Glück. Und so wünschten die Tibeter allen fühlenden Wesen – die es so zahlreich gab, dass sie den gesamten Raum bevölkerten –, sie mögen frei von Leid sein und ihr Glück finden. Ohne wirklichen Kontakt zu diesen Wesen und ohne eine klare Vorstellung von ihnen öffneten die Tibeter sich auf diese Weise allen fühlenden Wesen, strebten danach, deren Leid zu beenden und ihnen Glück zu bringen. Menschen können also ein sehr eingeschränktes Wissen haben, doch ihr Herz kann unendlich weit sein.

Ich persönlich bin offenkundig nicht in der Position, allen Wesen auf dieser Welt nützlich zu sein. Obwohl ich dies weiß, nähre ich doch das Streben in mir, dies zu vermögen Es wäre wunderbar, wenn ich anderen nützlich sein könnte. Doch auch, wenn ich es nicht kann, werden Liebe und Mitgefühl dringend in dieser Welt gebraucht. Wenn ich sie in mir kultiviere, kann dies zu einer Quelle von Hoffnung und Mut für andere Menschen werden. Einfach in dieser Welt lebendig sein und die Liebe in meinem Herzen bewahren sind Ausdruck meiner Sorge für andere. Allein das kann bereits bedeutsam sein. Ich nähre diesen kleinen Gedanken. Vielleicht ist er gar nicht so klein, sondern nur einfach – einerseits einfach, andererseits von großer Tragweite.

Unser edles Herz des Mitgefühls

Ich bin bereits darauf eingegangen, wie wir unser Leben als etwas betrachten können, das weit über uns selbst hinausreicht und sich mit vielen anderen verbindet. Wenn Sie die Einstellung kultivieren, Teil von anderen zu sein, kann Ihr Leid schwinden und Ihr Mut wachsen. Der schmerzhafte Egozentrismus, der all unsere Beziehungen so kompliziert macht, kann auf diese Weise gemildert werden. In Ihren Begegnungen mit anderen werden wahre Nähe und tief empfundene Liebe möglich. Wenn Sie sich nicht nur mit anderen verbunden, sondern als Teil von ihnen empfinden, kann das bereits Ihre Erfahrung in der Welt und Ihre Beziehung zu jedem einzelnen Wesen darin transformieren. So kann es Ihnen gelingen, in vollkommener Harmonie mit der Welt zu leben. Das ist die höchste Form emotionaler Stabilität und dauerhaften Glücks.

In Tibet äußern wir die folgende Bestrebung:

Wenn ich glücklich bin, biete ich mein Glück anderen dar.
Möge diese Freude, diese Wonne die ganze Welt erfüllen.
Wo Leid existiert, möge ich es auf mich nehmen.

Es mag eine große Herausforderung sein, solch ein grenzenloses Mitgefühl zu entwickeln. Doch Mitgefühl ist nichts, was wir erst bekommen oder entwickeln müssten. Es existiert bereits in jedem von uns. Wie bösartig ein Mensch auch immer erscheinen mag, jedem wohnt Mitgefühl als integraler Teil der eigenen Natur inne. Das gilt für uns alle. Deswegen wird sich unser Mitgefühl nie erschöpfen. Es ist eine sich selbst erhaltende Kraft.

Obwohl Mitgefühl ein Teil unserer Natur ist, entwickeln und wenden wir es unterschiedlich an. Menschen haben unterschiedliche Neigungen und Wünsche, die den Ausdruck ihres Mitgefühls formen. Zunächst wird sich unser mitfühlendes Handeln innerhalb dieser Grenzen bewegen. Doch es gibt viele kontemplative Übungen, durch die wir unser Mitgefühl erweitern können. Gebete, mit denen wir den Wunsch in uns nähren, über unsere gegenwärtigen Grenzen hinauszugelangen und in der Zukunft besser für das Glück anderer zu sorgen, spielen dabei eine besondere Rolle. Mein tiefster Wunsch ist es, dass all Ihre aufrichtigen Bestrebungen in der Zukunft in Erfüllung gehen mögen, und ich biete Ihnen all meine Unterstützung dafür an.

Was »alle Wesen« wirklich meint

Wenn unser Mitgefühl unsere persönlichen Grenzen überwunden hat, kann es zu einem grenzenlosen Wunsch werden, allen Wesen überall auf der Welt zu helfen. Das meint nicht nur die Menschen, die wir mögen und denen wir uns nahe fühlen. Es bezieht sich auch nicht nur auf die sieben Milliarden Menschen auf der Welt. Im buddhistischen Sinne sind damit »alle Wesen«, das heißt, alle Menschen, Tiere und fühlenden Wesen unserer Galaxie und denkbarer anderer Galaxien gemeint. Wir dehnen unser Mitgefühl auf alle fühlenden Wesen aus.

Solch ein weitreichendes Mitgefühl beinhaltet die Verantwortung für das Glück aller fühlenden Wesen zu jeder Zeit, an jedem Ort. Wir haben bereits darüber gesprochen, wie wir die Zerstörung unseres Planeten aufhalten, den Hunger in der Welt beenden und Gerechtigkeit im Bereich der Nahrungsmittelproduktion und -verteilung sowie in unseren sozialen Systemen schaffen können. All dies sind Möglichkeiten, für alle Wesen zu sorgen. Wir können noch heute damit beginnen, doch die gesteckten Ziele lassen sich nicht an einem Tag, in einer Woche bzw. noch nicht einmal in einem Leben erreichen. Unsere langfristige Vision einer besseren Welt enthält einige weit in die Zukunft reichende Ziele. Deshalb muss das Mitgefühl, das uns antreibt, lange anhalten. Wir müssen dafür Sorge tragen, dauerhaftes Mitgefühl zu entwickeln.

Ich verstehe, dass diese Ziele – der Aufbau einer besseren Gesellschaft, die Beendigung des Leidens aller Wesen, der Schutz des Planeten – kaum erreichbar erscheinen. Doch unabhängig davon, ob wir diese Ziele im Verlauf unseres Le bens erreichen, ist es von großer Bedeutung, ein solch weitreichendes Verantwortungsgefühl und den tief empfundenen Wunsch, anderen zu helfen, in uns zu entwickeln. Diese Einstellung ist so heilsam und edel, dass sie jede Mühe wert ist, ungeachtet dessen, ob uns diese Vision tatsächlich realisierbar erscheint.

Verstehen wir den Edelmut dieser Haltung, können wir trotz des Ausmaßes der Aufgabe, die vor uns liegt, ein stabiles und intensives Mitgefühl entwickeln, das uns trägt. Wir können damit beginnen, unsere Überzeugung zu stärken, dass jedes fühlende Wesen Freude und Schmerz empfindet. Sie spüren Schmerz und wollen frei davon sein und sie sind in der Lage, Glück zu spüren. Mehr Gründe braucht es nicht, damit wir sie respektieren und schätzen.

Sobald wir das Glück anderer wirklich wertschätzen, werden wir nach Möglichkeiten Ausschau halten, für ihr Glück zu sorgen und sie vor Leid zu beschützen. Nähren wir in uns die ständige Bereitschaft zu handeln, werden wir keine Chance versäumen, anderen zu helfen. Auch wenn wir nicht in der Lage sind, das Wohlergehen aller Wesen sofort zu sichern, so werden wir doch ungeduldig auf die nächste Möglichkeit warten, mitfühlend zu handeln. Sehen wir jemanden auf der Straße, der Hunger leidet, werden wir uns nach etwas Essbarem für ihn umsehen. Wir werden künftig vorsorgen und immer etwas Gesundes zu essen bei uns haben, was wir jemandem geben können, der es braucht, oder wir werden Ausschau nach lokalen Suppenküchen halten und Bedürftigen davon erzählen. Wenn wir bestrebt sind, anderen zu helfen, werden wir ständig neue Möglichkeiten dafür entdecken. Deshalb besitzt bereits der Wunsch zu helfen eine große Bedeutung und Kraft.

Das Leben in die Farbe des Mitgefühls tauchen

Nachhaltiges Mitgefühl muss kurzzeitige Phasen von Beseeltheit überdauern. Damit es ein beständiger Teil von uns wird, müssen wir lernen, wie wir seinem Abflauen entgegenwirken können. Dafür gibt es keine bestimmte Technik, die unter allen Umständen wirkt. Sind wir erst einmal entschlossen, wahrhaftiges Mitgefühl in unserem Leben walten zu lassen, wird dies Auswirkungen auch auf die kleinste unserer Handlungen haben. Wir können unser ganzes Leben in die Farbe der Freundlichkeit tauchen, unser tägliches Handeln transformieren und unseren Alltag mit menschlicher Wärme erfüllen. Das ist möglich. Unser Leben kann sich in Liebe verwandeln.

Alles kann zum Anlass einer solchen Transformation werden. Wenn wir den Gesang eines Vogels hören, kann uns das an unser Mitgefühl erinnern und den Wunsch in uns wachrufen, ihm unsere Liebe zu schenken. Wir können unsere Augen und Ohren öffnen. Was immer wir wahrnehmen, kann der Ausgangspunkt dafür sein, die Sprache der liebenden Güte in unserem Leben zu pflegen. Wir können all unsere fünf Sinne als Zugänge zur Warmherzigkeit nutzen.

Ein tibetisches Sprichwort sagt: »Wir können mit jedem Schritt Mitgefühl ausdrücken.« Mitgefühl sollte nicht als bloße Einstellung oder innere Übung in uns eingesperrt bleiben. Es sollte durch geeignete Worte und Handlungen ausgedrückt werden. Jeder kleine Schritt kann Ausdruck unseres Mitgefühls sein.

Alles, was wir tun, kann Ausdruck unserer Liebe sein: Poesie, Musik, Kunst. Was immer wir täglich tun – kochen, essen, schlafen, uns anziehen –, alles kann von Liebe und Mitgefühl getragen sein. Ein Spaziergang kann von einer Haltung der Offenheit durchdrungen sein. Wenn sich alles, was wir tun, aus dem Geist der Liebe und des Mitgefühls speist, werden unsere Handlungen tatsächlich nachhaltig sein.

Manche Menschen denken, Mitgefühl lasse sich im richtigen Leben nur schwer aufrechterhalten. Das mag so erscheinen, wenn wir nur das Ergebnis unseres Handelns für andere in Betracht ziehen. Stellen wir uns vor, ein Straßenhund wird von einem Auto angefahren und ist verletzt. Die Wunden werden von Maden befallen. Wenn ich dem Hund helfe, indem ich die Maden beseitige, füge ich den Maden Schmerzen zu. Tue ich nichts, schaden die Maden dem Hund. Was kann ich tun? Diese Frage wurde mir schon oft gestellt und es gibt keine einfache Antwort darauf. Sie versetzt uns in einen Teufelskreis und wir verfügen nicht über die Weisheit, ihm zu entfliehen. Solche Entscheidungen lassen es schwierig erscheinen, Mitgefühl einzusetzen und in uns zu bewahren. Wir benötigen eine weitgespannte Perspektive, um solchen Dilemmata zu begegnen, doch wir sollten uns auch vergegenwärtigen, dass solche Fälle Ausnahmen sind. Meistens ist es gar nicht so schwierig, Mitgefühl richtig einzusetzen.

Mitgefühl zu leben wird nur dann schwierig, wenn wir erwarten, dass jede Anstrengung auch von Erfolg gekrönt sein müsse. Wenn wir Mitgefühl empfinden, wollen wir natürlich das Leiden beenden, dessen wir gewahr werden. Doch dieser Wunsch kann nicht immer sofort in Erfüllung gehen. Es mag uns an Weisheit fehlen, unser Mitgefühl zu praktizieren, aber es kann uns auch einfach an den materiellen Ressourcen fehlen, ein Problem zu lösen. Selbst wenn wir bereit sind zu helfen, kann es Hindernisse geben.

Dabei muss es gar nicht um komplexe Fragen wie sozialen Wandel oder Ähnlichem gehen. Schon einem Fremden Süßigkeiten mit dem freudvollen Wunsch anzubieten, sich gemeinsam an ihrem Geschmack zu erfreuen, kann schwierig sein. Ihr Angebot wird möglicherweise mit einem argwöhnischen Stirnrunzeln beantwortet. Doch die Freundlichkeit Ihres Angebots bleibt bestehen, auch wenn das Geschenk vielleicht nicht angenommen wird. Ihre gute Absicht wiegt schwerer als jedes äußere Hindernis, egal wie groß es ist. Es geht darum, Liebe und Mitgefühl zu leben und heilsame Gefühle zur Basis freudvollen Handelns zu machen. So erhalten Sie Mitgefühl in sich lebendig, unabhängig davon, ob Ihre Anstrengungen, anderen zu helfen, äußerlich erfolgreich sind.

Für andere sorgen, für sich selbst sorgen

Wie ich bereits erwähnte, hat jede und jeder von uns bestimmte Neigungen und Fähigkeiten, wenn es darum geht, Mitgefühl zu leben. Manche Menschen fühlen sich besonders von der Not der Obdachlosen angesprochen; andere sind motiviert, für die Rechte von Tieren einzutreten. Unsere Neigungen leiten unser Handeln. Unsere Fähigkeiten zeigen uns die Grenzen in der Entwicklung unseres Mitgefühls auf.

Selbst wenn wir primär unsere eigenen Interessen in den Vordergrund stellen, gibt es bessere und schlechtere Wege, dies zu tun. Während wir uns bemühen, unsere Ziele zu erreichen, können wir gleichzeitig darauf achten, das Wohlergehen anderer im Blick zu behalten. Können wir anderen nicht helfen, sollten wir zumindest sicherstellen, dass wir sie durch unser Tun nicht schädigen, während wir unseren eigenen Interessen nachgehen.

In jedem Fall können wir sowohl uns als auch anderen nur im Rahmen unserer persönlichen Fähigkeiten helfen. Ich denke, das sollten wir immer bedenken, damit wir nicht enttäuscht von uns oder vom Ausbleiben fassbarer Resultate sind.

Es existiert noch ein weiterer bedenkenswerter Aspekt in der Beziehung zwischen der Sorge für sich selbst und für andere. Beide Orientierungen müssen nicht in Konflikt miteinander geraten. Mitgefühl kann sich sowohl nach außen als auch nach innen richten. Richtet es sich nach innen, auf uns selbst, beschreiben wir die entsprechende Haltung im Buddhismus als Entsagung und meinen damit die Abkehr von allem, was Leid hervorbringt. Wenn wir im buddhistischen Sinne entsagen, lehnen wir nicht die Dinge selbst ab, sondern unsere Anhaftung an sie. Wir lassen ab von allem, was Schmerz und Unzufriedenheit verursacht, und dies beinhaltet auch die endlose Jagd nach leeren Sinnesfreuden. Entsagung ist ein weiser Weg der Selbstfürsorge. Richten wir unser Mitgefühl nach außen, wollen wir, dass andere frei sind von ihrem Leiden und allem, was ihr Leid verursacht hat. So wird Mitgefühl üblicherweise verstanden.

Mitgefühl ist wie die zwei Seiten einer Medaille. Die Medaille besteht durch und durch aus demselben Material; sie hat einfach zwei unterschiedliche Seiten. Beide Seiten drücken den Wunsch nach Beendigung des Leids aus, entweder des eigenen oder das anderer Menschen. Doch die fürsorgliche Haltung ist die gleiche.

Sie können ganz einfach feststellen, ob es sich bei Ihren

Gefühlen um authentisches Mitgefühl handelt. Lässt sich die Sorge, die Sie für andere empfinden, ohne qualitativen Verlust oder den Verlust von Intensität auf Sie selbst übertragen, handelt es sich tatsächlich um Mitgefühl. Aufrichtiges Mitgefühl für Sie selbst lässt sich ebenso auf andere übertragen. Der Wunsch nach einem Ende des Leids ist in diesem Fall von gleicher Intensität, unabhängig davon, ob es um das eigene oder das Leid anderer geht. Doch geht Ihr »Mitgefühl« mit einem unterschwelligen Gefühl der Überlegenheit gegenüber der leidenden Person einher, würde es sich verändern, wenn Sie es auf sich selbst richten. Sie können sich selbst gegenüber keine überlegene Haltung einnehmen. Ändert sich beim Perspektivwechsel von innen nach außen auch das Gefühl, ist das ein Zeichen, dass es sich nicht um wahrhaftiges Mitgefühl handelt. Es geht dann wohl eher darum, das eigene Ego aufzublasen oder vor eigenen Problemen zu flüchten, indem wir uns anderen widmen und glauben, deren Probleme wären größer als unsere eigenen. In diesem Fall handelt es sich um eine Art von Herablassung oder vielleicht sogar um Ko-Abhängigkeit.

Wir sollten uns selbst mit anderen auf eine Ebene stellen, sodass die Intensität und Qualität unserer Fürsorge für andere der Fürsorge für uns selbst entspricht. Blicken wir auf andere mit Liebe und Fürsorge, doch mögen uns selbst nicht, wenn wir auf uns schauen, ist das ungesund. Ebenso ungesund ist es, sich selbst wundervoll und der Fürsorge wert zu finden, doch andere nicht. Nur wenn wir andere genauso wie uns selbst der Fürsorge für wert erachten, können wir von Mitgefühl sprechen.

Die Sorge für Opfer und Täter

Vollständiges und bedingungsloses Mitgefühl beinhaltet, dass wir es letztlich auch für jene aufbringen müssen, die andere in schwerwiegender Weise verletzt haben. Das kann sehr herausfordernd sein. Wir öffnen normalerweise gern unser Herz den Opfern, doch verschließen es gegenüber den Tätern. Ich möchte einige Vorschläge machen, wie man daran arbeiten kann, doch ich weiß sehr wohl, es ist leichter gesagt als getan.

Wenn wir verstehen, dass diejenigen, die andere verletzen, in gewisser Weise unfrei sind, kann dies ein Ausgangspunkt sein. Menschen, die anderen Schmerzen zufügen oder sie sogar terrorisieren, sind dazu nur in der Lage, weil sie von quälenden Emotionen überwältigt werden.

Dies trifft selbst auf die berüchtigtsten Mörder zu – während sie töten, werden sie von schweren mentalen Problemen, starker emotionaler Unruhe oder anderen negativen Einflüssen beherrscht. Sie sind in der Gewalt leidvoller Zustände der Raserei. Sie verletzen andere und befinden sich dabei selbst in einem Zustand völliger Abwesenheit von echter Freiheit. Wir können sogar sagen, dass sie selbst das erste Opfer ihrer eigenen Wut geworden sind. Ihre Wut ist noch größer als sie selbst und hat von ihnen vollkommen Besitz ergriffen.

Ich verstehe, dass sich dies schwierig anhört, doch wenn wir ihre reale Situation verstehen, sollte das unser Mitgefühl verstärken, sehen wir jemanden in so furchtbarer Weise handeln. Sein Verhalten ist Ergebnis eines Mangels an Freiheit, den eigenen Geist zu kontrollieren.

Auch wenn es im Moment des Geschehens schwer zu erkennen ist, können wir doch wissen, dass das Verhalten solcher Menschen nicht ihrer wahren Natur entspricht. Gesunde Menschen wollen sich nicht selbst schaden. Doch sobald Menschen von quälenden Emotionen ergriffen werden, bringen sie Leid und Unglück über sich und andere. Wir wissen, dass eines der schmerzvollsten Leiden der Mangel an Freiheit ist. Solche Menschen sind nicht frei; sie sind Sklaven verborgener geistiger Nöte. Sie folgen dem Diktat ihrer gestörten, süchtigen und gewohnheitsmäßigen Anschauungen. Das ist ein äußerst schmerzhafter Zustand.

Zwischen Person und Gefühl unterscheiden

Jeder von uns fühlt sich manchmal gestört und ist wütend, doch wir sind in der Lage, uns trotz der Wut ein Gefühl von uns selbst jenseits der Wut zu bewahren. Serienmörder hingegen, Menschen, die Kinder missbrauchen, Vergewaltiger und andere, die anderen Menschen Leid zufügen, sind völlig unfähig, sich von ihrer Wut, ihrem Hass und ihren destruktiven Gefühlen zu entfernen. Sie können sich buchstäblich nicht von ihren eigenen Gefühlen distanzieren. Sie leiden an einer ernsthaften Realitätsverzerrung und können nicht unterscheiden zwischen ihren momentan Gefühlen und dem, der oder die sie eigentlich sind und was vor sich geht. Wir können sie nicht mit den gleichen Maßstäben messen, wie wir sie üblicherweise an Menschen anlegen. Wir sollten ihre Handlungen keinesfalls dulden, doch wir sollten ihre Taten auch nicht mit ihnen selbst verwechseln.

Zu Zeiten des Buddha lebte ein Mann, dessen Leben diesen Punkt illustriert. Sein Name war Angulimala und er war ein sehr willensstarker Mann. Die erdrückende Macht seiner geistigen Nöte leitete ihn in die Irre. Auf irgendeine Weise kam er auf die Idee, dass er große spirituelle Kraft erlangen werde, wenn er tausend Menschen umbrächte. Er war wild entschlossen, tausend Menschen umzubringen, und war überzeugt, so werde er die höchste spirituelle Verwirklichung finden. Er schnitt jedem Opfer einen Daumen ab und trug sie als Kette um seinen Hals. So gelangte er zu seinem Namen »Angulimala«, was »Fingerkette« in Sanskrit bedeutet.

Angulimala hatte eines Tages 999 Menschen getötet. Nun suchte er sich sein letztes Opfer. Er war inzwischen so bekannt, dass die Menschen wegrannten, sahen sie ihn nur von Ferne. Wenn es sich herumgesprochen hatte, dass er in einer bestimmten Gegend war, schlossen sich die Menschen in ihren Häusern ein und wagten es nicht, hinauszugehen. Die Einzige, die sich nicht vor ihm versteckte, war seine liebevolle Mutter. Sie sorgte sich noch immer um ihn und fürchtete, er müsse Hunger leiden. Sie sah, dass sich niemand um ihn kümmerte, und brachte ihm Essen. Als Angulimala sie sah, entschied er, sie zu töten. Mit diesem Mord würde er sein Ansinnen erfüllen, tausend Menschen umzubringen, und er dachte, es wäre ein besonderer Höhepunkt, zum Schluss die eigene Mutter zu töten.

Der Buddha beobachtete Angulimala, wie er sich seiner Mutter zuwandte, und schritt ein. Er sagte zu ihm: »Statt deine Mutter zu töten, solltest du mir nachgehen.«

Angulimala dachte, es wäre ein noch viel großartigeres Finale, wenn er statt seiner Mutter den Buddha töten würde, wandte sich von ihr ab und ging dem Buddha nach. Doch er konnte ihn nicht einholen. Der Serienmörder rief: »Stopp! Geh nicht so schnell.«

Der Buddha erwiderte: »Ich habe angehalten. Du bist derjenige, der sich immer noch bewegt, getrieben von deinen geistigen Qualen.«

In diesem Moment erkannte Angulimala zum ersten Mal, dass er und seine quälenden Emotionen voneinander getrennt waren. Er selbst und sein mörderisches Verlangen waren nicht das Gleiche. Diese Erkenntnis traf Angulimala wie ein Blitzschlag und er hielt inne. Die verblendeten, irregeleiteten Gefühle verloren ihre Macht über ihn. Er wurde ein Schüler des Buddha und schließlich zu einem der bemerkenswertesten Mönche seiner Zeit.

In gewissem Sinne unterscheiden wir uns kaum von Angulimala. Auch wir hängen der Illusion an, unsere Gefühle wären ein untrennbarer Teil von uns. Doch das sind sie nicht. Solange wir uns dessen bewusst sind, können wir uns jederzeit von diesen quälenden Emotionen lossagen, selbst unter so furchtbaren Umständen, wie Angulimala sie erlebte.

Es scheint unmöglich zu sein, jemandem verzeihen zu können, der so viel Schmerz verursacht und solch grässliche Fehler begangen hat. Doch wenn wir davon ausgehen, dass jemand so gehandelt hat, weil er von seinen quälenden Emotionen und geistigen Nöten beherrscht wird, haben wir eine Grundlage für unser Vergeben gefunden. Es ist nicht einfach, aber möglich. Wir wissen, dass das Leid durch quälende Emotionen verursacht wurde, und die vergeben wir auch nicht oder stimmen den Handlungen der Person zu. Natürlich ist es äußerst herausfordernd, eine solche Haltung in die Tat umzusetzen, doch der Versuch lohnt sich, denn die Ausdehnung unseres Mitgefühls auf alle Wesen ist ein großer Gewinn für alle, während das Festhalten an Wut und Abneigung einen ebenso großen Schaden bedeutet.

Wenn wir in eine Situation geraten, in der ein Mensch oder eine Gruppe droht, uns Leid zuzufügen, können wir darauf reagieren, indem wir umso stärker versuchen, uns selbst nicht zu den gleichen Verhaltensweisen verleiten zu lassen. Auf diese Weise können wir solche Situationen zu unserem eigenen spirituellen und emotionalen Vorteil nutzen.

Wie können wir das tun? Wir denken zunächst darüber nach, warum uns das Verhalten der anderen, die uns schädigen wollen, missfällt. Wir mögen es nicht, weil es negativ und falsch ist. Aufgrund ihres Verhaltens meinen wir vielleicht, wir hätten das Recht, sie als Personen nicht zu mögen. Doch wir sollten daran denken, dass wir nicht mit dieser Ablehnung auf die Welt gekommen sind. Wir haben sie auf Grund bestimmter Handlungen oder Qualitäten entwickelt, die wir an den anderen beobachtet haben. Wir können bedenken, dass wir diese besonderen Eigenschaften an niemandem mögen würden – nicht einmal an uns selbst.

Daraufhin fragen wir uns, was uns veranlassen könnte, diese Qualitäten in unserem Geist oder Verhalten wiederfinden zu wollen. Schließlich würden wir so selbst einen Grund schaffen, uns selbst nicht zu mögen. Wenn wir an anderen Fehler entdecken und uns selbst genauso verhalten wie sie, verhalten wir uns selbst falsch. Dabei geht es nicht darum zu glauben, man sei besser als andere Menschen, sondern darum, sich nicht so verhalten zu wollen, wie man es selbst nicht mag. Deswegen sollten wir, wenn wir negative Qualitäten oder Verhaltensweisen an anderen feststellen, unsere Anstrengungen verdoppeln, diesen Qualitäten keinen Zutritt zu unserem Herzen zu gewähren.

Langfristige Begeisterung

Begeisterung ist eine wirkungsvolle Unterstützung für unser Mitgefühl. Wenn wir uns mit Begeisterung für andere einsetzen, besitzen wir ein größeres Durchhaltevermögen. Begeisterung entsteht, wenn es uns gelingt, den Nutzen unserer Arbeit für andere in den Vordergrund zu rücken und uns nicht so sehr auf die Ergebnisse unserer speziellen Bemühungen zu fokussieren. Es ist ein großer Fehler, die eigene Motivation für mitfühlendes Verhalten aus den Ergebnissen unserer Handlungen ziehen zu wollen, denn die Kultivierung von Mitgefühl ist kein Lebensbereich, in dem wir schnelle Resultate erwarten können.

Eine mitfühlende Haltung muss Schritt für Schritt, langsam und mit großer Sorgfalt entwickelt werden. Sie kann nicht schnell und massenweise hergestellt werden. Schließlich ist Mitgefühl ein geistiger Zustand und keine Maschine. Die Kultivierung des Geistes benötigt Zeit, Geduld und Ausdauer. Wir müssen uns dem langfristig widmen.

Das kann ein Problem für uns sein, denn wir leben in einer Zeit der schnellen Lösungen. Unsere Konsumkultur ist vollkommen von der Vorstellung durchdrungen, dass es sofortige, greifbare, sichtbare, erreichbare Ergebnisse geben müsse. Doch wenn es um die spirituelle Entwicklung geht, ist diese Perspektive meines Erachtens äußerst schädlich. Eine große Anzahl der tiefgreifendsten Ergebnisse unseres Mitgefühls werden äußerlich nicht wahrnehmbar sein. Mitgefühl funktioniert nicht so, wie jemandem aufs Auge zu hauen und sofort das blaue Auge zu sehen! Behutsames und sorgsames Agieren wirkt anders.

238

Um unsere Begeisterung nicht zu verlieren, ist es besonders hilfreich, sich den gegenwärtigen und mit der Zeit wachsenden Nutzen von Mitgefühl zu vergegenwärtigen. Wenn Sie sich absolut sicher sind, welcher Nutzen in der Entwicklung einer solchen heilsamen Haltung liegt, werden Sie sich mit Freude darum bemühen, selbst wenn sich für Sie keine großen, sichtbaren Ergebnisse Ihres mitfühlenden Handelns zeigen mögen. Sind Ihnen die langfristigen Wirkungen Ihres Mitgefühls bewusst und basiert darauf Ihr Handeln, gibt es niemals einen Grund, sich entschuldigen zu müssen oder sich schuldig zu fühlen, wenn Ihre wohlmeinenden Pläne vielleicht keinen Erfolg haben. Sie haben auf keinen Fall etwas verkehrt gemacht. Auch wenn Ihr mitfühlendes Verhalten keine sichtbaren Resultate gezeitigt hat, können Sie sich daran erfreuen, den Edelmut Ihrer Bemühungen wahrzunehmen. Da Sie wissen, wie wichtig es ist, Mitgefühl zu kultivieren und seinen tiefgreifenden Nutzen ermessen können, werden Ihr Selbstvertrauen und Ihr Mut zunehmen. In Ihnen wächst das Wissen, dass Ihr mitfühlendes Handeln ein Wert an sich darstellt.

Betrachten Sie Ihr Leben aus dieser Perspektive, wird Ihr Mitgefühl unter allen Bedingungen tragfähig sein. Schließlich ist Mitgefühl immer da, als Teil Ihrer Natur. Erlauben Sie ihm, Ihr Herz ganz auszufüllen und in den Mittelpunkt Ihres Lebens zu treten, kann jede Begegnung eine Gelegenheit sein, es wachsen zu lassen. Mitgefühl kann Ihre kleinsten Gesten durchdringen. Wo immer sich eine Gelegenheit auftut, anderen nützlich zu sein, werden Sie sie nutzen, denn Mitgefühl stattet Sie mit einem Verantwortungsgefühl für das Glück anderer aus sowie dem drängenden Wunsch zu handeln, um das zu verwirklichen.

Nähren Sie Ihr Mitgefühl. Seien Sie bereit, es bei jeder Gelegenheit in aktives Handeln zu verwandeln. Abgesehen davon sollten Sie nicht auf Ergebnisse fokussiert sein. Mitgefühl bringt Ihnen auch dann großen Nutzen, wenn sich keine äußeren Resultate Ihrer Bemühungen zeigen. Eine mitfühlende Einstellung ist selbst so heilsam und bedeutungsvoll, dass es sich lohnt, sie unabhängig von Resultaten zu kultivieren.

Mitgefühl ist edel.

12 Die Lehren mit Leben erfüllen

Dies ist das letzte Kapitel. Danach müssen Sie den Weg der Entwicklung von Mitgefühl und Liebe für alle Wesen allein fortsetzen. Je stärker Sie sich im alltäglichen Handeln Ihres edlen Herzens bewusst werden, umso mehr wird es zu einer zentralen Kraft in Ihrem Leben werden. Jede Begegnung mit einem anderen Wesen kann Liebe und Mitgefühl in Ihnen wachrufen. Wenn Sie einen Hund bellen oder wimmern hören, wird in Ihnen das Gefühl der Liebe für dieses Wesen aufkommen und Sie werden denken: »Das ist das Weinen eines Wesens, das mir viel bedeutet.« Dieser Gedanke kann Sie auch an das Leiden anderer Wesen in Ihrer Umgebung erinnern. Schon das Bellen eines Hundes kann Ihr Mitgefühl, das Sie zum Mittelpunkt Ihres Lebens machen wollen, erweitern und stärken.

Alles, was Ihnen begegnet, kann Sie darin unterstützen, ein Leben zu führen, das in Ihrem edlen Herzen gründet. All Ihre Erfahrungen können Ihre Spiritualität wachsen lassen. Nichts ist grundsätzlich oder vollständig schlecht. Jede Situation basiert auf vielen Faktoren und ist nur relativ betrachtet gut oder schlecht. In sehr starkem Maße hängt das davon ab, wie Sie die Situation wahrnehmen und darauf reagieren. Deshalb kann alles, was Ihnen begegnet, Ihr inneres Wachstum unterstützen.

Wie wir gesehen haben, sind wir alle, die wir diesen Planeten miteinander teilen, eng verbunden. Deshalb können Ihr inneres Wachstum und die Güte, die Sie in die Welt tragen, den Planeten tatsächlich zu einem besseren Ort machen. Sie können die Welt von innen verändern.

Ich habe die Idee, jeder von uns könnte für den Ort, an dem er oder sie lebt, die schönste Vision entwerfen; dann könnten all die Visionen wie Teile eines Puzzles zusammengelegt eine riesige, wunderschöne Welt bilden. Diese Möglichkeit haben wir jederzeit. Wir können heute damit beginnen, unseren eigenen Lebensort auf unsere je eigene Weise zu verschönern. Später kann sich unser Bild mit anderen schönen Bildern verbinden. So können wir die Welt umgestalten.

Ihr Lebensweg

Die Art und Weise, wie Sie Ihr Leben führen, kann Ihre Antwort auf die Frage sein, wie Sie Ihren Platz in der Welt zu einem besseren Ort machen wollen. Durch das Leben, das Sie führen, gestalten Sie die Sie umgebende Welt. Wenn Entscheidungen anstehen, in welche Richtung Sie Ihr Leben vorantreiben wollen, sollten Sie Ihre Interessen und Fähigkeiten ebenso wie die praktisch gegebene Realität dabei in Betracht ziehen. Wollen Sie Ihr Leben der Gestaltung einer besseren Gesellschaft und Welt widmen, können Sie keine falsche Wahl treffen. Sie können sich den Problemfeldern widmen, mit denen Sie sich am engsten verbunden fühlen, doch das bedeutet nicht, sich anderen Bereichen zu verschließen. Es ist wichtig, immer wieder daran zu denken, dass letztlich alle Probleme, die wir hier untersucht haben und denen Sie sich zuwenden könnten, miteinander verbunden sind.

Ob Sie sich mit persönlichen, sozialen oder Umweltfragen

beschäftigen, keine dieser Fragen existiert getrennt von anderen. Wir haben sie im Einzelnen betrachtet, doch eigentlich sind sie nicht voneinander zu trennen. So sind zum Beispiel Fragen des Umweltschutzes eng mit der Ernährungsgerechtigkeit und mit sozialem Handeln verflochten, was wiederum mit unserer Konsumkultur, der Gier und notwendigen Konfliktlösungen zu tun hat. Die Aufrechterhaltung gesunder Beziehungen, das Hinterfragen von Geschlechteridentitäten, das Nähren unseres Mitgefühls und die Integration unseres spirituellen Wachstums in ein sinnerfülltes Leben – all diese Aspekte sind ebenso miteinander verbunden. Keines dieser Themen ist auf einen Lebensbereich oder auf einen entlegenen Ort in der Welt beschränkt. Wir alle, die wir diesen Planeten bewohnen, sind zutiefst voneinander abhängig. Da die ganze Welt eng miteinander verflochten ist, hat jedes lokale Problem Konsequenzen für viele andere Orte. Deshalb hat jede positive Veränderung, die Sie in einem Bereich bewirken, positive Folgen für andere Bereiche.

Ganz gleich, welchem Problembereich Sie sich widmen, das Entscheidende ist, dass Sie Ihre Aktivitäten mit Ihren edelsten Bestrebungen verbinden. Zuerst sollten Sie Ihre Aufmerksamkeit darauf richten, selbst einen gesunden Lebensstil zu pflegen, der diesen Bestrebungen entspricht. Sie können damit beginnen, ein guter Mensch zu sein. Dann bieten Sie anderen heilsame Möglichkeiten, es Ihnen gleich zu tun, und sind darum bemüht, zu deren Glück und Wohlergehen beizutragen. So können Sie auf zweifache Weise nützlich und hilfreich sein – für sich und andere.

Doch edle Absichten und gute Wünsche allein reichen nicht aus. Die Absichten, die zunächst in Ihrem Herzen entstehen, sind die anfänglichen Verbindungsglieder in den Kausalketten und führen zu großen Ergebnissen in der realen Welt. Stellen Sie sich vor, Sie befinden sich in einer Region, in der vollkommene Dürre herrscht. Noch nicht einmal in Ihrer Vorstellung existiert ein wenig Grün. Doch dann haben Sie die Eingebung, die Person zu sein, die den ersten Tropfen Wasser bringt – die das Wasser zum Fließen bringt und dafür sorgt, dass es nicht versiegt –, und ein edles Bestreben ist geboren. Ein kleiner, aber kühner Wunsch bringt Sie dazu zu handeln. Und von da aus geht es weiter und er bewirkt weiteren Nutzen. Ihr edles Bestreben macht Sie zu einem Pionier. Es macht Sie zu einer Heldin.

Auch wenn Sie Ihre Anstrengungen auf ein einziges Problem richten, das eigentliche Ziel ist viel weitreichender. Sie können sich die vielfältigen Konsequenzen Ihres Handelns vergegenwärtigen und sollten nicht nur den Bereich, an dem Sie gerade arbeiten, im Blick haben. Ihr eigentliches Ziel reicht viel weiter. Es besteht darin, dem Guten überall auf der Welt zum Durchbruch zu verhelfen. Wenn Sie sich als in diesem umfassenden Sinne Handelnder verstehen, werden Sie immer wieder neue Bestrebungen entwickeln und Impulse verspüren, diese einzulösen. Ihre Arbeit wird immer freudvoll sein.

Mögen Ihre Fähigkeiten Ihnen auch Grenzen in dem setzen, was Sie in einer Situation erreichen können, so können Sie doch sicher sein, dass all Ihre Anstrengungen eine Wirkung auch auf Dinge haben, die weit über Ihre persönlichen Grenzen hinausreichen. Was immer Sie tun, hilft, herzliche und mitfühlende Verbindungen in der Welt zu stiften, solange Sie Ihre Aktivitäten auf der Basis edler Absichten ausüben.

Bei ungünstigen Umständen ist es wichtig, nicht den Halt zu verlieren. Basiert Ihr Selbstverständnis nicht auf Ihrer eigenen innerer Weisheit, sondern nur darauf, anderen zu folgen, werden Herausforderungen Sie schnell aus der Bahn werfen können. Um sich selbst treu zu bleiben, kann es hilfreich sein, Wissen und Weisheit zu unterscheiden. Wissen erlangen wir durch andere. Sie lernen durch die Erfahrung anderer und leiten aus deren Erfahrungen wichtiges für sich ab. Wissen entspricht in diesem Sinne der Imitation. Doch Weisheit entdecken Sie in sich selbst. Weisheit ist das Wissen, das aus Ihrem eigenen Geist und Herzen an die Oberfläche drängt.

Verankerung in der Weisheit

Ich möchte Ihnen eine Geschichte erzählen. Zu Lebzeiten des Buddha war es üblich, dass Mönche und Nonnen täglich um Essen bettelten. Sie lebten von dem, was sie auf ihren täglichen Almosenrunden von anderen Menschen erhielten.

Eines Tages kam der Buddha an die Haustür einer wohlhabenden Familie. Der Hausherr sagte zu ihm: »Warum musst du täglich hier vorbeikommen und uns mit deiner Bettelei belästigen? Du bist ein öffentliches Ärgernis. Verschwinde und lass uns in Frieden! Du bist ein verantwortungsloser Schmarotzer. Sieh dich nach einer ordentlichen Arbeit um!«

Der Buddha hörte zu, doch antwortete nicht. Irgendwann ging dem Mann die Puste aus und er beendete seine Tirade. Der Buddha fragte ruhig: »Sind Sie fertig?«

»Ja«, sagte der Mann, »das war's.«

»Darf ich Sie etwas fragen?«, sagte der Buddha. »Wenn Ihnen jemand etwas anbietet, was Sie nicht wollen, wem gehört es dann?«

Der Mann sagte: »Es gehört immer noch dem, der es anbietet.«

Der Buddha sagte: »So ist es. Und ich akzeptiere nicht Ihre harten Worte, die Sie mir angeboten haben.«

Der Buddha war überzeugt von den Wahrheiten, die er lebte, und konnte durch nichts und niemandem davon abgebracht werden, seinem moralischen Kompass zu folgen. Doch wenn Ihre Entscheidungen nicht in Weisheit und direkter Selbsterkenntnis gründen, können Kritik und andere äußere Umstände Ihre Überzeugungen ins Wanken bringen und Sie können die Orientierung verlieren. Sind Sie auf der anderen Seite sehr klar darin, wer Sie sind und was Ihrem Leben Sinn gibt, können Sie sich fest in dieser Weisheit verankern. Niemand kann Sie dann aus dem Gleichgewicht bringen. Keine zeitweiligen Bedingungen bringen Sie durcheinander.

Sie müssen um Ihre eigene Natur und die Natur Ihres Geistes wissen und von diesem Wissen Ihr Handeln leiten lassen. Denken Sie daran, dass Sie keine Maschine sind. Leben Sie nicht wie ein Roboter. Seien Sie ganz Mensch.

Das leichte Herz

Die in diesem Buch behandelten Themen sind alle von sehr ernsthafter Natur. Wenn Probleme so ernst sind, ist es nicht hilfreich, sie mit einem schweren Herzen anzugehen. Ich habe selbst in meinem Leben bereits einigen schweren Herausforderungen gegenübergestanden. Meine Erfahrung sagt mir, dass es die eigenen Kräfte schwächt, wenn man Dinge zu schwer nimmt. Das kann lähmend sein.

Hilfreicher ist es, Problemen mit einem leichten Herzen zu begegnen und bereit zu sein, über sie und sich selbst auch einmal zu lachen. Sonst kann es uns passieren, dass wir einen Herzinfarkt erleiden, bevor wir überhaupt dazu kommen, eine Situation positiv zu beeinflussen! Stattdessen können wir auch spielerisch mit Situationen umgehen. Humor kann uns helfen, uns von einer schwierigen Situation nicht vollständig einnehmen zu lassen.

Besonders kritischen Situationen sollten Sie mit Offenheit begegnen, um mögliche Lösungen erkennen zu können. Manchmal stehen Sie vielleicht Problemen gegenüber, die Sie für dringend halten, die Sie aber nicht lösen können. Was geschieht dann? Es beunruhigt Sie. Ebenso kann es schwierige Angelegenheiten geben, bei denen Sie etwas tun können. Doch wenn Sie nicht aufpassen, können Sie auch hier in Sorge und Unruhe verfallen. Sind Sie von Angst oder anderen nicht hilfreichen Emotionen erfasst, wird es schwierig, klare Pläne zu schmieden oder sinnvolle Entscheidungen zu treffen. Dann werden Sie nicht in der Lage sein, hinter den Hindernissen die Chancen zu sehen.

Es gab einmal einen Zen-Mönch, der Heilpflanzen sammelte. Die Pflanzen wuchsen entlang einer steilen Klippe, und er musste sich abseilen, um sie zu erreichen. Als er nach einer Zeit am Seil wieder hinaufklettern wollte, sah er oben einen Tiger, der auf ihn wartete. Nach unten fallen lassen konnte er sich nicht, denn es ging weit in die Tiefe. Schließlich kam auch noch eine Maus und begann, am Seil zu knabbern. Nach oben oder unten – es gab keine Alternative, nur den Tod. Und der war nur noch eine Frage der Zeit.

Eine der Heilpflanzen, die er gesammelt hatte, trug eine saftige, rote Frucht. Er nahm sie aus seinem Beutel und verzehrte sie, während er am Seil hing. Während er sie verspeiste, dachte er: »Diese Frucht schmeckt so gut!«

Die Geschichte zeigt uns, wie der Mönch seine geistige Freiheit behielt. Trotz der aussichtslosen Situation konnte er sich vergegenwärtigen, dass die Süße einer Frucht direkt vor ihm war. Seine Haltung zeigt, wie machtvoll es in einer schwierigen Situation sein kann, sich eine weite Perspektive zu erhalten. Er war in der Lage, die Chance, die direkt vor ihm lag, zu erkennen und sie freudig zu genießen, selbst im Angesicht des sicheren Todes.

Gemeinsam für Hoffnung sorgen

Die Herausforderungen für uns und die kommenden Generationen sind riesig. Wenn Sie sich von ihnen erdrückt fühlen, sollten Sie sich daran erinnern, dass wir sie gemeinsam angehen. Keines der Probleme betrifft nur einen einzelnen Menschen. Früher oder später betreffen sie uns alle in der einen oder anderen Weise. Sie können Kraft aus der Erkenntnis schöpfen, dass Sie nicht die einzige Person sind, die die Welt zum Positiven verändern will. Wenn es um die grundsätzlichen Probleme in der Welt geht, sitzen wir alle in einem Boot.

Betrachten wir den heutigen Zustand der Welt, zeichnet sich ein dunkles Bild ab, das eher immer düsterer wird. Doch andererseits sind Wandel und Veränderung immer am Werk. Deshalb gibt es, solange wir unsere Intelligenz und unsere Fürsorge walten lassen, stets die Möglichkeit, dass die Dinge sich zum Besseren wenden.

Wir alle teilen diese Erde miteinander und richten uns auf ihr ein. In diesem Sinne bilden wir alle eine einzige ausgedehnte Familie. Leider sehen wir meistens nicht dieses ganze Bild, sondern fokussieren uns auf die kleine Ecke, die wir in diesem großen Haus, genannt Erde, bewohnen. Trotzdem gilt, dass, wann immer sich auch nur zwei Mitglieder einer Familie streiten, die ganze Familie davon betroffen ist. Und ebenso entsteht Harmonie in der ganzen Familie, wenn zwei Mitglieder ihren Streit beilegen. Ich glaube, es ist sehr wichtig, dieses Bild immer im Kopf zu behalten.

Ich habe bereits mehrfach erwähnt, wie sehr wir alle voneinander abhängen. Es lohnt sich, das zu wiederholen, denn die Bedeutung dieser Aussage kann nicht überschätzt werden. Wir verstricken uns in endlose Probleme, wenn wir die zentrale Tatsache unserer wechselseitigen Abhängigkeit nicht verstehen. Dies gilt im Kleinen wie im Großen. Wenn der politische Führer einer mächtigen Nation nicht die Weisheit besitzt, das uns alle verbindende Netz von Beziehungen in Betracht zu ziehen, werden seine Entscheidungen schädliche Folgen für viele Menschen auf der ganzen Welt und für viele Jahre haben. Die langfristigen Folgen solcher Machtausübung dauern oft weit über Amtszeiten hinaus und wirken auch weit über das hinaus, was solche Politiker aufgrund ihrer begrenzten Sichtweisen oft wahrnehmen. So hatten diejenigen, die die derzeitige Nahrungsmittelproduktion und -versorgung etablierten, sicher nicht die schädlichen Auswirkungen im Blick, denen wir uns heute gegenüber sehen. Menschen in mächtigen Positionen können dem ganze Land – sogar der ganzen Welt – Schaden zufügen, wenn sie unserer wechselseitigen Abhängigkeit keine Beachtung schenken. Handeln wir wie sie, schaden wir anderen und uns selbst.

Wechselseitige Abhängigkeit hat viele Konsequenzen – praktische, emotionale, spirituelle und ethische. In diesem Buch habe ich versucht, einige zu untersuchen. Wechselseitige Abhängigkeit bedeutet, dass Ihr und mein Glück miteinander verbunden sind. Im praktischen und emotionalen Sinne ist Ihr Glück mit dem Wohlergehen all jener Menschen verbunden, von denen Sie abhängen. Spirituell gesehen entsteht Ihr Glück aus dem richtigen Gleichgewicht zwischen der Fürsorge, die Sie anderen, und der, die Sie sich selbst entgegenbringen. Ethisch gesehen ist es geboten, all jenen mit Dankbarkeit und Freundlichkeit zu begegnen, die Ihnen alles gegeben haben, damit Sie leben und glücklich sein können. Da Sie in allem, sowohl in Ihrem Überleben wie in Ihrem Gedeihen, von anderen abhängen, tragen Sie auch die Verantwortung, sich um diese zu kümmern. Wechselseitige Abhängigkeit versetzt Sie in die Lage, dieser Verantwortung gerecht zu werden, denn Ihr Handeln hat tiefgreifende Folgen für andere. Ihr Gewahrsein der wechselseitigen Abhängigkeit ist ausschlaggebend für die Art der positiven Veränderung, die Sie in der Welt anstreben – und brauchen. All Ihr Handeln findet im Netz wechselseitiger Verbundenheit statt.

Ihre anhaltende Fürsorge anderen gegenüber ist eine weitere Bedingung dafür, die Welt zum Guten zu verändern. Ihr mitfühlendes Streben kann nicht nur in einem unterstützenden Umfeld verankert sein; die liebevolle Sorge für andere und Ihre Entschlossenheit zu handeln müssen ihre Wurzeln in Ihnen selbst haben. Leben und handeln Sie aus der Fülle Ihrer Liebe und Zuneigung für alle Wesen heraus! Tragen Sie Liebe und Zuneigung an jeden Ort der Welt.

Für eine bessere Welt

Was ich mit diesem Buch beitragen kann, ist nicht das Entscheidende. Das Entscheidende ist die ernsthafte Motivation, die in Ihnen existiert. Wenn Ihnen dieses Buch hilfreiche Gedanken vermittelt hat, beachten Sie bitte, dass es Ihre guten Absichten waren, die Sie diese Gedanken lesen und nützliche Ideen darin finden ließen. Es ist wichtig zu verstehen, dass das Gute, das Sie diesem Buch entnehmen, Ihrer eigenen Gutherzigkeit entstammt.

Sie können Einsichten aus Ihren eigenen Erfahrungen gewinnen. Niemand besitzt ein Urheberrecht für Buddhas Lehren. Sie gehören der ganzen Welt und deshalb sind sie nicht etwas, das ich Ihnen darbieten kann. Die Lehren sowie die Lehrerinnen und Lehrer sind allgegenwärtig. Die Wirklichkeit ist Ihre Lehrerin. Jegliches Geschehen kann Ihr Lehrer werden. Die vier Jahreszeiten können uns lehren. Alles kann uns die buddhistischen Lehren vermitteln. Alles.

Es ist nun an Ihnen, sich Ihren Enthusiasmus für eine Verbesserung der Welt zu bewahren. Gelingt Ihnen dies, ist alles möglich. Alles ist möglich, weil alles aus dem Zusammenwirken der rechten Ursachen und Bedingungen entsteht. Was immer Sie erreichen wollen – denken Sie daran: Es gibt keinen festgelegten Ausgangspunkt, von dem aus Sie beginnen müssten, das zu verwirklichen, was Ihnen vorschwebt. Um die Welt zum Besseren zu verändern, können Sie hier und jetzt damit beginnen. Ich hoffe, Sie werden sich immer daran erinnern.

Auch wenn wir uns als Personen nie begegnen sollten, müssen wir doch in unserem Geist nicht voneinander getrennt bleiben. Unsere Zuneigung füreinander kann uns einander nahebringen. Wir können durch die Güte unserer Herzen miteinander vereint sein. Die Sterne scheinen auf uns alle herab. So können auch Sie, egal, wo in der Welt Sie leben, ein Licht sein, das die Welt erhellt. Jeder von uns ist ein solches Licht. Jede von uns kann nicht nur die Dunkelheit in sich selbst erhellen, sondern auch die Welt drum herum erleuchten.

Abends, nach dem Sonnenuntergang, gehe ich oft auf meine Terrasse und betrachte die Sterne. Ich bete jetzt, dass, wenn ich die Sterne sehe und dann meine Augen schließe, ich Sie alle vor meinem geistigen Auge sehe, wie Sie auf der ganzen Welt hell leuchten.

Ich bete, dass unser Zusammentreffen durch dieses Buch Gutes bewirken mag. Ich bete nicht nur dafür, dass unsere Begegnung zum Wohlergehen aller Wesen dieser Welt beiträgt, sondern dass unsere gemeinsamen Gebete für das Gute ihren Weg zu den Sternen finden mögen.

Unsere Gebete und Bestrebungen können weit reichen. Wir sind in der Lage, das Licht von Sternen zu sehen, die Tausende von Lichtjahren entfernt sind. Mitunter existieren solche Sterne gar nicht mehr, doch ihr Licht erreicht uns immer noch. Der Geist reicht sogar noch weiter. Für unser Streben gibt es keine Grenzen.

Ich erwähnte bereits, dass wir andere zu Bewahrern dessen machen können, was uns am wertvollsten ist, und sprach davon, dass der Mond meine Liebe bewahren soll. Der Mond bewahrt meine Liebe zu Ihnen und immer, wenn Sie zu ihm hinaufschauen, können Sie sich daran erinnern und davon inspiriert fühlen. Wenn meine Worte sinnvoll für Sie waren, können Sie den Mond bitten, sie für Sie zu bewahren. Sie können die Sterne darum bitten, diese guten Gedanken für Sie zu bewahren. Wenn Sie zum Mond und zu den Sternen hinauf blicken, werden Sie sich hoffentlich an die Gedanken und die Liebe erinnern, die ich mit Ihnen geteilt habe.

Danksagung der Herausgeberinnen

Worte allein können unsere Wertschätzung nicht ausdrücken, für das, was wir von Seiner Heiligkeit dem Siebzehnten Karmapa während unserer gemeinsamen Zeit in Indien und bei der Arbeit an diesem Buch empfangen haben. Für das Privileg, Teil dieses Projektes sein zu dürfen, werden wir immer in einer Dankesschuld stehen.

Wir danken vielen Menschen, die unseren einmonatigen Aufenthalt beim Karmapa und dieses Buch ermöglicht haben. Wir danken Ngodup Tsering Burkhar, der nicht nur mit Begeisterung und großem Geschick die Worte Seiner Heiligkeit des Karmapa übersetzte, sondern der mit seiner großen Kompetenz und Großzügigkeit auch den Studierenden beistand. Wir danken ebenso: Ringu Tulku, auf den ursprünglich der Vorschlag zurückgeht, eine Gruppe Studierender zu ausgedehnten Studien zum Karmapa reisen zu lassen; Karma Chungyalpa, stellvertretender Generalsekretär von Tsurphu Labrang, der das Projekt von Anfang bis Ende unterstützte; Khenpo Tenam und allen Mönchen von Tsurphu Labrang, die uns ihre Gastfreundlichkeit schenkten, für uns sorgten und das Projekt durch viele kleine und große Hilfen unterstützen; Khenpo Lekshey, dem Bibliothekar Seiner Heiligkeit, der Platz für uns in der Bibliothek des Gyuto-Klosters schuf; Umze Bai Karma, der sich die Zeit nahm und mit all seinem Talent den Studierenden die tibetischen Lieder beibrachte, die sie am Ende ihres Aufenthaltes Seiner Heiligkeit vortrugen. Unser

herzlicher Dank gilt den Nonnen der Dharmadatta-Nonnen-
gemeinschaft, die die Studierenden während ihres Aufenthaltes in Dharamsala unterbrachten.

Die Verwaltung der *University of Redlands* verstand die
Einladung zu Studien mit Seiner Heiligkeit dem Karmapa
als eine einzigartige Gelegenheit globalen Lernens. Wir danken: Prof. Kelly Hankin, Direktorin des Johnston Center for
Integrated Studies für ihre Anregung, unseren Aufenthalt
in Indien als eine Zeit der Praxis lebensnahen Lernens zu
verstehen, und für die Bereitstellung von Reisemitteln für die
Studierenden; Barbara Morris, Dekanin der Fakultät für Kunst
und Wissenschaft, die unser Projekt unterstützte und ebenfalls
Gelder zur Abdeckung der Reisekosten zur Verfügung stellte;
Sara Falkenstien, Direktorin der Abteilung für Auslandsstu-
dien, die uns in allen organisationstechnischen Fragen unterstützte.

Unser tiefer Dank gebührt auch den Studierenden unserer
Gruppe an der *University of Redlands*: Elena Cannon, Rafa-
el Fernandes, Nina Fernando, Katie Ferrell, Jonathan Fuller,
Lauren Hook, Anne Heuerman, Jakob Kukla, Brendan Mead,
Brian Pines, Maya Polan, Ashley Starr, Patrick Sundolf, Jere-
my Thweatt, Germaine Vogel und Guilia Zoppolat. Wir danken Dr. Simon Barker, der die Reise begleitet und für das körperliche Wohl der Teilnehmenden in Indien gesorgt hat. Das
Engagement aller Teilnehmenden für die Werte des Projektes
und ihr großer Arbeitseinsatz haben den Erfolg möglich gemacht.

Wir sind dankbar für die klugen Ratschläge von Emily Bo-
wer, unserer Lektorin bei Shambhala, deren Beratung dieses
Buch sehr bereichert hat. Ein Dank auch an unsere »Testlese-

rin«, Elizabeth Adams, für ihre vielen aufschlussreichen Kommentare.

Unser Dank gebührt den liebenswürdigen Sponsorinnen der Dharmadatta-Nonnen-Gemeinschaft, die Damchö ein Jahr lang während ihrer Arbeit am Buch unterstützten. Wir sind Karens Ehemann, Ed Murphy, und ihren Kindern, Ben und Rebekah, zu tiefstem Dank für ihre kontinuierliche, großzügige Unterstützung während Karens einmonatigem Aufenthalt in Indien und Damchös Besuchen im darauffolgenden Jahr verpflichtet.

Biografie Seiner Heiligkeit des Karmapa, Ogyen Trinley Dorje

Seine Heiligkeit der Siebzehnte Karmapa wurde 1985 in eine nomadische Familie hineingeboren, die im entlegenen Bergland der tibetischen Hochebene lebte. Er verbrachte seine ersten, ihn prägenden Lebensjahre in einer der wenigen noch existierenden Regionen der Welt, die ohne Elektrizität, Kunststoffe und motorisierten Verkehr auskommen. Seine nomadische Familie lebte im engen Kontakt miteinander und mit der Erde. Sie schlug ihr Lager mit den wechselnden Jahreszeiten immer dort auf, wo sie geeignete Weiden für ihre Yak- und Schafherden finden konnte. In dieser schroffen Landschaft erfuhr der junge Karmapa einen traditionellen tibetischen Lebensstil, wie er heute kaum noch existiert.

Als der Karmapa sieben Jahre alt war, verlangte er so lange von seiner Familie, sie möge ihr Lager in einem ganz bestimmten Tal aufschlagen, bis diese nachgab. Kurz nachdem sie dort angekommen war, erschienen einige Schüler des Sechzehnten Karmapa. Die Gruppe – es war die Delegation, die nach der Reinkarnation des Sechzehnten Karmapa Ausschau hielt – hatte das entlegene Tal durch Vorhersagen und Beschreibungen in einem Brief des Sechzehnten Karmapa gefunden, den dieser Jahre vorher, kurz vor seinem Tod 1981, geschrieben hatte. Dieser »Prophezeiungsbrief«, beinhaltete die Anleitungen des Sechzehnten Karmapa, wo seine nächste Inkarnation zu finden wäre. Nachdem die Delegation die Namen der Eltern des Jungen und andere Details seiner Geburt mit der Beschreibung im Brief des Sechzehnten Karmapa verglichen hatte, erklärte sie, den Siebzehnten Karmapa gefunden zu haben.

Von diesem Moment an begann für den Karmapa die jahrhundertealte Ausbildung, die ihn darauf vorbereiten würde, eine der ranghöchsten Positionen im tibetischen Buddhismus einzunehmen, die des spirituellen Führers einer der großen Schulen des tibetischen Buddhismus. Die Karma-Kagyü-Schule, welcher der Karmapa vorsteht, vermittelt buddhistische Lehren und Meditationsübungen, die vor ca. eintausend Jahren direkt von Indien nach Tibet gelangten. Seit dem zwölften Jahrhundert hat die Karma-Kagyü-Schule stets nach den folgenden Reinkarnationen ihres Gründers, des Ersten Karmapa, gesucht. Das gleiche System der Suche nach den Reinkarnationen wichtiger spiritueller Führer wurde in ganz Tibet übernommen und schließt auch die Reinkarnationslinie des Dalai Lama ein. Es hat wesentlich zur Kontinuität und Widerstandsfähigkeit des tibetischen Buddhismus durch die Jahrhunderte beigetragen. Bevor der Karmapa stirbt, hinterlässt er seinen Schülerinnen und Schülern Hinweise für die Suche nach seiner nächsten Inkarnation. Dies geschieht, wie im Fall des Sechzehnten Karmapa, oft in Form von Briefen.

Wie es in Tibet seit dem siebzehnten Jahrhundert Tradition ist, wurde Seine Heiligkeit der Dalai Lama konsultiert und gebeten, den Jungen als den Karmapa zu bestätigen. Seine Heiligkeit der Dalai Lama führte seine eigene persönliche Untersuchung durch und bestätigte, dass dieser Junge tatsächlich die siebzehnte Inkarnation des Karmapa ist. In einem seltenen Moment der Übereinstimmung des Dalai Lama und der chinesischen Regierung erteilte letztere dem Karmapa die im chinesisch regierten Tibet notwendige Genehmigung, seinen Platz in seinem Kloster in Zentraltibet einzunehmen.

Der Karmapa reiste von seiner Heimatregion Kham weit nach Westen in das fast neunhundert Jahre alte Kloster Tsurphu in Zentraltibet. Seit seiner Gründung durch den Ersten Karmapa haben alle Karmapas Teile ihres Lebens im Tsurphu-Kloster verbracht. Dort wurde der Siebzehnte Karmapa am 27. September 1992 formell inthronisiert. Danach begann der Karmapa mit den traditionell vorgesehenen Studien und mit seiner Ausbildung, doch gleichzeitig bot er bereits anderen spirituelle Unterweisungen an. Im Alter von acht Jahren hielt er seinen ersten religiösen Vortrag vor über zwanzigtausend Menschen.

In den darauffolgenden Jahren begegnete der Karmapa zahlreichen Herausforderungen, was die Ausübung seiner spirituellen Aktivitäten betraf. Seinen wichtigsten spirituellen Lehrern wurde die Einreise nach Tibet verwehrt, während er selbst nicht nach Indien reise durfte, um seine Lehrer dort zu treffen. Der Karmapa war in Sorge, seiner Rolle als spiritueller Lehrer und Linienhalter nicht gerecht zu werden und traf eine historische Entscheidung, die ihn auf die Weltbühne katapultierte. Im Alter von vierzehn Jahren entschied er, aus Tibet zu fliehen, um in Freiheit die Position eines spirituellen Führers auszufüllen und seinen Pflichten als Oberhaupt der Karma Kagyü-Linie nachzukommen.

Die Reise Seiner Heiligkeit des Karmapa begann im Winter 1999, indem er nachts aus dem Fenster einer höher gelegenen Etage sprang. Seine Heiligkeit der Karmapa erwähnt in diesem Buch die Schrecken, die er und seine Gruppe auf ihrer Flucht durch den Himalaya nach Indien mit dem Jeep, auf Pferden, zu Fuß und mit dem Hubschrauber erlebten. Am 5. Januar 2000 erreichte der Karmapa das indische Dharamsala, wo er vom Dalai Lama persönlich empfangen wurde. Der Karmapa ließ sich eine Zeit lang im Gyuto-Kloster nieder, das nicht weit entfernt von der Dharamsala-Residenz Seiner Heiligkeit des Dalai Lama liegt. Bis heute erfreut sich der Karmapa als Schützling einer engen Beziehung zu seinem Mentor, dem Dalai Lama.

Während der nunmehr vierzehn Jahre, die der Karmapa in Indien als Flüchtling lebt, hat er sich einem traditionellen klösterlichen Training und einer philosophischen Ausbildung unterzogen, erhielt aber auch modernen Privatunterricht, der das Studium der Naturwissenschaften, der Geschichte, der englischen Sprache und anderer Fremdsprachen einschloss. Er reiste durch Indien und nahm am kulturellen und religiösen Leben seiner Wahlheimat teil. Von der Einweihung von Tempeln für Sai Baba in Tamil Nadu bis zur Gedenkfeier anlässlich des hundertsten Geburtstags von Mutter Teresa in Kalkutta – der Karmapa hat bereits viele andere spirituelle Führungspersönlichkeiten im Geist wechselseitigen Respekts und der Toleranz getroffen.

Mit den Jahren hat der Karmapa begonnen, eine zunehmend wichtige Rolle bei der Bewahrung der tibetischen Kultur zu spielen. Die Tibeter suchen immer stärker beim Karmapa, einem der ranghöchsten Würdenträger des tibetischen Buddhismus, nach Inspirationen für ihre Bemühungen, ihre kulturelle Identität im Exil aufrechtzuerhalten. Er wird häufig eingeladen, in tibetischen Schulen in Indien zu sprechen, und steht oft religiösen Zeremonien und kulturellen Ereignissen in Dharamsala vor, wenn Seine Heiligkeit der Dalai Lama auf

Reisen ist. Er malt, übt sich in Kalligraphie, schreibt Gedichte, komponiert Musik und führt Theaterstücke auf. Er hat einige tibetische Stücke geschrieben und produziert, die Elemente der traditionellen tibetischen Oper mit dem modernen Theater verknüpfen. Die Aufführung seines ersten Stücks, ein Drama über das Leben des großen tibetischen Yogi Milarepa, wurde von zwölftausend Menschen besucht.

Abgesehen von seinem Englischunterricht und anderen Fächern, beinhaltet der Tagesplan des Karmapa Zeiten für private morgendliche Audienzen. Jährlich empfängt er zehntausende Besucher aus der ganzen Welt. Seit 2004 leitet er das Kagyü Monlam, eine jährlich im Winter stattfindende Gebetszusammenkunft, an der tausende Buddhistinnen und Buddhisten verschiedener Traditionen aus der ganzen Welt teilnehmen. Im Mai 2008 reiste der Karmapa erstmals in den Westen und besuchte in den Vereinigten Staaten viele spirituelle Zentren, die unter seiner Leitung stehen, darunter seinen nordamerikanischen Sitz in Woodstock (New York). Ein zweites Mal besuchte er die Vereinigten Staaten 2011.

Unbeirrt von den Herausforderungen der vergangenen Jahre fährt der Karmapa darin fort, die spirituellen Lehren seiner Linie zu vermitteln, seine Schülerinnen und Schüler zu unterweisen und seine neunhundertjährige Schule des tibetischen Buddhismus ins 21. Jahrhundert zu führen.

Biografien der Herausgeberinnen und des Übersetzers

Damchö Diana Finnegan

Damchö Diana Finnegan wurde in New York City geboren und arbeitete als Journalistin sieben Jahre lang in New York und Hong Kong. Sie wurde 1999 als buddhistische Nonne ordiniert und erwarb einen PhD in Sanskrit und in Studien des tibetischen Buddhismus an der Universität Wisconsin-Madison. Sie lebt als Nonne unter der Leitung Seiner Heiligkeit des Karmapa in der Dharmadatta-Nonnen-Gemeinschaft in Nordindien.

Karen Derris

Karen Derris ist Professorin für *Religious Studies* an der *University of Redlands*, USA, und Vorsitzende des Virgina C. Hunsaker Distinguished Teaching-Lehrstuhls an der Redlands-Universität. Sie erwarb Ihren PhD in Buddhistischen Studien vom Ausschuss für Religionsstudien an der Harvard Universität. Derzeit lebt sie mit ihrem Ehemann und ihren zwei Kindern in Redlands (Kalifornien).

Ngodup Tsering Burkhar

Ngodup Tsering Burkhar wurde in eine nomadische Familie nahe des Kailash-Berges in Westtibet geboren. Er verließ Tibet 1959 und erhielt eine weiterführende Ausbildung in Nordindien. In jungem Alter diente er bereits Seiner Heiligkeit dem Sechzehnten Karmapa als einer seiner Hauptübersetzer. Seitdem Seine Heiligkeit der Siebzehnte Karmapa im Jahr 2000 aus Tibet floh, übersetzte Ngodrup Tsering Burkhar auch für ihn. Er lebt derzeit in Mirik, Darjeeling (Indien).

Weitere lieferbare Titel

Ringu Tulku
Geistestraining
Ein Weg der Transformation
176 Seiten, geb., 14,90 €
ISBN 978-3-942085-11-3

Chögyam Trungpa
Über Kunst
Wahrnehmung und Wirklichkeit
288 Seiten, geb., mit Abb., 19,90 €
ISBN 978-3-942085-22-9

Alan Wallace
Die befreiende Kraft der Aufmerksamkeit
Ein Training
320 Seiten, geb., 24,90 €
ISBN 978-3-942085-25-0

Akong Rinpoche
In Harmonie mit der Erde
Leben aus der Weisheit Tibets
176 Seiten, geb., 14,90 €
ISBN 978-3-942085-00-7

Akong Rinpoche
Den Tiger zähmen
Selbstheilung aus der Weisheit Tibets
240 Seiten, geb., 19,90 €
ISBN 978-3-942085-06-9

www.edition-steinrich.de   edition **steinrich** RS